SOLONS
VERMÄCHTNIS

LES ÂGES DE LA FEMME.

Eva Gritzmann
& Denis Scheck

———

Solons
Vermächtnis

VOM RICHTIGEN
ZEITPUNKT IM LEBEN

BERLIN VERLAG

MIX
Papier aus verantwor-
tungsvollen Quellen
FSC® C083411

© Berlin Verlag in der Piper Verlag GmbH, München / Berlin 2015
Alle Rechte vorbehalten
Abbildungen auf S. 2 und 255: © Bridgeman Images.
Alle anderen Abbildungen stammen von den Autoren.
Umschlaggestaltung: ZERO Werbeagentur, München
Typografie: Birgit Thiel, Berlin
Gesetzt aus der Celeste von Fagott, Ffm
Druck und Bindung: CPI books GmbH, Leck
Printed in Germany
ISBN 978-3-8270-1098-8

www.berlinverlag.de

»Reif sein ist alles.«

William Shakespeare
König Lear

Inhalt

Wider Peter Pan

»Über die Unmöglichkeit, mit Würde erwachsen zu werden.« Im Juli 2013 stand dieser Satz schwarz auf weiß in der *Frankfurter Allgemeinen Sonntagszeitung*. Für SIE und für IHN brachte er das Fass zum Überlaufen. Der deutsche Feuilletonist Claudius Seidl, damals 54 Jahre alt, schrieb es der Nation mal wieder ins Stammbuch: »Wer nicht jung ist, ist alt. Traurig. Wahr.«

Unser Buch möchte gegen diese Art Gehirnwäsche rebellieren. Wir halten die Aussage, wer nicht jung ist, sei alt, für eklatant unwahr, die darin aufgestellte Dichotomie für grundfalsch und albern, weil sie die Mitte, den Hauptteil unseres Lebens, verleugnet und Leidenschaft mit Jugend verwechselt. Auch finden wir es keineswegs traurig, älter zu werden oder alt zu sein – insbesondere, wenn man die Alternative bedenkt. Wir möchten daran erinnern, dass jede Gesellschaft seit der Morgendämmerung menschlicher Zivilisation Weisheit bei ihren Alten und Unvernunft bei ihren Jungen verortete. Wir glauben, eine Gesellschaft, die dieses Prinzip auf den Kopf stellt, handelt töricht.

Im Deutschland der Gegenwart ist der erwachsene, reife Mensch aus dem kollektiven Bewusstsein und seiner medialen Repräsentanz so gut wie verschwunden. Statt seiner führen Spaßmichl und Animationsseppl, Klatschtraudln und

Castingnudeln das Zepter. Stefan Raab moderiert das Kanzlerduell. Ein 27-jähriger YouTube-Kanalarbeiter zappelt sich durch ein Interview mit Angela Merkel wie ein Kindergartenkind im Ritalin-Flash. Die überwältigende Mehrheit der Deutschen vermutet in Günther Jauch den Gipfel an Bildungs- und Kulturkompetenz. Und Daniela Katzenberger formuliert im Titel ihrer als 25-Jähriger veröffentlichten Autobiographie *Sei schlau, stell dich doof* das Grundgesetz des Privatfernsehens. Es ist, als hätte Hanswurst alle anderen Figuren von der Bühne der Öffentlichkeit vertrieben. Die Infantilisierung der Welt scheint unaufhaltbar voranzuschreiten. Das Banale wird zum Wichtigen erklärt. Simulation ersetzt Substanz. Wer immer nur vom »Abholen« von Lesern, Hörern, Zuschauern spricht, verpasst darüber irgendwann den Zug. Das ständige Absenken vermeintlicher Schwellen führt zum Niveau-Limbo. Der Aufmacher des Kulturressorts besteht dann eben aus der Vermeldung der »Tatort«-Quote.

Nichts liegt IHR und IHM ferner, als in die wohlbekannte Klage wider die Spaßgesellschaft einzustimmen. Unser Unbehagen resultiert nicht aus Ressentiment. Eine Spaßgesellschaft hat es auf deutschem Boden leider nie gegeben. Aber erfreulicherweise hat sich die jedem statistisch in Aussicht gestellte Lebensspanne in Westeuropa in den letzten zwei Jahrhunderten mehr als verdoppelt. Außer in der Rentendebatte und der Diskussion um höhere Krankheitskosten wird dieses *factum brutum* in der gesellschaftlichen Diskussion in nahezu allen Kontexten meist ausgeblendet.

»In Nimmerland gibt es die Redensart«, schreibt J. M. Barrie 1904 in *Peter Pan*, »dass mit jedem Atemzug, den man macht, ein Erwachsener stirbt.« Peter Pans Lebensphilosophie ist in vielen Milieus heute die herrschende. Doch wer aus Furcht vor dem Tod, der Verdrängung des natürlichen Alterns und aus Angst, die vielbeschworene werberelevante Zielgruppe der 14- bis 49-Jährigen zu verprellen, die Hälfte der Bevölkerung aus dem Blick verliert, hat nicht nur Scheuklappen auf. Solches Denken selbst einäugig zu nennen wäre noch ein verfehltes Kompliment. Es ist schiere Blindheit vor den gesellschaftlichen Gegebenheiten. SIE und IHN erinnert es an intellektuelle Selbstkastration von der Sorte, die in den achtziger und neunziger Jahren das Einwanderungsland Bundesrepublik negierte und eine Debatte über Leitlinien einer vernünftigen Integrationspolitik verunmöglichte. Gesellschaftlich zahlen wir dafür einen hohen Preis.

SIE und ER sind vor kurzem beide fünfzig geworden. Wir halten uns weder für jung, noch zählen wir uns zu den Alten – was angesichts der statistischen Lebenserwartung in der Bundesrepublik Deutschland, die IHM knapp drei, IHR jedoch fast vier weitere Jahrzehnte in Aussicht stellt, auch absurd wäre. Die Werbung beginnt diesen neuen Markt gerade zu entdecken. Best Ager oder neuerdings Downager lautet das Schlagwort der Trendforscher für Menschen über fünfzig, die sich nicht so verhalten, wie man das in vergangenen Jahrhunderten von Menschen über fünfzig erwartet hat.

Wir haben den allgegenwärtigen Jugendkult genauso satt wie die Selbstinfantilisierung der Generation unserer Eltern und unserer eigenen. Wir möchten keine Artikel mehr lesen, die danach fragen, ob Schwerkraft, Wackelpeter oder Schnittblumen »noch zeitgemäß« sind oder nicht. Wir glauben, dass die Ausdehnung des Prinzips Pop auf sämtliche Lebensbereiche unserer Wirklichkeit zu einer dramatischen Einbuße an Qualität, einer Minderung des allgemeinen Reflektionsniveaus und zu einem Verlust an Würde geführt hat. Selten wurde IHR und IHM das so schlagend vor Augen geführt wie in jenem insbesondere von Apple-, Google- und Facebook-Angestellten frequentierten In-Lokal in San Francisco, das seine nach strengen Prinzipien von Regionalität und Saisonalität geführte Küche mit betont jugendlichem Flair kredenzte und dabei auf die wohl hässlichste Tischdekoration verfiel, seit sich Salome vor rund zweitausend Jahren den Kopf von Johannes dem Täufer wünschte: die Jeansserviette.

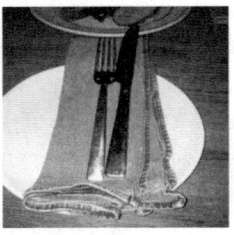

Jeansserviette,
San Francisco 2014

Wir bezweifeln, ob Kindergartenmöbel geeignete Einrichtungsgegenstände für Aufenthaltsorte Erwachsener sind und wären dankbar, wenn sich das unter den Designern von Imbissbuden, Bars, Lounges und Restaurants herumspräche – auch wenn solche auf Kinderdimensionen angelegten Hocker, Bänke und Sitzsäcke eine Flächennutzung ermöglichen, die im Kapitalismus verlockend erscheint und belohnt wird. Auch halten wir die Körpersprache der Protagonisten von Sendungen wie »Dingsda«, »1, 2 oder 3« oder »Wissen macht Ah!« für Menschen über zwanzig nicht für erstrebenswert. »Von Klugscheißern für Klugscheißer« heißt der Untertitel der in ihren Beiträgen übrigens nicht schlecht gemachten letztgenannten Kindersendung. Wer so an der Vulgaritätsspirale dreht, darf sich nicht wundern, wenn sich der Respekt vor Lehrern allmählich dem von Schuhverkäufern nähert.

Wir bedauern, in einer Gesellschaft zu leben, in der die Schönheitsoperation mit der größten Wachstumsrate das Aufspritzen der Schamlippen mit Hyaluronsäure oder Eigenfett ist, um die Vulva einer erwachsenen Frau wie die eines pubertierenden Mädchens aussehen zu lassen. Mussten vor Jahren schon mal Sprecher von Fernsehnachrichtensendungen zum Hörfunk wechseln, weil ihre Schönheits-OPs schiefliefen, sind starre Botox-Gesichter heute auch bei männlichen Moderatoren von Kultursendungen eher die Regel als die Ausnahme, und Ängste vor Altersrassismus Gegenstand von Kantinengesprächen. SIE und ER glauben, manche unserer kulturellen Navigatoren haben nicht nur ihren Kompass verloren, sondern ihr Schiff. Wir haben erlebt, wie es zu einer Fetischisierung und Gleichsetzung von Jugend mit Idealismus, Frische und Innovationskraft gekommen ist, wo dieses Lebensalter doch vielfach von Konsumismus, Konformismus und krassem Egoismus bestimmt wird. Insbesondere die Projektion aller Übel auf die vorangegangenen Generationen erscheint uns intellektuell allzu bequem und unlauter – im Grunde die Fortsetzung einer Klischee-Psychoanalyse mit anderen Mitteln: An allem sind unsere Mütter und Väter schuld, und sei es nur, weil Muttis Geburtskanal einfach zu eng für uns war.

Erwachsene Menschen in einer deutschen Großstadt essen auf Kisten.

SIE und ER wissen, dass wir Zwerge auf den Schultern von Riesen sind. So haben wir ganz sicher enorm davon profitiert, dass die Achtundsechziger-Generation gegen den Muff unter den Talaren rebellierte und die sozialliberale Koalition der siebziger Jahre Menschen wie IHR und IHM Bildungschancen eröffnete, von denen die Vorgängergenerationen kaum träumen durften. Wir denken jedoch, dass es in der Folgezeit zu einer institutionellen Verkrustung des Generationenaufstands gekommen ist, zu einer falschen Romantisierung der Jugend und einer missbräuchlichen Aneignung ihrer Attribute.

Dieser falsche Jugendkult lässt sich insbesondere an den Protagonisten des Kulturbetriebs studieren, wo im Wechsel der Zeiten mal Palästinensertücher, mal Tatoos oder Freundschaftsbänder zum tribalistischen Erkennungszeichen an den Uniformen der Forever-young-Sekte geworden sind. Fast erinnert der Jugendkult in Deutschland heute in seiner bornierten Selbstgewissheit an die »Partei der institutionalisierten Revolution« Mexikos, deren Name und Programm ihrer jahrzehntelangen Kongruenz mit dem Establishment Hohn spricht.

Erfahrung schließt Kreativität und Spontaneität nicht aus. Diese allein bei den Jungen zu verorten widerspricht jeder Kenntnis unserer Wirklichkeit.

Wir halten den grassierenden Altersrassismus in unserer Gesellschaft für erbärmlich und unwürdig. Wir empfinden es als eine Schande, dass sich Margarethe von Trotta und Wim Wenders, Günter Grass, Martin Walser und Friederike Mayröcker dafür rechtfertigen mussten und müssen, auch im Alter noch produktiv zu sein. Wir halten weder die Kaiserin Elisabeth von Österreich-Ungarn, Wolfgang Joop noch Silvio

Berlusconi, Nena, Dieter Bohlen, Donatella Versace, Melanie Griffith, Mickey Rourke, Frauke Ludowig, Ute und Chiara Ohoven oder Jürgen Drews für Vorbilder in der Kunst des Alterns. Im Gegenteil: Viele dieser Figuren erinnern uns an die von den Furien der plastischen Chirurgie bis zum Sarg verfolgte Mutter in Terry Gilliams filmischen Meisterwerk »Brazil«. Wir sind weder gerontophil, noch empfinden wir übermäßige Ehrfurcht vor schneeweißen Haaren. Aber wir sind der Überzeugung, dass sich unsere Gesellschaft mit ihrer Vorstellung von Reife auseinandersetzen muss.

In unseren Medien hat sich ein Klischee festgesetzt, wonach Jugend gleichzusetzen sei mit Enthusiasmus, Reinheit und Frische, Alter hingegen mit Abgezocktheit, kalkulierendem Zynismus und Sünde. Wir halten dieses Stereotyp der Coming-of-Age-Geschichte für überholt und renovierungsbedürftig. Überprüft die Strickmuster eurer Erzählungen! Hinterfragt das Lebensmodell Peter Pans! Entwickelt eine Grammatik und ein Vokabular der Reife. Es ist höchste Zeit, erwachsen zu werden.

Kapitel 1

***

»Hier spricht der Dichter!«
Über griechische Schulden, den ersten Dichterstreit
der Welt und Solons Vermächtnis

Wenn Dichter streiten, fliegen die Fetzen. Kein Wunder, sind die Beteiligten an solchen Händeln schließlich Profis, was das Wägen von Argumenten, das Ausbaldowern von Strategien und die Wahl ihrer rhetorischen Waffen angeht. Viele Schriftsteller wissen genau, wann der richtige Moment gekommen ist, zu Florett, Degen oder Säbel zu greifen – und wann zum Stilett. Aber anders als beim Zickenkrieg oder beim Zores um den Maschendrahtzaun, das täglich Brot keineswegs nur von Minderbemitteltenmedien wie RTL, SAT 1 oder *BILD* (»Das ›N‹ im Namen steht für Niveau ...«), lässt sich, wenn Schriftsteller streiten, meist etwas lernen. Durchaus nicht, weil es dabei immer »um die Sache«, der Güter Höchstes oder sonstige ewige Werte und Wahrheiten ginge – Ehrpussel, Knicker und Egoschweller aller Art nehmen unter den Akteuren im literarischen Leben wahrlich keinen kleineren Raum ein als in unserem Alltag.

Streit, ausgelöst durch ein schlagendes Beispiel menschlicher Unreife, steht am Anfang der abendländischen Literatur. Homer besingt den Zorn Achills und lässt die Achaier vor den Toren Trojas in ihrer zehnjährigen Belagerung um ein Haar scheitern, weil der eitle junge Muskelprotz Achill sich ungerecht behandelt fühlt. Aus gekränktem Stolz, Dünkel und kindischem Trotz will Achill lieber untätig und schmollend in seinem Zelt herumsitzen, als zu den Waffen zu greifen und die Entscheidung zu suchen. Quasi der Prototyp für die allen Eltern bekannte Verhaltensweise: Ist mir doch egal, wenn meine Finger erfrieren, hätte mir Mutti eben Handschuhe einpacken müssen. Wenn nicht vieles täuscht, wird Streit, die Inszenierung von Gegnerschaft und der Test auf die menschliche Reife auch einst am hoffentlich fernen Ende der Literatur stehen. An Gefahren zu wachsen, um Erkenntnisse zu ringen und mit Wahrheiten zu kämpfen, sind Teil jenes Reifeprozesses, der den Stoff liefert, von dem alles Erzählen lebt: Drama. Doch gibt es nichts Wichtigeres als einen Streit unter Dichtern und Denkern?

Wer den Blick auch nur hundert Jahre in die Vergangenheit richtet und einige der zentralen Dispute unter Intellektuellen Revue passieren lässt, wird rasch erkennen, wie produktiv diese für das Selbstverständnis unserer Gesellschaft waren. Kurz vor dem Ersten Weltkrieg zoffen sich die Brüder Heinrich und Thomas Mann über die Rolle des Intellektuellen im Wilhelminischen Kaiserreich. Während der Weimarer Republik streitet Kurt Tucholsky gegen die Dunkelmänner der Reaktion. Nach dem Ende der Nazi-Herrschaft in Deutschland bringen sich junge Intellektuelle wie Alfred Andersch gegen die alten Nazi-Barden in Position. Hans Magnus Enzensberger geißelt die Sprache von *FAZ* und *Spiegel* und befindet den »Neckermann«-Katalog für rezensionswürdig. Der junge Peter Handke wirft Ende der sechziger Jahre in einem genialen Selbstmarketingcoup seinen altvorderen Gruppe-47-Kollegen »Beschreibungsimpotenz« vor und geht in den Neunzigern mit der Haltung des Westens zu Serbien im Jugoslawienkrieg ins Gericht. Heinrich Böll wird mit seinen Interventionen gegen den vom Terrorismus der RAF herausgeforderten Staat zum Gewissen der Nation. Der US-amerikanische Literaturnobelpreisträger Saul Bellow drischt in den achtziger Jahren auf Günter Grass ein, weil dieser ihm die Beschönigung der sozialen Wirklichkeit in den USA vorwirft. Die Auszeichnung Ernst Jüngers mit dem Goethe-Preis der Stadt Frankfurt zieht den Hass einer denkfaulen Linken auf sich, die nicht lesen mag. Im Historikerstreit um Ernst Nolte einigt sich die Zunft auf die Singularität des Holocausts. Botho Strauss reflektiert im *Anschwellenden Bocksgesang* über Potenziale des Konservativen. Elfriede Jelinek legt Machtstrukturen patriarchalisch verfasster Gesellschaften frei und spürt der unaufgearbeiteten Nazi-Vergangenheit Österreichs nach. W. G. Sebald fragt, warum der Luftkrieg kein Echo in der deutschen Literatur fand. Martin Walser warnt in der Paulskirche vor der Instrumentalisierung des Holocausts und wehrt sich im Anschluss gegen die skandalöse Fehlinterpretation seiner Friedenspreisrede. Charlotte Roche ficht mit Alice Schwarzer über Schamgrenzen und Feminismus. Sibylle Lewitscharoff denkt in Dresden über unser ungetröstetes Sterben in der Moderne nach und gerät mit einigen en passant eingeflochtenen Nebenbemerkungen über künstliche Befruchtung in gefährliches Fahrwasser. Selbst noch aus den kalkulierten Attacken eines Maxim Biller gegen deutschsprachige Autoren mit Migrationshintergrund, die sich in seinen Augen willfährig dem Kulturbetrieb und seinem kulturellen Mainstream anpassten, statt sich von ihrer Biographie ihre Themen vorschreiben zu lassen, oder aus den politischen Amokläufen einer Karen Duve lässt sich viel über die Verfasstheit unserer schönen Bundesrepublik erfahren.

Aus zeitlichem Abstand erkennen wir die Bedeutung vieler historischer Ereignisse für unsere Gegenwart besser – sie springen uns regelrecht ins Auge, während vieles ins Konturlose verschwimmt, je näher es an uns heranrückt. Und vielleicht erkennen wir auch klarer die Relevanz und die Implikationen mancher von uns zunächst nur als üblichen Radau im Literaturzirkus eingestufter Kontroversen unter Autoren. Mitunter können die Rituale des Meinungsbetriebs ganz schön ermüden. Dieses permanente Durchröntgen aller Aussagen auf »Stoff«, das heißt aus Ungeschicklichkeit, Insensibilität oder Dummheit, oft auch aus einer Mischung aus allen dreien, politisch inkorrekt Formuliertem. Diese eingeübten Aufschreie. Diese Gebetsmühlen mit ihrem ewigen Leierton nach Rücknahme, Entschuldigung und Rücktritt. Diese schalen Empörungsroutinen. Dieses Insistieren auf Verbeugungen vor irgendwelchen Gesslerhüten der Saison.

SIE und ER empfinden diese abgepressten Lippenbekenntnisse, diese unerbittliche Sanktionierung jeder Abweichung vom gesellschaftlichen Konsens, und sei es nur um ein Iota, ganz schön zermürbend. So etwas löst in IHR und IHM regelrechten Ekel vor der Gegenwart aus. Ein Ekel, der durch Ärger bei der Arbeit, Verdruss am Frühstückstisch oder vielleicht auch einfach durch zu viel Blabla über Krankenversicherungen und Dosenpfand ausgelöst werden mag. Da wandert dann der Blick zum Bücherregal, und man denkt sich: Das kann's doch nicht gewesen sein. Dafür sind wir doch nicht auf der Welt. Genau. Bloß: Wozu, bitte schön, sind wir denn eigentlich auf der Welt? Was macht ein Menschenleben aus? Wie lange soll es dauern? Welche Erfahrungen umfassen? An welchen Erlebnissen reifen? Durch welche Zäsuren geprägt sein?

Just darum dreht sich der erste Dichterstreit der Welt vor rund zweieinhalbtausend Jahren. Geführt haben ihn der Athener Dichter und Politiker Solon und sein Kollege Mimnermos aus Smyrna in Kleinasien, und schon damals kamen in der polemischen Rede und Gegenrede ihrer Gedichte alle Mittel aus der Trickkiste der Rhetorik zum Einsatz. Entzündet hatte sich ihr Streit an einer einfachen Frage: Welchen Wert hat das Leben, wenn der erste Glanz der Jugend verblasst und wir an sexueller Attraktivität einbüßen? Ist das Älterwerden des Menschen eine einzige Verfallsgeschichte? Eine unaufhaltbare Schussfahrt über eine Rutschbahn in den Tod? Oder gewinnen wir neben Erfahrung auch etwas durch unser Altern?

Cicero sagt, ein Narr sei, wer nur den Bächen nachläuft und darüber die Quellen aus den Augen verliert. Mit solchen Fragen gehen SIE und ER daher gern *ad fontes*, zu den Quellen, und das heißt zu den Anfängen des Nachdenkens des Menschen über sich selbst. An dieser Stelle können SIE und ER sich und ihren Lesern ein wenig Bildungsmühe nicht ersparen.

Antworten auf die sogenannten Letzten Fragen finden SIE und ER nicht unbedingt in den Heiligen Schriften, eher bei jenen ersten Denkern des Abendlands, für die sich der etwas unglückliche Begriff »Vorsokratiker« eingebürgert hat. So nennt man die griechischen Philosophen *vor* Sokrates, die etwa zwischen 650 und 400 vor unserer Zeitrechnung lebten und deren Werke nur in Form von Fragmenten und Zitatschnipseln bei jüngeren Autoren erhalten sind. In dieser Bezeichnung »Vorsokratiker« schwingt aber in den Ohren von IHR und IHM auch etwas leicht Herabstufendes mit, als handelte es sich bei diesen Denkern um eine bloße Vorgruppe der *headliner* der Philosophie. Dabei wird man in der gesamten Geistesgeschichte kaum auf radikalere Gedanken ohne jede Rücksicht auf unsere derzeit herrschende Moral oder irgendeinen sonstigen verbindlichen Wertekanon stoßen als bei den Vorsokratikern.

Die Antworten der Vorsokratiker sind oft alles andere als bequem. Es sind Antworten, die aus der Anfangszeit des Nachdenkens des Menschen über sich selbst stammen. Man kann sich, Friedrich Nietzsche hat es vorexerziert, an den Texten der Vorsokratiker regelrecht gesund lesen – oder über ihnen den Verstand verlieren. In jedem Fall lernt man aus ihnen wieder, über scheinbar Selbstverständliches wie Sonne und Mond, Wolken und Sterne, Regenbogen und Kometen, Blitz und Donner, Hagel und Schnee wie ein Kind zu staunen und ganz neu nachzudenken.

Eigentlich waren die Vorsokratiker eher Denker als Philosophen. Anaxagoras, Heraklit oder Demokrit passen in keine Kästchen, beschäftigen sich mit Medizin und Meteorologie genauso wie mit Astronomie, Poesie oder Politik. Man kann in ihren Texten Zaubersprüche finden und dann wieder über profunde Einsichten und echte Weisheiten stolpern. »Die Armut in der Demokratie ist dem so genannten Glück bei den Fürsten um soviel mehr vorzuziehen wie die Freiheit der Sklaverei«, schreibt etwa Demokrit. Derselbe Denker äußert dann aber auch Ansichten, die heute nicht nur unpopulär, sondern unakzeptabel erscheinen und viele bis zur Weißglut reizen werden. Darüber, dass das Schweigen der Schmuck der Frauen sei zum Beispiel. SIE und ER verbuchen so was achselzuckend unter Schwachsinn und lesen einfach weiter.

Das fällt schon weniger leicht, wenn Demokrit schreibt: »Es scheint mir nicht erforderlich, sich Kinder anzuschaffen«, um dies wie folgt zu begründen: »Denn ich sehe im Besitz von Kindern viele große Gefahren und viel Kummer, aber wenig Glückseligkeit, und auch diese ist nur gering und schwach.« Hier trennen sich die Wege von IHR und IHM. IHR erscheint ein Leben ohne Kinder gleichermaßen arm an Sinn wie arm an Freude. ER sieht in Demokrits Sätzen die wahre Emanzipation des Menschen vom Fortpflanzungsdiktat der Evolution. Außerdem klingen sie ihm angenehm in den Ohren in einer Zeit, in der die Obrigkeit einen durch Steuervergünstigungen ständig zur Fortpflanzung zum angeblichen Wohl von Rentenkassen, der Wirtschaft und des Staatswesens insgesamt motivieren möchte. Dabei hat selbst der Papst neuerdings eingesehen, dass sich Katholiken nicht wie Karnickel vermehren sollten. Gleichzeitig schwant IHM, dass SIE recht hat. Für solche unauflösbaren Gemengelagen des Denkens kann man die Vorsokratiker lieben und hassen zugleich. In jedem Fall wird man sich über sie ärgern. Aber man muss sie lesen.

Die Vorsokratiker sind ein verlässlicher Kompass, eine Art Polarstern am Firmament menschlichen Denkens. Für viele Themen sind sie die erste Quelle, einfach weil wir heutige Leser in ihren Texten Menschen beim Grübeln über Fragen verfolgen können, die uns jetzt noch just genauso unter den Nägeln brennen wie diesen Menschen vor rund zweieinhalbtausend Jahren: Fragen nach Gerechtigkeit und Sinn, nach dem richtigen Maß, nach Ursprung und Ziel unserer Existenz. Solon von Athen ist die wohl ungewöhnlichste Erscheinung unter diesen Pionieren abendländischen Denkens: Politiker und Dichter, eine Mischung aus Theodor Heuss, Jürgen Habermas und Helmut Schmidt auf der Schwelle vom sechsten zum fünften Jahrhundert vor unserer Zeitrechnung.

Schon das klassische antike Griechenland hat Solon als visionären Verfassungsvater und Lyriker verehrt, rechnete ihn zu den Sieben Weisen und schrieb ihm die im Vorraum des Apollon-Tempels zu Delphi angebrachten Maximen »Erkenne dich selbst« und »Alles in Maßen« zu. Ein anderer Leitspruch Solons lautet: »Allen gefallen ist schwer, geht es um wichtige Tat«, was in den Ohren von IHR und IHM wie eine antike Vorwegnahme von Franz Josef Strauß' berühmtem Diktum »Everybody's darling is everody's Arschloch« klingt. Solon ist Philosoph und Staatsmann, ja der große Versöhner seiner Vaterstadt Athen zu einer Zeit, als diese kurz vor dem Bürgerkrieg stand und in sich in unversöhnlichem Hass verzehrende Fraktionen zerfallen war. Solon verkörpert an sich Unvereinbares in seiner Person: Er war kühl kalkulierender Realpolitiker und zugleich Idealist, der in seinem politischen Handeln der Ethik eine entscheidende Rolle zusprach, gleichermaßen kühner Reformer wie sorgend bewahrender Konservativer.

Ein Mann wie Solon in Griechenland heute würde zum Helden und zur Leitfigur moderner kapitalismuskritischer Bewegungen taugen. Selbst die Guy-Fawkes-Maske des Occupy-Movements stünde Solon nicht schlecht. Denn viele der Probleme, mit denen er während seiner Lebenszeit rang, weisen verblüffende Ähnlichkeit mit denen unserer Gegenwart auf. Die große Konfliktlinie in Solons Athen verlief zwischen einer immer reicher werdenden Aristokratie, die wiederum in mehrere regionale Parteiungen zerfallen war, und einem von Schuldknechtschaft bedrohten Kleinbauerntum, welches das Gros der Bürgerschaft stellte. Diese kleinen Landpächter besaßen zwar das Athener Bürgerrecht, darüber hinaus aber wenig mehr; zudem ermöglichte ihnen das Subsistenzwirtschaftssystem und vielfache Handelsbeschränkungen auch innerhalb der Polis kaum die Erwirtschaftung des Lebensnotwendigsten.

Durch Missernten oder Krankheit gerieten diese Bauern über Jahre leicht in eine Armutsspirale, der sie durch Kredite bei den vermögenden Landbesitzern zu entkommen trachteten. Da sie diese Kredite aber nicht durch ihr unveräußerbares Land, sondern nur durch ihre eigenen Körper und die ihrer Familien absichern konnten, drohte ihnen bei Nichterfüllung ihrer Schuldnerpflicht der Verkauf mitsamt ihren Nachkommen in die Sklaverei. Genau dieses grausame Schicksal wiederholte sich zu Lebzeiten Solons massenhaft und führte zu sozialen Unruhen, wie sie Athen noch nie erlebt hatte. Nach seiner Amtszeit als Archon, also im höchsten Athener Staatsamt, zum Schlichter berufen, reagiert Solon auf diese Missstände überaus zeitgenössisch: Er propagiert und praktiziert einen radikalen Schuldenschnitt, die bis heute in Griechenland unvergessene und sprichwörtliche *seisachtheia* oder »Schuldenabschüttlung«. Solon lässt alle Schulden der Kleinbauern streichen, die bereits in die Sklaverei verkauften Athener auslösen und die aus Angst vor der drohenden Schuldknechtschaft Geflohenen aus der Diaspora zurückholen. Ob er tatsächlich der »erste Streiter für das Volk« war, wie Aristoteles ihn Jahrhunderte später in seiner *Athenaion Politeia* charakterisiert, muss allerdings fraglich bleiben.

Zwar verbot Solon die Schuldknechtschaft und bannte damit das Schreckgespenst vieler armer Athener, als rechtlose Sklaven zu enden. Auch stärkte er den Handel und erklärte das Olivenöl zum einzig legalen Exportgut Athens, das sich damals kaum selbst ernähren konnte. Er ermutigte den Handwerkerstand und die Ansiedlung von Händlern aus anderen Städten, denen, sofern sie sich mit ihren Familien niederließen, das Bürgerrecht in Aussicht gestellt wurde. Und er vereinheitlichte Maß- und Gewichtseinheiten. Einer echten Bodenreform mit gleicher Landverteilung unter allen Athener Bürgern erteilte Solon jedoch genauso eine Absage wie allen weitergehenden Forderungen nach einer gerechteren Verteilung der Lasten und Pflichten im athenischen Stadtstaat.

Dennoch gelang es ihm durch seine Reformen, den Riss in der in wenige Reiche und zahllose in niemals rückzahlbare Schulden versunkene Arme gespaltene Athener Gesellschaft zu kitten und ihr die Vorform einer Verfassung zu geben. Schon in der Antike wähnten sich die Athener späterer Jahrhunderte noch unter den Solon'schen Gesetzen lebend, obwohl der konkrete Inhalt dieses Regelwerks rasch in Vergessenheit geriet und kaum hundert Jahre nach Solons Tod teilweise aufgehoben, mindestens jedoch vielfach abgeändert und ergänzt worden war. Doch nicht wenige selbst unter den heutigen Griechen sehen Solon noch als den Vater »ihrer« Verfassung. Obwohl selbst der Schicht der Aristokratie entstammend, den sogenannten »Fünfhundertschefflern«, die als Einzige Zugang zum prestigeträchtigsten Amt des Archonten hatten, warnt Solon in seinen zur Gedankenlyrik neigenden Gedichten gleichermaßen vor der Anhäufung von Macht und Kapital. Dabei war Solon weniger ein Verächter des Reichtums, als der er immer wieder dargestellt wird, als vielmehr ein scharfsinniger Analytiker von Wirtschaftssystemen und ein hellsichtiger Visionär dessen, was ungezügelte Geldströme und ungerechte Kapitalanhäufungen in einer Gesellschaft alles anrichten können. Dies kommt auch in Solons Gedichten zum Ausdruck, die sich teilweise erstaunlich modern lesen:

Viele Böse sind reich, viele Gute arm:
Wir tauschen unsere Reife nicht gegen ihren Reichtum.
Reife kann uns niemand nehmen,
Geld aber wechselt jeden Tag den Besitzer.

πολλοὶ γὰρ πλουτοῦσι κακοί, ἀγαθοὶ δὲ πένονται·
  ἀλλ᾽ ἡμεῖς αὐτοῖσ᾽ οὐ διαμειψόμεθα
τῆς ἀρετῆς τὸν πλοῦτον, ἐπεὶ τὸ μὲν ἔμπεδον αἰεί,
  χρήματα δ᾽ ἀνθρώπων ἄλλοτε ἄλλος ἔχει.

Der entscheidende Begriff in diesem Gedicht Solons lautet ἀρετῆ, *arete*. Wie »Heimat« oder »Gemütlichkeit« im Deutschen oder *mind* im Englischen, zählt *arete* im Altgriechischen zu jenen Wörtern, die sich nur schwer und sehr unpräzise in eine andere Sprache übersetzen lassen. Dabei ist *arete* eine der zentralen Kategorien im Denken des antiken Griechenlands. Man kann mit Fug und Recht behaupten, dass die alten Griechen regelrecht besessen davon waren. Nur droht der Begriff im heiklen Prozess der Übersetzung doch immer wieder zu entgleiten wie ein glitschiger Fisch, der im letzten Moment dem Kescher entkommt. Ganze Generationen von Philosophieprofessoren und Übersetzern haben sich an der harten Nuss die Zähne ausgebissen.

Landläufig wird *arete* mit »Güte«, »Trefflichkeit«, »Tugend«, »Wert« oder auch »Tauglichkeit« wiedergegeben, mitunter heute auch mit »Optimum« oder »Qualität«. Weil es aber in der Tat einer der wichtigsten Begriffe in der griechischen Philosophie ist, ein Begriff, der immer verschwommener und unschärfer wird, je mehr man ihm sich nähert, tut man gut daran, seine Etymologie zu betrachten. Wenn Solon in seinem Gedicht von den κακοί spricht, dann schwingt in seiner Unterscheidung zwischen Gut und Böse das bis auf den heutigen Tag in unserer Kindersprache überlebende »kaka« mit – schlecht, böse – und sein Gegenteil gut, griechisch *agathón*.

Der Superlativ von *agathón* lautet *ariston*, aus dessen Wurzel *ar*- sich nicht nur die uns wohlbekannte Aristokratie herleitet, die Herrschaft der Besten, sondern auch jener rätselhafte Begriff *arete*, der den Gelehrten über die Jahrhunderte hinweg so viel Kopfzerbrechen bereitet hat. Aristokraten sind Menschen im Besitz von *arete*. Der große Gräzist und Homer-Übersetzer Wolfgang Schadewaldt schlug für *arete* das gewöhnungsbedürftige Wort »Bestheit« vor. SIE und ER möchten *arete* lieber mit »Reife« übersetzen. *Arete*, ἀρετή, hat allerdings noch einen sprachlichen Zwilling im Altgriechischen, ἀκμή, die *akme*. Auch *akme* wird oft mit »Reife« übersetzt, bedeutet aber eigentlich eher »Höhepunkt« oder »Blüte«.

Die Griechen des Altertums waren der Überzeugung, alles unter der Sonne, ob Mensch oder Maus, strebe nach *arete* und weise in diesem Bemühen eine *akme* auf. *Akme* ist ein Moment der Blüte und des Optimums. Ein Höhepunkt der Entwicklung aller Anlagen. Eine Phase der größten Entfaltung aller innewohnenden Potenziale. Eine Phase der idealen Ausgebildetheit aller in einem Lebewesen angelegten Möglichkeiten.

Ursprünglich haben SIE und ER mit diesen Konzepten von *akme* und *arete* ein wenig gefremdelt. Dann aber dachten sie an Beispiele aus dem Sport und der Musik, an Schauspieler und Autoren, und schon begannen die Begriffe vertraute Konturen anzunehmen. Aretha Franklin trägt ihre *arete* schon im Vornamen. Frank Zappa und Prince, Billie Holiday und Vladimir Horowitz, Pelé und Beckenbauer, Maria Callas und Elisabeth Schwarzkopf, Paul Klee und Max Ernst, Heinz Erhardt und Theo Lingen, Laurel und Hardy und die Monty Pythons, Tina Turner und Lady Gaga, Katharine Hepburn und Peter O'Toole, Ernest Hemingway und F. Scott Fitzgerald, Loriot und Otto, Elvis Presley, die Beatles und die Rolling Stones: Sie alle erlangten im Lauf ihrer Karrieren zweifellos eine *akme*, einen höchsten Reifegrad.

Wann genau die zu datieren ist, darüber mögen sich die Fans streiten. Im Denken der antiken Griechen erlangte man seine ἀκμή etwa mit vierzig. Fragen wir Heutigen, wenn wir von einer uns unbekannten Künstlerin oder einem uns unbekannten Musiker hören, als Erstes nach dem Was, also *was* sie geschaffen oder *was* er komponiert hat, wodurch sie sich auszeichnet oder unterscheidet, so wäre die erste Frage eines antiken Griechen die nach dem Wann dieser Künstlerin oder Musiker gewesen, also *wann* ihre *akme* gewesen ist, *wann* seine Schaffenskraft ihren Höhepunkt erreicht hat. Antike Historiker operieren denn auch ganz selbstverständlich mit diesem Konzept von *akme* und datieren diese unterstellte Blüte eines Menschenlebens rund um das vierzigste Lebensjahr. Dieser Sprachgebrauch hat sich in der Fachsprache der Historiker über das Lateinische, wo die *akme* in der Formulierung *floruit* (wörtlich: Sie oder er blühte) zur Markierung des vierten Lebensjahrzehnts nachwirkt, bis heute lebendig gehalten.

Man kann gar nicht überschätzen, welche alltagsprägende Rolle dieses Konzept der *arete* und *akme* für das Leben der antiken Griechen spielte. Insbesondere die Führungsschicht der »guten Menschen«, der αριστοι, widmete einen Großteil ihres Lebens der Erlangung von *arete*, der Ausbildung einer *akme*. In archaischer Zeit bezog sich *arete* dabei stark auf die Kraft und Tapferkeit eines Mannes. Doch war der Begriff schon in Homers Welt beiden Geschlechtern eigen. Die *arete* einer Frau wie Penelope liegt in der Entfaltung aller ihrer intellektuellen Möglichkeiten, der Ausschöpfung ihres gesamten menschlichen Potenzials bis hin zu List und Verschlagenheit, um sich der zudringlichen Freier bis zur Heimkehr des Odysseus zu erwehren.

Arete besitzt ein Mensch dann, wenn er von allen seinen Talenten und erworbenen Fertigkeiten bestmöglichen Gebrauch macht. Natürlich personalisierten die mythengläubigen Griechen *arete* auch als Gestalt der Götterwelt. In einer Erzählung des Prodicus aus dem 5. Jahrhundert vor Christus erscheinen dem jungen Herakles Arete zusammen mit ihrer Gegenspielerin Kakia an einer Weggabelung in Gestalt zweier Jungfrauen. Während Arete Herakles ein Leben der Mühsal und des Kampfs gegen das Böse in Aussicht stellt, bietet ihm Kakia ein Leben voll Reichtum und Vergnügen. Man ahnt, wie die Sache ausgeht – selbstverständlich entscheidet sich der Superheld für den Weg der Arete.

Bereits in der Antike versuchte eine Philosophenschule, die Sophisten, unter denen man sich vielleicht eher eine Art *personal coaches* vorstellen muss, mit dem *arete*-Begriff Kasse zu machen. Die Sophisten behaupteten, bei ihnen könne man *arete* lernen. Tatsächlich verstanden sie darunter im Grunde die Ausbildung zum Redner, sie brachten ihren Schülern Logik, Aufbau und Gliederung von Argumenten und Schlüssen nahe und unterwiesen sie in Tipps und Tricks der Rhetorik. Dieser Anspruch der Sophisten, dass man *arete* nicht nur ausbilden, sondern *lernen* konnte, stieß aber schon im klassischen Athen auf heftigen Widerspruch. Die Gegner der Sophisten argumentierten mit erfolglosen Absolventen der Sophistenschulen und verwiesen auf die häufig talentlosen Söhne für ihre *arete* berühmter Männer.

Solon hat aus dem bislang eher vom Individuum her gedachten Begriff der *arete* eine Bürgertugend gemacht. Solon ist der Mann der Partizipation. Nur wenn jeder einzelne Bürger mitwirkt an »unserer Polis« – so der von Solon geprägte Neologismus, der schon klarmacht, dass der Stadtstaat eben nicht nur für die Reichen und Mächtigen da ist – und sich nach besten Kräften einbringt, wird das Staatsschiff den richtigen Kurs steuern. Und so, wie der Einzelne nur durch die stetige Entfaltung aller seiner Anlagen zur Reife gelangen kann, vermag auch die Polis nur das Optimum der in ihr angelegten Möglichkeiten zu realisieren, indem sie alle ihre Bürger zu Partizipation und Engagement aktiviert. Mitwirkung ist denn auch das Schlüsselwort für Solons politisches Ideal, das so weit geht, dass er Bürgern, die in einer politisch kritischen Frage unentschieden oder haltungslos bleiben wollen, die drastische Strafe des Verlusts ihrer Bürgerrechte androht, sollten sie sich nicht für die eine oder andere Partei entscheiden.

Solon denkt dieses politische *arete*-Konzept noch einen ganz entscheidenden Schritt weiter und reflektiert in seinen Gedichten auch, was passiert, wenn individuelles Streben nach Vervollkommnung der Gesellschaft zum Nachteil ausschlägt. Die größten Gefahren sieht er in der unablässigen Akkumulation von Macht und Kapital in den Händen einiger weniger. In einer seiner Elegien warnt er vor einem Unwetter, das er am historischen Horizont der Polis Athen aufziehen sieht:

> Die Kraft von Schnee und Hagel entstammen einer Wolke,
> und Donner grollt aus grellem Blitz.
> Eine Stadt wird durch Männer zerstört, die zu groß werden,
> das einfache Volk beugt sich aus Unwissenheit unters Joch
>   des Despoten.
> Wer sich zu weit vom Land entfernt, dem fällt die Rückkehr
>   in den Hafen schwer.
> All dies sollte bedacht sein, ehe es zu spät ist.

> ἐκ νεφέλης πέλεται χιόνος μένος ἠδὲ χαλάζης,
>   βροντὴ δ᾽ ἐκ λαμπρῆς γίγνεται ἀστεροπῆς.
> ἀνδρῶν δ᾽ ἐκ μεγάλων πόλις ὄλλυται, εἰς δὲ μονάρχου
>   δῆμος ἀϊδρείῃ δουλοσύνην ἔπεσεν.
> λίην δ᾽ ἐξάραντ᾽ οὐ ῥᾴδιόν ἐστι κατασχεῖν
>   ὕστερον, ἀλλ᾽ ἤδη χρὴ τάδε πάντα νοεῖν.

Gier, so Solons Botschaft, ist der Todfeind eines harmonischen, das heißt für alle erträglichen und einvernehmlichen Lebens im Stadtstaat. In der Gier nach Macht und der Gier nach Geld sieht Solon gleichermaßen große Gefahren, eine potenziell explosive Störung des sozialen Gleichgewichts. Er weiß, wovon er redet: Denn genau eine solche Zeit der durch Gier ausgelösten bürgerkriegsartigen Wirren liegt ja hinter ihm. Sein Ideal: die *eunomia*, die »Wohlgesetzlichkeit«. Sein Reformwerk, von den Reichen und Mächtigen seiner Zeit vermutlich aus Angst vor einem drohenden Umsturz und vor noch radikaleren Forderungen nach einer *isomoina* – einer gleichberechtigten Verteilung sämtlicher Ackerbaufläche unter allen Bürgern Athens – unterstützt, sollte ein erster Schritt dazu sein. Doch realisieren kann Solon dieses Ideal eines von *eunomia* geprägten Athener Stadtstaats nur, so viel ist ihm klar, indem er die eingeleiteten Reformen so gut wie möglich auf Dauer stellt. Offenbar schwante ihm, dass man ihn bald von der einen oder anderen Seite unter Druck setzen würde, seine Gesetze zu ändern. Und deshalb wendet er eine List an. Er gibt seine außerordentlichen Machtbefugnisse als Schlichter zurück, verpflichtet die Athener Polis jedoch, sein Reformwerk mindestens zehn Jahre unangetastet zu lassen. Und um sich selbst und niemand anderen der Versuchung auszusetzen, ihn doch zum Eingreifen zu bewegen, geht Solon auf Reisen. Zehn Jahre lang. Und entzieht sich auf diese Weise allen Versuchen, an seinem Gesetzeswerk herumzupfuschen. Verhindert hat er die heraufziehende Athener Diktatur durch Peisistratos, mit dem er offenbar verwandt war, auf diese Weise zwar nicht. Aber immerhin hat er sich auch nicht zum Handlanger des Tyrannen gemacht.

Platon zufolge führte Solons Weg zunächst nach Ägypten, von wo er die erste Kunde von der sagenhaften Insel Atlantis nach Griechenland brachte und ein Gedicht über Atlantis schrieb, das leider nicht überdauert hat. Doch wer weiß, vielleicht harrt eine Papyrusrolle mit einer Abschrift noch irgendwo unter Wüstensand oder Bimsstein ihrer Entdeckung. In Solons zehnjährige Reisezeit fällt auch eine Begegnung mit dem König der Lyder Krösus, die bereits von einigen Historikern der Antike aufgrund der wegen ihrer Lebensdaten chronologischen Unwahrscheinlichkeit eines solchen Zusammentreffens ins Reich der Legende verbannt wurde. Schon Plutarch beharrt aber auf der Authentizität und will wohl auch die schöne Anekdote retten, wonach Solon auf die Frage des märchenhaft reichen Lyderkönigs, wen er denn für den Glückseligsten unter den Menschen halte, zum Verdruss von Krösus nicht etwa diesen selbst nannte, sondern einen Athener namens Tellos und die Brüder Kleobis und Biton aus Argos. Als man wissen will, warum er diesen den Vorzug vor Krösus gibt, soll Solon geantwortet haben, man solle keinen Menschen glückselig preisen, ehe er sein Leben beschlossen habe. Die diplomatische Antwort sichert Solon weiter Krösus' Gastfreundschaft. Erst als dieser im Krieg gegen den Perserkönig Kyros II. sein Reich verloren hatte, gefangen genommen und zur Hinrichtung auf einen Scheiterhaufen gesetzt wurde, so berichten Herodot und Plutarch, habe Krösus an Solons Satz denken müssen und dabei mehrfach seinen Namen ausgerufen. Dies wiederum weckte die Neugier des Kyros, der den bereits zum Tode Verurteilten zur Rede stellte und um der Weisheit Solons willen begnadigte. Zweierlei kommt in dieser Anekdote zum Ausdruck: erstens Solons Bereitschaft, den Mächtigen seiner Zeit auch unangenehme Wahrheiten zuzumuten. Und zweitens Solons Spleen, alle Lebensstadien eines Menschen *in einem* in den Blick zu nehmen.

Dass Solons Gedanken über die Reifestadien des Menschen uns überhaupt überliefert wurden, haben wir einem einzigartigen Glücksfall der Geistesgeschichte zu verdanken: einem hellenistisch gebildeten Juden aus Ägypten namens Philo Judaeus, auch bekannt als Philo von Alexandria. Der bedeutendste Philosoph des hellenistischen Judentums lebte zur Zeit von Christi Geburt als einflussreiches Mitglied der jüdischen Gemeinde in Alexandria und zitiert Solon ausführlich in seiner Weltgeschichte *De opificio mundi* (»Über die Schöpfung der Welt«). Dort gibt er auch jene Elegie Solons wieder, die dessen Überlegungen enthält zu dem, was der Mensch in seinen fortschreitenden Lebensstadien an *arete* oder eben Reife gewinnt – und auch verliert:

Nach sieben Jahren wechselt der Junge die Zähne, die er als
 Säugling bekam.
 Gönnen die Götter ihm sieben weitere Jahre, mehren sich
 Zeichen von Reife der Jugend.
Im dritten Jahrsiebt, während die Glieder noch wachsen,
 bedeckt erster Bartschatten seine Haut.
 Im vierten erreicht jeder Mann den Zenith seiner
 physischen Kraft, Ausweis der Reife des Leibes.
Im fünften Jahrsiebt ist an der Zeit es, dass der Mann an
 Heirat denkt und für Nachkommen sorgt.
 Im sechsten ist der Verstand eines Mannes auf allen
 Feldern ausgebildet, nach Unerreichbarem steht ihm
 nun weniger der Sinn.
In sieben mal sieben Jahren und im achten Jahrsiebt
 erlangen Verstand und Zunge die größte Reife, vierzehn
 Jahre dauert das an.
 Auch im neunten Alter ist er noch ein fähiger Mann,
 wenngleich Zunge und Rede nun an Feuer verlieren.
Und schöpft ein Mann das ganze Maß seines zehnten
 Jahrsiebts aus, wird der Tod ihn nicht zur Unzeit ereilen.

Παῖς μὲν ἄνηβος ἐὼν ἔτι νήπιος ἕρκος ὀδόντων
 φύσας ἐκβάλλει πρῶτον ἐν ἕπτ᾽ ἔτεσιν·
τοὺς δ᾽ ἑτέρους ὅτε δὴ τελέσῃ θεὸς ἕπτ᾽ ἐνιαυτούς,
 ἥβης ἐκφαίνει σήματα γιγνομένης·
τῇ τριτάτῃ δὲ γένειον ἀεξομένων ἔτι γυίων
 λαχνοῦται, χροιῆς ἄνθος ἀμειβομένης·

τῇ δὲ τετάρτῃ πᾶς τις ἐν ἑβδομάδ᾽ ἐστὶν ἄριστος
    ἰσχύν, ἥν τ᾽ ἄνδρες σήματ᾽ ἔχουσ᾽ ἀρετῆς·
πέμπτῃ δ᾽ ὥριον ἄνδρα γάμου μεμνημένον εἶναι
    καὶ παίδων ζητεῖν ἐξοπίσω γενεήν·
τῇ δ᾽ ἕκτῃ περὶ πάντα καταρτύεται νόος ἀνδρός,
    οὐδ᾽ ἔρδειν ἔθ᾽ ὁμῶς ἔργ᾽ ἀπάλαμνα θέλει·
ἑπτὰ δὲ νοῦν καὶ γλῶσσαν ἐν ἑβδομάσιν μέγ᾽ ἄριστος
    ὀκτώ τ᾽, ἀμφοτέρων τέσσαρα καὶ δέκ᾽ ἔτη·
τῇ δ᾽ ἐνάτῃ ἔτι μὴν δύναται, μαλακώτερα δ᾽ αὐτοῦ
    πρὸς μεγάλην ἀρετὴν γλῶσσά τε καὶ σοφίη·
τὴν δεκάτην δ᾽ εἴ τις τελέσας κατὰ μέτρον ἵκοιτο,
    οὐκ ἂν ἄωρος ἐὼν μοῖραν ἔχοι θανάτου.

Wolfgang Schadewaldt hat in seinem 1933 erschienenen Aufsatz »Lebenszeit und Greisenalter im frühen Griechentum«
Solons Gedicht in einem an Hölderlin erinnernden Ton übersetzt, dabei die SIE und IHN interessierenden Reife-Begriffe
von *akme* und *arete* leider aber dem Versmaß geopfert:

Knabe zuerst ist der Mensch, unreif: da wirft er der Zähne
    Hag, der dem Kinde entsproß, von sich im siebenten Jahr.
Wenn zum anderen Mal Gott schloß die Sieben der Jahre,
    Zeichen der Mannheit dann keimen, der nahenden, auf.
Während der dritten umkraust sein Kinn – noch wachsen
    die Glieder –
Wolliger Flaum, da der Haut Blüte im Wandel verwich.
Nun in den vierten empor zu hohem vollem Gedeihen
    Reift die Stärke; in ihr zeigt was er tauge der Mann.
Mit den fünften gedeiht ihm die Zeit, der Freite zu denken
    Und das in Söhnen ersteh fürderhin währender
    Stamm.

Während der sechsten da breitet den Geist allseit sich ins
    Rechte,
  Nimmer zu unnützem Tun treibt ihn hinfort noch der Mut.
Sieben Siebenerjahre und acht: im vollen Gedeihen
  Stehen Zunge und Geist: vierzehn an Jahren zusamt.
Noch in den neunten ist tauglich der Mann, doch lässiger
    zeigen
  Gegen das volle Gedeihn Zunge fortan sich und Witz.
Wer in die zehnten gelangte, die zehnten nach Maßen
    vollendend,
  Kaum zur Unzeit wärs, träf ihn die Neige des Tods.

Dieses Gedicht ist ein Skandal. Kaum jemand im 21. Jahrhundert wird mit einer so starren Vorstellung, wann was in seinem Leben zu geschehen hat, einverstanden sein können – genauso wenig wie mit den Darstellungen der Lebensstufen von Mann und Frau aus dem 19. Jahrhundert auf den Innenseiten dieses Buches. Das Unerhörte von Solons Gedicht liegt aber woanders. Gerade der archaischen Epoche entwachsen, formuliert hier ein Dichter den kühnen Gedanken, dass es zwei Arten von *arete* und zwei Arten von *akme* gibt: eine physische und eine intellektuelle Reife. Während Solon den *peak* der körperlichen Fitness zwischen dem 21. und dem 28. Lebensjahr veranschlagt, worin ihm kein Sportmediziner unserer Tage widersprechen wird, schätzt er für die intellektuelle Leistungskraft eine doppelt so lange Hochphase zwischen dem 42. und 56. Lebensjahr. Diese Differenzierung zwischen der *akme* von Körper und Geist war auch zu Solons Lebzeiten eine radikale Position – und ist es bis heute geblieben. Haben SIE und ER je einen Mann oder eine Frau ihre Vorfreude auf diese Lebensphase zum Ausdruck bringen hören? Da war Solon sehr viel weiter als wir heute. Mit Ende vierzig hört unser Leben heute auf. Jedenfalls für die Industrie mit Ausnahme von Anbietern von Treppenliften und Gebisshaftcremes, denn mit Vollendung des 49. Lebensjahrs haben wir die sogenannte »werberelevante Zielgruppe« verlassen, um die sich in den Medien alles dreht.

Vor zweieinhalbtausend Jahren, vor den großen Durchbrüchen in der Medizin, die uns seit dem 18. Jahrhundert eine statistisch gesehen verdoppelte Lebenserwartung beschert haben, ein geglücktes Leben mit einer Lebensdauer von siebzig Jahren anzusetzen, entspräche unter den Bedingungen unserer Moderne einer Lebenszeit von mindestens hundert Jahren. Eine radikalere Absage an den Jugendkult unserer Tage lässt sich nicht denken. Doch Solon richtet sein Gedicht gegen die Forever-young-Propagandisten seiner Zeit. Deren wortmächtigster Vertreter war Mimnermos, ein Dichter, von dem man wenig weiß, außer dass er etwa 660 vor Christus in Smyrna geboren wurde und bei dessen Untergang vermutlich ums Leben kam. In seiner Dichtung besang er die Freuden der Jugend und beklagte die Plagen des Alters. Für einen Lyriker seiner Zeit besaß er eine erstaunliche Laxheit in Fragen der Moral:

> Mach, wozu du Lust hast, von den sturen Mitbürgern
> spricht der eine schlecht von dir, der andere besser.

> τὴν σαυτοῦ φρένα τέρπε· δυσηλεγέων δὲ πολιτέων
> ἄλλος τίς σε κακῶς, ἄλλος ἄμεινον ἐρεῖ.

Dieser Rat des Mimnermos bleibt auch gut zweieinhalbtausend Jahre später beherzigenswert. Doch in seiner Lyrik

springt neben solch überraschend hedonistisch anmuten-
den Einsichten noch ein weiteres Hauptmotiv ins Auge, das
verblüffend zeitgenössisch anmutet: die Klage um das rasche
Vergehen der Jugend und das Elend des Altwerdens. Für
Mimnermos war das Leben nach fünfundzwanzig ein einziges Jammertal:

> Kurz nur ist die Frucht der Jugend reif,
> solange die Sonne sich über die Erde verbreitet.
> Kommt aber dieses Ende der schönen Zeit,
> ist tot zu sein besser als Leben.

> μίνυνθα δὲ γίνεται ἥβης
> καρπός, ὅσον τ' ἐπὶ γῆν κίδναται ἠέλιος·
> αὐτὰρ ἐπὴν δὴ τοῦτο τέλος παραμείψεται ὥρης,
> αὐτίκα δὴ τεθνάναι βέλτιον ἢ βίοτος.

Gewiss, Mimnermos schreibt in einer Zeit ohne Zahnärzte
und vor Erfindung des Aspirins. Aber sein lyrischer Ever-
green von dem allzu schnell verwelkten Blütenglanz der Jugend und den Freuden des Sex im Gegensatz zur Trostlosig-
keit des Alters mit den damit einhergehenden körperlichen
Verfallserscheinungen und drohender Impotenz läuft auf
immer dieselbe Erkenntnis hinaus: *live fast, die young, make
a good-looking corpse.*

> Was ist Leben, was noch Freude ohne die goldene Aphrodite?
> Lieber sterben, als nicht mehr unentwegt in Gedanken
> sein
> Bei heimlichen Lieben und geschenkten Zärtlichkeiten im
> Bett,

All den Dingen, die der Jugend ihre attraktive Blüte
verleihen,
Sowohl für Männern wie für Frauen. Kommt aber die
Beschwernis
Des Alters, wird der Mann innen faul und außen hässlich,
Und sein Herz verzehrt sich unter der Unzahl von Sorgen
Bis ihm selbst der Sonnenschein kein Vergnügen mehr
schenkt
In Knaben löst er Hass aus und in Frauen Verachtung.
So schwer hat Gott für uns alle das Alter gemacht.

τίς δὲ βίος, τί δὲ τερπνὸν ἄτερ χρυσῆς Ἀφροδίτης·
τεθναίην, ὅτε μοι μηκέτι ταῦτα μέλοι,
κρυπταδίη φιλότης καὶ μείλιχα δῶρα καὶ εὐνή·
οἷ' ἥβης ἄνθεα γίγνεται ἁρπαλέα
ἀνδράσιν ἠδὲ γυναιξίν· ἐπεί τ' ὀδυνηρὸν ἐπέλθηι
γῆρας, ὅ τ' αἰσχρὸν ὅμως καὶ καλὸν ἄνδρα τιθεῖ,
αἰεί μιν φρένας ἀμφὶ κακαὶ τείρουσι μέριμναι,
οὐ δ' αὐγὰς προσορῶν τέρπεται ἠελίου,
ἀλλ' ἐχθρὸς μὲν παισίν, ἀτίμαστος δὲ γυναιξίν·
οὕτως ἀργαλέον γῆρας ἔθηκε θεός.

Lieber tot als alt, so das Fazit des Dichters aus Smyrna. Mimnermos entwickelt eine regelrechte Konträrfaszination angesichts des Alters, dessen negative Seiten er in den grellsten
Farben ausmalt, die seine Palette hergibt. Schlimmer als der
Tod erscheint Mimnermos nur noch der körperliche Verfall
im Alter, was er mit einem Gedicht illustriert über den Mythos von Tithonos, dem Zeus zwar Unsterblichkeit verlieh,
nicht aber die Gabe ewiger Jugend, sodass der Unglückliche
im Lauf der Zeit bis auf die Größe einer Zikade einschrum-

pelte. Auch Mimnermos' Zeitgenossin Sappho bearbeitet, wie wir sehen werden, den Tithonos-Stoff, gewinnt ihm aber eine ganz andere Sichtweise aufs Altern ab. In einem anderen seiner Gedichte geht Mimnermos sogar so weit, sich einen konkreten Zeitpunkt und die optimalen Begleitumstände für seinen eigenen Tod auszumalen:

> Mag mir das Schicksal den Tod mit sechzig Jahren bereithalten
> Unbegleitet von Krankheit und nagenden Sorgen.

> αἲ γὰρ ἄτερ νούσων τε καὶ ἀργαλέων μελεδωνέων
> ἑξηκονταέτη μοῖρα κίχοι θανάτου.

Dies fordert den Widerspruch Solons heraus, dessen Devise »Je älter ich werde, desto mehr Dinge lerne ich« in scharfem Gegensatz zur Jugendfixiertheit von Mimnermos steht. Solon richtet eine Elegie direkt an Mimnermos. In einer zwar von Respekt geprägten verbindlichen Sprache, aber in der Sache scharf argumentierend, kritisiert er die Verse seines Kollegen und schlägt ihm eine entscheidende Textänderung vor:

> Hör doch auf mich, überleg's dir noch mal und streich diesen Vers,
> Nimm's mir nicht krumm, dass hier meine Gedanken besser sind als deine.
> Ändere dein Gedicht, Wortmetz, und singe stattdessen:
> Mag mir das Schicksal den Tod mit achtzig Jahren bereithalten

> ἀλλ᾽ εἴ μοι κἂν νῦν ἔτι πείσεαι, ἔξελε τοῦτον,
> μὴ δὲ μέγαιρ᾽, ὅτι σεῦ λῷον ἐπεφρασάμην,

καὶ μεταποίησον, λιγυαιστάδη, ὧδε δ᾿ ἄειδε·

«ὀγδωκονταέτη μοῖρα κίχοι θανάτου.»

Dass Solon seinen Dichterkollegen im dritten Vers Ligyai-
stades nennt, also ihn für die harmonische Klarheit seiner
Verse lobt, lässt darauf schließen, dass er die Lyrik des Mannes aus Smyrna durchaus geschätzt hat. Nur Mimnermos'
Altersrassismus ließ Solon den Kragen platzen. Und genau
darin besteht Solons Vermächtnis: aus der Erkenntnis, dass
unser Leben in jedem Abschnitt lebenswert ist und unterschiedliche, aber jeweils attraktive Reifestadien bereithält,
von denen sich die allgegenwärtigen Prediger des Jugend-
kults nichts träumen lassen. Auch heute reizen deren Diskri-
minierungen die eine oder den anderen zum Widerspruch
wie Solon vor rund zweieinhalbtausend Jahren.

Im Frühjahr 2015 beklagte sich Madonna in einem Interview mit dem *Rolling Stone*: »Niemand würde heute wagen,
etwas Abwertendes über einen Schwarzen zu sagen oder auf
Instagram jemand vorzuwerfen, dass er schwul ist. Aber
über mich darf jeder Hinz und Kunz etwas Abwertendes
sagen, weil ich ein bestimmtes Alter habe. Ich frage mich da
schon, warum das toleriert wird. Worin besteht der Unterschied zwischen dem und Rassismus oder anderen Formen
von Diskriminierung? Man beurteilt mich nach meinem Alter.« Doch traf Madonna eine bemerkenswerte Einschrän-
kung: »Das Alter ist der eine Bereich, wo man jemanden un-
gestraft diskriminieren und verleumden darf. Allerdings nur
Frauen. Niemals Männer. In dieser Hinsicht leben wir immer noch in einer sehr sexistischen Gesellschaft.«

Wie Solon nach seiner Zeit als aktiver Politiker in Athen
haben auch SIE und ER, eine Ärztin aus Stuttgart und ein

Literaturkritiker aus Köln, die sich seit ihrer gemeinsamen Schulzeit kennen, mögen und bisweilen auch streiten, sich für dieses Buch auf den Weg gemacht und mit Menschen gesprochen, die sich einerseits beruflich mit Reife beschäftigen, andererseits so wie Solon nach Abschluss seines Reformwerks sich irgendwann reif für neue Aufgaben und neue Horizonte fühlten. Manche dieser Menschen haben Solons Vermächtnis angetreten und ihr Leben zu einem bestimmten Zeitpunkt radikal verändert – andere haben nur davon geträumt; in jedem Fall haben sie uns daran teilhaben lassen, wie und wodurch sie auf ihrem Lebensweg gereift sind.

Kapitel 2

»Silphion, Teufelsdreck, Niesmitlust«
Gerhard Daumüller, Ingo Holland
und die Würze des Alters

Alle Quellen sind sich einig: Es war unbeschreiblich köstlich. Eine Wonne. Eine Lust. Die schiere Gaumenfreude. Kein Fettmacher. Vegetarisch sowieso. Noch dazu über alle Maßen gesund! Obendrein so universell einsetzbar wie Pfeffer oder Salz. Und dann war es einfach weg. Von einem Tag auf den anderen wie vom Erdboden verschluckt. Als hätte es nie existiert.

Der größte kulinarische Verlust der Menschheitsgeschichte heißt Silphion. Silphion ist das Ostpreußen der Küche. Vielbeweint. Und in der Gegenwart so gut wie vergessen. Silphion ist auf ewig verloren. Kein Sterblicher wird es je wieder kosten.

Angeblich war Apoll an allem schuld. Er erwies um 630 vor Christus einigen wegen Überbevölkerung von der griechischen Insel Thera ausgewanderten Kolonisten, die sich an der nordafrikanischen Küste eine neue Heimat suchten, seine spezielle Gunst, indem er einen besonders fruchtbaren Regen auf die Erde vor ihrer gerade neu gegründeten Stadt Kyrene niedergehen ließ. Der ungewöhnliche Niederschlag, so die Legende, brachte eine bis dahin unbekannte Pflanze hervor: das Silphion.

Niemand weiß genau, wie Silphion aussah oder wonach es geschmeckt hat. Allen bekannten Abbildungen auf Münzen und Beschreibungen nach zu schließen, muss es sich um einen Korbblütler gehandelt haben. Seit Jahrhunderten haben Historiker wie Botaniker besessen um die exakte Bestimmung der Pflanze gerungen. Doch alle ihre Anstrengungen verliefen buchstäblich fruchtlos im Sand der libyschen Wüste.

Apoll und Silphion auf einer Münze aus Kyrene

Manche vermuten eine Art Riesenfenchel hinter dem Rätselgewächs. Andere wollen darin eine ausgestorbene Variante der Artischocke erkennen. Zum Kreis der Verdächtigen zählen ferner Koriander, Sellerie und sogar Dill. Sicher ist nur: Auch Silphion gehört zu Solons Vermächtnis. Denn ausgerechnet in einem nur als Fragment überlieferten Gedicht Solons findet sich die erste Erwähnung dieser Wunderpflanze der Antike im Wissensspeicher der Menschheit namens Literatur:

σπεύδουσι δ᾽ οἱ μὲν ἴγδιν, οἱ δὲ σίλφιον, οἱ δ᾽ ὄξος.

Die einen eilen mit einem Mörser herbei, andere bringen
Silphion und Essig.

Solon beschreibt in seinem Gedicht Vorbereitungen zu einem aufwendigen Festbankett, und dabei durfte Silphion offenbar schon wenige Jahre nach seinem ersten Auftauchen im sechsten Jahrhundert vor Christus nicht fehlen. Was wie ein schlichtes Rezept zur Zubereitung eines unspektakulären Dressings oder eines Dips klingt, enthält den ersten schriftlichen Beleg der rätselhaftesten Pflanze des Altertums. Alle Schilderungen späterer Autoren deuten auf ein Gewächs hin, das man sich wie eine Kreuzung aus Karotte und Kautschukbaum vorstellen muss: Man aß sowohl die Wurzel als auch die als unbeschreiblich köstlich beschriebenen Blätter und den Stamm.

Schon das antike Griechenland unterschied *opos* (das Silphionharz) von *kaulos* (Silphionstängel) und *maspeton* (Silphionblatt). Letztere verzehrte man als Salat und nutzte sie als Würzkraut; die Blüten dienten zur Aromatisierung von Duftölen. In der gesamten antiken Welt verbreitet und hoch geschätzt war aber vor allem der aus Wurzel oder Stamm des Silphions gewonnene Saft und das Harz, das die Römer Laserpicium und Laser nannten.

Alle schon im Altertum unternommenen Versuche, Silphion woanders als am Ort seines natürlichen Vorkommens anzupflanzen, blieben ohne Erfolg. Silphion gedieh nur in einem rund achtzig Kilometer langen und wenige Kilometer breiten Streifen an der libyschen Küste und wurde ausschließlich über Kyrene vermarktet. Das Silphion machte seine Anbauer so reich, dass sie die Pflanze und den Gott, der sie ihnen geschenkt hatte, auf fast allen ihren Münzen abbildeten.

Silphion fand in der Antike als Gemüse, Gewürz und Heilpflanze Verwendung und war auf den Tellern der Reichen so allgegenwärtig wie glatte Petersilie oder Basilikum auf den unseren. Ein Salat aus Silphionblättern galt als Delikatesse. Der Stängel der Silphionpflanze wurde gekocht und gebraten, gebacken oder frittiert, ihre Blüten zur Aromatisierung von Parfums und Würzölen eingesetzt. Im Mittelpunkt der beachtliche Erträge abwerfenden Silphionindustrie standen jedoch die beiden Säfte, die sich durch Anritzen von Wurzel und Stamm des Silphions gewinnen ließen und die getrocknet als Harz oder gemahlen und mit Mehl oder anderen Rieselstoffen vermengt als Gewürz Verwendung fanden.

Silphion wurde als eine Art Chutney zu Käse gereicht und zu Gemüse, diente aber insbesondere zur Würzung von Fleisch, denn es stand im Ruf eines Mürbemachers. »Zum Wein lass ein Ragout aus Kutteln oder Schweineuterus auftragen, mariniert in einer Soße aus Kumin, scharfem Essig und Silphion, dazu zarte Vögelchen je nach Saison«, schreibt Archestratos von Gela, ein wortgewaltiger Feinschmecker aus dem vierten Jahrhundert vor Christus und Verfasser des ersten Gourmetguides für den Mittelmeerraum.

Zudem bildete Silphion die Grundlage für ein in der Antike beliebtes Universaltonikum, das zur Linderung aller möglichen Gebrechen von Zahnweh über Kopfschmerzen bis Haarausfall tauglich gewesen sein soll.

SIE und ER lasen zum ersten Mal als Jugendliche von Silphion in einem Gedicht von Catull, in dem dieser seine Liebe zu seiner angehimmelten Lesbia zu quantifizieren versucht und sie mit Dingen vergleicht, die zahllos wie die Sterne sind und überreich vorkommen.

> Du fragst, Lesbia, wie viele deiner Küsse
> mir genug und mehr als genug wären.
> So viele wie die Libysche Wüste Sandkörner zählt
> Und Kyrenes Küste Silphion trägt.

> Quaeris, quot mihi basiationes
> tuae, Lesbia, sint satis superque.
> quam magnus numerus Libyssae harenae
> lasarpiciferis iacet Cyrenis.

Seither ist IHM und IHR Silphion zur Besessenheit geworden. Mögen andere ihr Leben der Suche nach dem Bernsteinzimmer oder der blauen Mauritius weihen, das wahre Troja ausbuddeln oder dem Schatz der Nibelungen hinterherjagen. SIE und IHN überrieselt Gänsehaut und ergreift Goldfieber, wann immer von Silphion die Rede ist. Ob nicht doch noch, irgendwo in einem kleinen Garten in Libyien, ein unscheinbares kleines Pflänzchen davon zu finden sein mag? Könnte man einen Lottogewinn schöner verschwenden als auf einer Suche nach Silphion?

In jüngster Zeit tauchte aus den USA der Gedanke auf, die enorme Popularität von Silphion, das buchstäblich mit Silber aufgewogen wurde, könnte neben seinem Geschmack möglicherweise noch in einer anderen Wirkung als Arznei begründet gelegen haben. Der Medizinhistoriker John M. Riddle von der North Carolina State University glaubt in Silphion ein Kontrazeptivum, ja sogar eine Art »Pille danach« der Antike gefunden zu haben. Als Gewährsmann für seine überraschende These führt Riddle keinen Geringeren als Hippokrates an, der in einer seiner Schriften von Silphion als Mittel zur Geburtenkontrolle spricht. Da die Antike aber noch keine christlichen Tabus kannte, was Sex und Fortpflanzung anlangt, muss verblüffen, warum sich so wenig Belege für die Verwendung von Silphion als Kontrazeptivum erhalten haben sollen, während so viele antike Quellen von seiner Popularität als kulinarische Spezialität berichten.

Je mehr Rezepte und begeisterte Berichte über die Köstlichkeit des Silphions SIE und ER in Komödien des Aristophanes, bei Theophrast, im Kochbuch des Apicius oder in Petronius' *Gastmahl des Trimalchio* entdecken, umso melancholischer möchten SIE und ER darüber werden. Was ist der Brand der Bibliothek von Alexandria, der Untergang Roms oder der Fall Konstantinopels schon im Vergleich zum Verschwinden des beliebtesten Würzkrauts der Antike? Die letzte Portion Silphion, berichtet Plinius in seiner *Naturalis Historia*, hat Kaiser Nero verputzt.

Seither sind rund zweitausend Jahre vergangen, und Generationen von Feinschmeckern rätseln: Wie kann Silphion nur geschmeckt haben? Ein bisschen seifig-zitronig wie Koriander vielleicht? So verlockend lakritzig scharf wie Estragon? So traumschwer komplex wie Waldmeister?

Das Schicksal des Silphions lehrt eine bittere Lektion. Strabon berichtet von einem eskalierenden Streit um eine angemessene Beteiligung am Erlös des kostbaren Silphions zwischen den griechischstämmigen Städtern in Kyrene und der libyischen Urbevölkerung, die wie heutige Kautschukarbeiter das Silphion erntete. Dabei kam es offenbar zu einer mutwilligen kompletten Zerstörung aller Silphionpflanzen. Plinius hingegen berichtet, die Kyrener hätten aus Gier und Gewinnsucht das Silphion von Schafherden abfressen lassen, um so den Preis für ihre verbliebenen Vorräte in immer astronomischere Höhen zu treiben. Nachhaltig war diese Preispolitik jedenfalls nicht, und die Stadt Kyrene, die jahrhundertelang vom Silphionexport gelebt hatte, verlor um die Zeit von Christi Geburt rasch an Bedeutung.

Lässt sich ein unreiferer Umgang mit einem Göttergeschenk vorstellen? Der einzige Trost, den SIE und ER aus der traurigen Geschichte des Silphions ziehen, ist die Erkenntnis, dass Gier, das infantile Beharren auf sofortiger Wunscherfüllung und ein Wirtschaften ohne Rücksicht auf nachfolgende Generationen keine Besonderheit unserer Gegenwart ist.

Silphion ist auf ewig verloren, und kein Sterblicher wird es je wieder kosten. Die Götter haben es gegeben; die Götter haben es genommen; die Götter müssen verrückt sein.

Die silphionsüchtige Antike behalf sich in den folgenden Jahrhunderten unter lautem Klagen um das ausgestorbene Wunderkraut mit einem Ersatz: Asa foetida, dem Harz eines Doldenblütlers namens Asant, der in Asien verbreitet ist und in der indischen Küche bis heute eine Rolle spielt. Wer Asa foetida je gekostet hat, weiß, dass seine deutschen Namen Teufelsdreck oder Stinkasant eher eine Untertreibung darstellen. Das Harz von Ferula assa-foetida riecht im besten Fall nach Knoblauch und Zwiebeln, meist aber schlicht nach totem Tier – nach lange vergessenem toten Tier, um genau zu sein. Sollte Silphion ein Kontrazeptivum in der Antike gewesen sein, dann ist Asa foetida in dieser Beziehung ganz sicher ein vollwertiger Ersatz. Niemand, der auch nur in die Nähe von Asa foetida gekommen ist, wissen SIE und ER nach leidvollem Selbstversuch, wird vor einer sehr gründlichen und sehr langen Dusche je wieder einverständigen Sex haben.

Auf die kulinarische Fahndungsliste der Ten Most Wanted gehört neben Silphion sicher auch Magentrost und Niesmitlust. SIE und ER haben bei der Beschäftigung mit dem kyrenischen Wunderkraut immer wieder an Wilhelm Hauffs *Zwerg Nase* denken müssen, der, von der bösen Fee Kräuterweis verzaubert, als Eichhörnchen sieben Jahre Dienst für sie leisten muss und schließlich in ihrer Küche landet, wo er zum Koch ausgebildet wird. Zurück unter Menschen, aber nun in Gestalt eines buckligen Zwergs mit langer Nase, verdingt er sich beim Herzog des Frankenlands und steigt rasch zu dessen Leibkoch auf, weil er das Lieblingsfrühstück des Herzogs, Dänische Suppe mit Roten Hamburger Klößchen, durch das Kraut Magentrost noch zu verfeinern weiß. Als der Herzog von einem anderen Herrscher Besuch bekommt, tischt Zwerg Nase alles auf, was Küche und Keller hergeben, scheitert aber, als der fremde Fürst von ihm »die Königin der Speisen, die Pastete Souzeraine« fordert.

Zu deren Zubereitung, so verrät ihm eine verzauberte Gans namens Mimi, ist das Kräutlein Niesmitlust erforderlich, das unter alten Kastanien wächst. Wilhelm Hauff beschreibt Niesmitlust zweimal im Text: »Die Stengel und Blätter waren blaugrün und trugen oben eine kleine Blume von brennendem Rot, mit Gelb verbrämt«, heißt es zunächst, und als Zwerg Nase und die Gans Mimi Niesmitlust dann tatsächlich im Park des Herzogs entdecken, schreibt Hauff: »Der Zwerg betrachtete das Kraut sinnend; ein süßer Duft strömte ihm daraus entgegen, der ihn unwillkürlich an die Szene seiner Verwandlung erinnerte; die Stengel, die Blätter waren bläulichgrün, sie trugen eine brennend rote Blume mit gelbem Rande.«

SIE und ER haben diese Beschreibung einigen Kräuterkundigen vorgelegt. Unter den Verdacht gerieten zunächst das Adonisröschen, das Schopfige Kreuzblümchen und das Tausendgüldenkraut. Den besten Tipp bekamen SIE und ER jedoch von einem Kräuterhändler am Münchner Viktualienmarkt. Tatsächlich sieht die Schmalblättrige Studentenblume, auch als Gewürz-Tagetes bekannt, dem Kräutlein Niesmitlust verblüffend ähnlich. Ob man damit wirklich jemanden in ein Eichhörnchen verzaubern kann, müssen SIE und ER demnächst noch ausprobieren. Das Kräutlein Magentrost hingegen wird niemand je finden, denn Wilhelm Hauff, der nur 25 Jahre alt wurde, beschreibt es mit keinem Wort.

Niesmitlust?

Der Zwerg Nase war in der Kindheit von IHR und IHM so selbstverständlich präsent wie der Kleine Muck oder Kalif Storch – sicher auch wegen der Europa-Märchenplatten mit der unverwechselbaren Stimme von Hans Paetsch, die so wohlig klang und die Welt so vielfarbig und magisch erscheinen ließ, dass kochende Eichhörnchen und sprechende Gänse einen ganz selbstverständlichen Platz darin einnahmen.

An ein Märchenreich erinnert auch, was Angela und Gerhard Daumüller auf ihrem Keltenhof in Bernhausen bei Stuttgart geschaffen haben. Aber an ein sehr modernes Märchenreich: die Hightech-Variante des Blühenden Barocks. Der Keltenhof, den Daumüller von seinem Vater übernommen und von zehn auf siebzig Hektar erweitert hat, ähnelt einem kleinen Industriepark. Felder und Beete sind wie mit dem Lineal gezogen. Die Industriegebäude mit den optischen Sortierern und den Wasch-, Schneide- und Verpackungslinien strahlen blitzblank. Alles wirkt wohlgeordnet und durchdacht. Wenn Hunderte von weißen Anzuchthauben auf einem Feld stehen, verströmt der Keltenhof etwas vom schönen französischen Zukunftsoptimismus der Concorde, des TGV oder den Gängen zu den Gate-Satelliten am Terminal 1 vom Flughafen Charles de Gaulle. Alles geplant, berechnet, unter Kontrolle. Ganz im Gegensatz zum Hauptprodukt des Keltenhofs: Salat.

Salat ist Chaos. Von der Natur streng Geschiedenes wird vermengt und durch eine Soße namens Dressing angeblich verbunden. Das Ergebnis: Mischmasch, Wirrwarr, Tumult. Der Deutsche liebt, schon aus historischer Erfahrung, das Durcheinander nicht. Außer in der Wurst.

Die Deutsche hingegen schon. Salat ist das Frauenessen schlechthin. Zwar unterscheiden sich die Geschlechter in der Bundesrepublik Deutschland der Gegenwart in ihren Ernährungsgewohnheiten nicht so extrem, wie Bestseller wie *Männer essen Fleisch, Frauen essen Gemüse* nahelegen. Aber immerhin essen deutsche Frauen rund 20 Prozent häufiger Salat als deutsche Männer. Jedenfalls wenn man den Befunden der aktuellen Nationalen Verzehrsstudie des Max-Rubner-Instituts für Ernährung in Karlsruhe glauben darf.

Doch wer wird schon *glauben*, wo doch jeder, der jemals eine Mitbringsel-Party gab, aus Erfahrung *weiß*, dass Salat der kulinarische Ablasshandel schlechthin ist?

Salat heißt die Lösung für alle, die nicht kochen können. Oder wollen. Salat ist gleichermaßen kulinarischer Freifahrtschein wie Einladung zum Anything-goes. Salat ist die Lizenz, das Vermischen einer Dose weißer Bohnen mit einer Dose Thunfisch als Großtat der Gourmandise zu verkaufen. Und ist nicht der Nudelsalat seit den siebziger Jahren Erkennungszeichen aller Einfallslosen, Engherzigen und Geizigen?

Da haben wir den Salat!, sagen wir denn auch, wenn uns irgendein Kuddelmuddel zu viel wird – nicht nur auf dem Teller. Eine jener deutschen Redewendungen, die den Verstand aller Nichtmuttersprachler verwelken lässt wie zu früh angemachter Löwenzahn, ganz zu schweigen von Blech-, Kabel- oder Wellensalat.

Dabei war Salat einmal ein schöner Spleen. Das erste Buch über Salat schrieb 1699 ein umtriebiger Engländer namens John Evelyn, der sich als Politiker, Architekt und Tagebuchschreiber einen Namen machte und zu den frühesten Advokaten eines vegetarischen Lebensstils zählt. Sein *Acetaria: A Discourse of Sallets* ist ein auch heute noch lesenswerter Rundgang durch die Welt des Salats, der am meisten beeindruckt durch die Vielfalt der fünfunddreißig Salat- und Kräutersorten, die der ebenso exzentrische wie vieltalentierte Evelyn auf seinem Landsitz Sayes Court im südöstlich von London gelegenen Deptford schon anbaute.

Wenn es einen Ort auf der Welt gibt, der das genaue Gegenteil britischer Skurrilität darstellt, dann das im Süden Stuttgarts zwischen Messegelände und Flughafen gelegene

Bernhausen. Doch hier, auf den für ihren viele Meter dicken Lösslehmboden und für das darauf gedeihende Spitzkraut berühmten Fildern, bewirtschaften Angela und Gerhard Daumüller mit vierzig Festangestellten und dreißig Saisonkräften den Keltenhof. Seit der Übernahme des elterlichen Betriebs 1992 hat der sportliche Gärtnermeister Daumüller aus dem Keltenhof ein Innovationszentrum des Salat- und Kräuteranbaus gemacht, eine der ersten Adressen für alle, die sich mit der Monotonie in der Salatschüssel nicht zufriedengeben wollen.

An die sechzig Salat- und Kräutersorten baut er hier an. Als erster deutscher Betrieb hat der Keltenhof Ende der neunziger Jahre feine Baby-Leaf-Mischungen angeboten, inzwischen finden sich auch sogenannte Micro-Leaf-Mischungen mit Blattlängen zwischen zwei und fünf Zentimetern im Sortiment. Die Daumüllers zeichnet Fingerspitzengefühl aus – nicht nur bei ihren Pflanzen; wer ein Unternehmen wie den Keltenhof führen will, braucht mehr als den sprichwörtlichen grünen Daumen. »Jeder Mensch, der hier bei uns arbeitet, muss wissen, was er warum tut«, erklärt Gerhard Daumüller. »Diese Transparenz gehört zur Wertschätzung der Mitarbeiter. Jemand, über dessen Kopf hinweg entschieden wird, wird mit der Zeit nicht mehr motiviert sein.«

Schafgarbe, Sauerampfer, Löwenzahn, Rauke und Pimpinelle bilden die Grundzutaten der Wildkräutersalatmischung vom Keltenhof. Hinzu kommen je nach Jahreszeit Wasserkresse, wilde Kohlarten, Bronzefenchel, Indianernessel, Herzkraut, Giersch, Sedumarten, auch als Mauerpfeffer oder Fetthenne bekannt, und Mitsuba, ein japanischer Salat, der Gerhard Daumüller ins Schwärmen bringt. »Mitsuba hat ganz tolle deftige Noten, schmeckt dabei leicht nach Koriander, Karotte und Sellerie – wirklich komplex von den Aromen her, aber sehr stimmig.«

In der Natur kommen Pflanzen in dem Zustand, den die Daumüllers anstreben, vielleicht zwei, drei Wochen vor. Ihre Gärtnerkunst besteht genau darin, sie in diesem Reifestadium fast das ganze Jahr über verfügbar zu halten. »Das schaffen wir natürlich nicht bei allen Pflanzen«, räumt Daumüller ein. »Da müssen wir ehrlich sein. Aber es ist unser Ansporn, das, so weit es geht, bei möglichst vielen Pflanzen zu realisieren.«

An ihre Grenzen stoßen die Daumüllers insbesondere bei essbaren Blüten, die Salaten durch ihre Buntheit in den Worten Gerhard Daumüllers »ein bisschen Emotion« verleihen. Aber Blüten setzen Licht voraus. Und wenn man mit künstlichem Licht die Luxstärke der Sonne erzeugen wollte, wäre das energetischer Wahnsinn. Auch im Bereich der Kräuter ist der Betrieb von den Jahreszeiten abhängig. »Es gibt Lang- und Kurztagspflanzen, aber bislang beleuchten wir unsere Felder nicht. Nur in der Gärtnerei arbeiten wir mit Licht, das die Pflanzen stärkt, falls mal die Sonne ganz wegbleibt. Aber ein langer Tag oder ein kurzer Tag lässt manche Pflanzen in ihre generative Phase eintreten, das heißt, die schießen dann, bilden Samenstände und so weiter. Gerade bei Wildpflanzen ist das ein Riesenthema. Wenn ich eine Schafgarbe immer zum richtigen Zeitpunkt schneide, dann geht die eben nicht in die generative Phase und blüht auch nicht, und dann haben wir an dieser einen Pflanze bis zu zwei Jahre Spaß. Das macht eben das Fingerspitzengefühl eines Gärtners aus. Deshalb arbeiten außer mir auch noch drei andere Gärtner im Betrieb.«

Um eine fast ganzjährige Versorgung mit Blüten zu gewährleisten, kooperieren die Daumüllers inzwischen mit zwei

Erzeugern in Portugal. »Die sind auf einer Wellenlänge mit uns, wir entwickeln auch manche Dinge gemeinsam«, erzählt Gerhard Daumüller. »Wenn Sie sich den Wildkräuteranbau im Außenbereich bei uns ansehen und zu denen nach Portugal gehen, sieht das dort ganz genauso aus. Wir stehen im ständigen Austausch. Zweimal im Jahr bin ich in Portugal, und deren Field Manager kommen im Sommer hier nach Bernhausen und schauen sich an, was so die neuesten Entwicklungen hier bei uns sind.«

Als Kind hat Gerhard Daumüller eine ganz andere Entwicklung miterlebt. Damals baute man hier auf den Fildern neben Feldsalat hauptsächlich Endiviensalat, Kopfsalat und Eissalat an und hat versucht, für den Handel immer größere Köpfe zu produzieren. Was natürlich viel Ertrag bedeutete, aber nicht unbedingt Qualität. Heute geht der Trend in die umgekehrte Richtung. Menge ist kein Kriterium mehr, im Blickpunkt steht die optimale Produktqualität.

»Was wollen Sie auch mit einem Salat, der ein Kilo wiegt?«, fragt Gerhard Daumüller. »Selbst ein Pfund ist ja schon viel. Und eigentlich will man ja auch nicht nur eine Salatsorte auf dem Teller, sondern ein paar Varianten. Man schlägt heute also einen anderen Weg ein und setzt auf Geschmack, auf viele einzelne Salate und auf Baby Leafs. Als Kind habe ich noch den klassischen Kopfsalat kennengelernt, der einen intensiven Eigengeschmack hatte. Dann setzte eine Entwicklung ein, dass man unter Glas oder wie auch immer unbedingt große Köpfe züchten wollte mit 500, 600 oder gar 800 Gramm. Diese Salatköpfe schmeckten nach nichts, aber das war egal, denn man hat ja ohnehin eine dicke Soße draufgekippt und alles mit der Dressingkeule erschlagen. Heute macht man viel mildere Marinaden, die die Wildkräuter

und kleinen geschmackvollen Salatsorten viel besser ergän-
zen.«

Gerhard Daumüller besuchte Ende der neunziger Jahre
im Auftrag großer Schneidebetriebe Erzeuger in Südeuropa
und auch in Marokko. In diesen Jahren wurde ihm bewusst,
wie provinziell der deutsche Salatmarkt noch war. »Das liegt
auch an der Struktur des Handels hier. In Frankreich und
England ist man, was Sortenvielfalt angeht, viel weiter.«

Nirgendwo liegen Paradies und Hölle in der Küche näher beieinander als beim Salat. Gerhard Daumüllers Feind
ist jener Bauer, der nur isst, was er kennt. Nur leider steckt so
ein Bauer in jedem von uns – kulinarisch sind wir von Natur aus Erzkonservative, reflexionsarme und gedankenlose
Wiederholungstäter, Wiederkäuer mit Messer und Gabel.
Gerhard Daumüller träumt von einer Welt, in der die lang-
weilige Zwangsehe von Basilikum und Tomate endlich ge-
schieden wird. »Das ist ja fast schon eine Krankheit – dieser
Zwang, auf Tomaten immer Basilikum streuen zu müssen.
Wie wär's mal mit Koriander? Oder Mitsuba? Ich steh auf
Salate, die Eigengeschmack haben: Salate mit Senf- oder Ret-
tichnoten, etwa mit Wasabi-Rauke, die wir auch seit zwei
Jahren anbauen. Oder eben Salate mit Zichoriennoten, die
eben etwas bitter sind. Die Varianten im Salat kennen wenig Grenzen. Ich könnte mir vorstellen, der erste Salatsom-
melier Deutschlands zu werden.«

Gerhard Daumüller ist ein ansteckender Träumer. Als SIE
und ER dem schwäbischen Gärtnermeister Daumüller ihre
Silphion-Münze aus Kyrene zeigen, erinnert er sich an ein
Experiment, das er einmal mit einer Pflanze durchgeführt
hat, deren Blütenkelch einen leichten elektrischen Reiz beim
Verzehr auslöst. »Das war wie ein Taubheitsgefühl, ein leich-

tes Bitzeln im Mund. Insbesondere im Hochsommer – wenn man die Blätter da einmal gevespert hat, stellte sich derselbe Effekt ein. Ich hatte die Pflanze hier einmal zum Testanbau. Es war eine Margeritenart. Kulinarisch eher zurückhaltend, aber als Heilpflanze sicher nicht ohne. Die Margeriten zählen ja zu den Korbblütlern, und wenn die Blütenblätter abfallen, bleibt die Blütenfrucht auf dem dicken Stängel und erinnert an Ihre Münze.«

Im Grunde haben die Daumüllers ihr ganzes Leben darüber nachgedacht, welche Bedingungen für das Wachstum von Pflanzen optimal sind. Wollen sie selbst wachsen und sich noch einmal verändern?

»Mit diesem Gedanken haben wir schon oft gespielt«, bekennt Gerhard Daumüller und schaut etwas trübsinnig auf seine im Dezembernebel liegenden Felder. »Sonne ist nun mal das A und O für das, was wir machen. Wir haben diesen Traum, uns noch einmal zu verändern, tatsächlich einmal verfolgt und uns verschiedene Weingüter angeschaut. Im Languedoc gibt es so viel Weinanbau, dass der Staat gesagt hat, eigentlich müssen wir jeden belohnen, der seinen Weinberg in einen Olivenhain umwandelt oder irgendetwas anderes außer Wein anbaut. Deshalb wurde eine Prämie für jeden Hektar ausgesetzt, auf dem man Weinreben durch etwas anderes ersetzt. Und das hat in meiner Frau und mir einen Wunschtraum ausgelöst: Wie wäre es, haben wir uns überlegt, wenn wir ein Weingut kaufen – natürlich kein berühmtes, sondern ein ganz einfaches mit jeder Menge Land, wo wir noch auf ein, zwei Hektar etwas Wein anbauen und auf dem Rest dann Kräuter kultivieren?

Wir haben diese Idee auch relativ intensiv verfolgt. Mich hat dabei geleitet, dass ich dort auch im Winter produzieren kann, also im Grunde das ganze Jahr Sommer habe. Denn offen gestanden macht mir meine Arbeit auch Spaß – es ist eben nicht so, dass es nur eine Plackerei ist, es ist auch so etwas wie ein Hobby. Deshalb wollte ich, dass wir da im Winter produzieren können. Aber wir haben im letzten Moment vor den entscheidenden Verhandlungen dann festgestellt, dass der Mistral und Überflutungen im Winter in der Gegend, die wir uns ausgesucht hatten, keine Seltenheit sind. Uns war das Risiko, Kapital aus unserem Betrieb hier rauszuziehen und dort zu investieren, einfach zu groß.«

Seither martert sich Gerhard Daumüller gelegentlich mit dem Gedanken, ob es nicht doch richtig gewesen wäre, im Languedoc noch einmal ganz von vorn anzufangen. »Um weiterzukommen, muss man sich immer wieder mal die Frage stellen: Mache ich wirklich das, wozu ich auf der Welt bin? Letzten Endes gingen hier die meisten Geschäftsideen, die ich entweder allein oder mit meiner Frau zusammen verwirklicht habe, aus dem Impuls einer Krise hervor. Am Anfang war es die Zentralisierung im Lebensmitteleinzelhandel, als wir gesagt haben, wir müssen unser eigenes Ding aufziehen, wir wollen nicht einfach nur Erzeuger Nummer XY sein, sondern wir wollen unsere Arbeit mit Begeisterung leisten und auch davon leben können. Das war so eine dieser Krisen. Wenn man dann zurückblickt, tauchten immer dann solche Krisen auf, wenn der nächste Schritt der Entwicklung anstand. Das waren zwar oft auch finanzielle Krisen, aber nicht selten auch mentale Durchhänger. Wo man dann in sich hineinhorcht und wissen will: Warum sind wir jetzt an diesem Punkt gelandet? Warum arbeiten hier jetzt täglich vierzig Mitarbeiter? Wir wachsen ja im Moment noch weiter, und die Verantwortung wächst damit ja auch. Da muss man sich auch immer mal wieder mit der Frage konfrontieren: Welchen Sinn verfolgt man? Was für Werte vermittelt man?«

Bei allem Erfolg gab es bei den gärtnerischen Bemühungen Gerhard Daumüllers auch immer wieder Rückschläge. Heinrich Heine wollte in *Deutschland. Ein Wintermärchen* bekanntlich »hier auf Erden schon / Das Himmelreich errichten« und verband damit ganz konkrete kulinarische Vorstellungen:

Es wächst hienieden Brot genug
Für alle Menschenkinder,
Auch Rosen und Myrten, Schönheit und Lust,
Und Zuckererbsen nicht minder.

Ja, Zuckererbsen für jedermann,
Sobald die Schoten platzen!
Den Himmel überlassen wir
Den Engeln und den Spatzen.

Zuckererbsen stehen für Gerhard Daumüller für eine Niederlage. Sie sind die sprichwörtliche harte Nuss, an der er sich die Zähne ausgebissen hat. »Es gibt immer wieder Pflanzen, wo man sagt, wow, das ist toll, das musst du jetzt machen, und dann fällt man auf die Nase damit. Ich habe einmal versucht, mit einem Kollegen zusammen Zuckerschoten anzubauen. Aber das ist so arbeitsintensiv, dass man das hier bei uns vom Lohngefüge her einfach nicht machen kann. So eine frische Zuckerschote schmeckt wirklich klasse. Aber niemand wird je bereit sein, den astronomischen Preis für ein Kilo Zuckerschoten auszugeben, wenn man die hier produziert.«

Was für Gerhard Daumüller – noch! – ein Traum bleibt, hat Ingo Holland Wirklichkeit werden lassen. Ingo Holland ist ausgestiegen; hat sein Leben als Koch eines mit einem Michelin-Stern und 18 von 20-Gault-Millau-Punkten bewerteten Restaurants in Klingenberg bei Frankfurt am Main aufgegeben und sich neu erfunden. Seit 2007 ist Ingo Holland Gewürzmüller. Dreißig Angestellte beschäftigt er inzwischen in seiner Gewürzmanufaktur »Altes Gewürzamt«. Hollands grüne Dosen mit ihren unverkennbaren hellen Metalldeckeln stehen fast überall in der besseren Gastronomie in Deutschland.

Als SIE und ER Ingo Holland besuchen, ist er ein vor kurzem geschiedener Gewürzhändler. Diese Erfahrung färbt manche der Anekdoten des massigen Mannes ein.

Ingo Holland
in seinem
Alten Gewürzamt

Ingo Holland ist ein ausgesprochen barocker Mensch, besitzt ansteckende Lebenslust, eine seltene Erzählfreude und ein Talent zur prägnanten Formulierung. Außerdem vermag er zwischen seinen wirtschaftlichen Interessen und dem, was er kulinarisch gut findet, zu differenzieren. »Ich bin zwar Gewürzhändler, das ernährt mich, aber ich finde, wir kochen in Deutschland inzwischen mit zu vielen Gewürzen. Ich mag das Grundprodukt. Einen Steinbutt mit einer Currysauce erschlagen – da gehört der Koch erschossen. Ist doch schade, oder? Als Kind und Jugendlicher hat man oft einen starken Widerwillen gegen bestimmte Produkte. Dann kommt so mit Anfang zwanzig eine Phase, wo man offener wird und mehr ausprobieren möchte, nicht nur beim Essen und Trinken, auch gesellschaftlich probiert man mehr aus. Und irgendwann hat man viel erlebt, sagt sich, so wie ich im Moment: Ich brauch da vieles nicht mehr. Wenn ich heute einen Steinbutt essen möchte, dann will ich den Fisch nicht mehr mit irgendwelchen wilden Kombinationen, sondern eine schöne Tranche direkt aus dem Rohr. Und wehe, da kommt mir einer mit einer Currysauce! Da kriege ich schlechte Laune.«

Der Gewürzhändler Ingo Holland kennt natürlich auch den Silphion-Ersatz Asa foetida. »Das Zeug stinkt wie alte verrottete Zwiebel. Wenn ich Asa foetida als Harz hinlege, dann heißt es, der Holland spinnt! Wer daran riecht, wird sofort sagen, das kann doch keiner in den Mund nehmen! Aber in der jeweiligen Länderküche ergibt das schon auch Sinn, im Fall von Asa foetida also in der indischen. Wenn man das hier einzeln auf den Markt bringt, kann aber niemand etwas damit anfangen. Ein deutsches Schnitzel mit Asa foetida zu würzen, das geht gar nicht. Aber ich will nicht ausschließen, dass die Zeit vielleicht irgendwann reif dafür ist.«

Als SIE und ER Ingo Holland fragen, ob er gar keine Entzugserscheinungen an sich beobachtet, was das Kochen betrifft, lacht Holland hellauf. »Kein bisschen! Gastronomen werden durchschnittlich 55 Jahre alt. Ich bin heute 57, aber vielleicht nur, weil ich schon seit einigen Jahren kein Gastronom mehr bin. Mein Leben als Gewürzhändler ist schon ein bisschen entspannter, als jeden Tag am Herd zu stehen. Wobei: Das Kochen ist nicht das Problem. Gastronomie ist das Problem. Gastronomie wäre wunderschön, wenn es keine

Gäste gäbe. Vor allem keine deutschen Gäste. Der deutsche Gast ist unglaublich. Alles muss nachgekartet werden. Auch da sind die Medien dran schuld. Ständig wird man dazu aufgefordert, dass man reklamieren, nachmessen und beim geringsten Anlass alles zurückschicken soll. Mein Gott – um was geht's denn eigentlich? Mit so einer Mentalität macht man sich doch den eigenen Genuss kaputt! Aber die Leute begreifen es nicht. Der Deutsche mosert eben am liebsten an allem herum. Umbestellen ist sein Lieblingssport. Wie oft habe ich zu meiner Exfrau gesagt: Wenn du jetzt noch mal irgendwas umbestellst, steh ich auf und geh raus! Als Koch habe ich es auch so gehalten. Wenn ein Gast ein Gericht schon modifiziert, ehe er es bei mir einmal, wie es auf der Karte steht, gegessen hat, gut und schön. Aber wenn er das zweimal macht, dann habe ich ihm gesagt: ›Wir sind nicht das Restaurant für Ihren Geschmack. Sie brauchen uns nicht, Sie brauchen etwas anderes.‹ Ich bin schon froh, dass ich das heute nicht mehr machen muss.«

In Deutschland werden jedes Jahr 85 000 Tonnen Gewürze produziert. 60 Tonnen stammen aus Ingo Hollands Altem Gewürzamt. Wer den von außen eher an eine Lackiererei oder eine Lagerhalle erinnernden Industriebau in Klingenberg betritt, läuft gegen eine unsichtbare Wand. Egal, wie stark man sich dagegen wappnet, egal, wie sehr man sich darauf einstellt, es ist jedes Mal wie der Übertritt in eine andere Welt: Die von Curry, Pfeffer, Vanille, Kardamom und vielen anderen Gewürzen geschwängerte Luft ist mehr als eine Überwältigung, sie trifft einen wie eine schallende Ohrfeige, ein Kübel voll Eiswasser, ein Nebelhorn.

Die 84 940 Tonnen Gewürze, die nicht aus Ingo Hollands Gewürzmanufaktur stammen, kommen zu gut drei Vierteln aus den Fabriken eines Mannes: Dieter Fuchs. Mittlerweile 87 Jahre alt, hat der extrem medienscheue Fabrikant seine Firma aus Dissen in Niedersachsen seit ihrer Gründung 1952 zur Nummer zwei auf dem Weltmarkt der Gewürzproduzenten gemacht. Größer ist nur noch die US-amerikanische McCormick-Gruppe, die in Europa am ehesten mit ihrer Marke Spice Islands bekannt ist. Fuchs dagegen ist in Deutschland omnipräsent: Zur Hausmarke »Fuchs Gewürze« sind durch Zukäufe längst auch »Ostmann«, »Ubena« und »Wagner« hinzugekommen, außerdem gehören Fuchs die Feinkost- und Fertiggerichtmarken »Bamboo Garden«, »Escoffier«, »Kattus« sowie »Fuego«. Mit dieser Marktmacht schafft es der Unternehmer, dass mittlerweile drei von vier in Deutschland verkauften Gewürzdöschen aus seinen Firmen stammen. Warum es hierzulande ein Bundeskartellamt gibt, das angesichts solcher zum Himmel stinkender Monopolstrukturen auf dem Gewürzmarkt nicht einschreitet, wird nur verstehen, wer auch den Benzinmarkt in Deutschland für fair geregelt hält.

Eine besondere Pointe des Fuchs-Gewürzimperiums liegt in der Kooperation mit Alfons Schuhbeck. Kann man dem im Fernsehen so supersympathisch rüberkommenden Knuffel Alfons Schuhbeck böse sein? Leider ja. Zugegeben: Stundenlang könnten SIE und ER Alfons Schuhbeck zuhören, wie er ein Glas lauwarmes Wasser mit einigen Scheibchen rohem Ingwer in der Hand hält und dabei über »Radikalenfänger« extemporiert: Es ist, als wären Innenminister Friedrich »Meineid«-Zimmermann und »Aktenzeichen-XY«-Moderator Eduard Zimmermann in einer Person wiederauferstanden. Aber Alfons Schuhbeck ist nicht bloß ein Evangelimann der Gewürzeküche, deren Vorzüge er mit gelegentlich esoterisch anmutendem Einschlag preist, Alfons Schuhbeck ist auch ein knallharter Geschäftsmann.

SIE und ER sind sich durchaus bewusst, dass ökonomische Sachzwänge im Kapitalismus nicht vor der Küchentür Halt machen. In der Welt der Sterneköche hält sich langfristig nur, wer Wareneinsatz und Personalkosten vernünftig zu kalkulieren vermag und mit beiden Beinen auf der Erde steht. Aber verträgt es sich mit der Ehre eines anständigen Kochs, wie Alfons Schuhbeck in Werbespots für McDonald's aufzutreten? Und dann auch noch ausgerechnet zusammen mit dem Aldi-Würstchenmacher Uli Hoeneß? Auch für Dosensuppen der Fuchs-Firma Escoffier hielt Alfons Schuhbeck sein Gesicht hin, was ihm 2010 von der Verbraucherschutzorganisation Foodwatch eine Nominierung zum »Goldenen Windbeutel« als unverfrorenster Lebensmittellügner des Jahres eintrug. Gewiss, Schuhbeck ist mit solchen Werbeauftritten in Gesellschaft von Köchen wie Kolja Kleeberg, der seinen Namen für Lidl hergab, Alexander Herrmann, der Bouillonpulver von Knorr gut finden musste, oder Cornelia Poletto, die für Herta in Würste aus Massentierhaltung biss. Aber muss man für Geld eigentlich alles machen?

Das »leicht gespannte Verhältnis«, wie Ingo Holland seine Beziehung zu seinem Kollegen Alfons Schuhbeck charakterisiert, erklärt sich aus dem Gewürzsortiment, das Alfons Schuhbeck von der Fima Fuchs bezieht und unter seinem Namen in eigenen Gewürzshops in München und Hamburg sowie in einigen Lebensmittelketten wie Rewe und Edeka vertreibt. Als SIE und ER die Geschichte von Ingo Holland erzählt bekommen, müssen sie unwillkürlich an einen kulinarischen Annakin Skywalker denken, der zur dunklen Seite der Macht konvertiert und sich in den Dienst eines Imperators des Gewürzhandels stellt. Beim letzten Fernsehauftritt des gewandten Medienmenschen Schuhbeck meinten sie jedenfalls schon das unverkennbare Darth-Vader-Schnaufen zu hören.

Doch Ingo Holland erweist sich als überraschend fairer Verlierer. »Das ist eine clevere Entscheidung von Schuhbeck gewesen, clever als Unternehmer«, so Ingo Holland über Schuhbecks Kooperation mit Fuchs. »Wir brauchen Menschen wie Fuchs, weil das Gros der Kunden nicht bereit ist, mehr Geld für Gewürze auszugeben. Unser billigstes Mischgewürz kostet sieben Euro neunzig, so viel ausgeben will nur ein kleiner Teil der Gesamtkundschaft. Ich habe damit auch gar kein Problem. Diese Industrie brauchen wir. Wir bedienen die Topgastronomie, die guten Feinkostläden, die echten Feinschmecker. Den Rest dürfen die anderen machen. Und zwar aus einem ganz einfachen Grund: Wir haben überhaupt nicht genug gute Ware.

Auf einem anderen Blatt steht, dass ich es nicht richtig finde, wie der Kunde für blöd verkauft wird. Denn der Kunde glaubt, der Schuhbeck sitzt irgendwo im hinteren Teil des Ladens und mischt da seine Gewürze zusammen. Teilweise kriegen die Leute das auch so erzählt. Ich selbst war mal auf einer Messe bei Fuchs. Mein Lieferant hatte gesagt, geh da hin und schau dir das mal an. Ich bin ja ein Nobody, mich kannte da keiner, also habe ich mir das angesehen. Da stand ein Regal so breit wie eine Tür von oben bis unten voll mit Schuhbeck-Gewürzen. Dann rief ich einen Vertreter her und sagte: Das will ich auch! – Wie, fragte der Vertreter, was wollen Sie auch? Darauf ich: Ich will auch Gewürze, wo mein Name draufsteht. Können Sie mir das auch als Serie machen? So dreißig, vierzig, fünfzig Gewürze? Ich kann das verkaufen, kein Problem! – Nee, sagt der Vertreter darauf, das können wir nicht. Die Gewürze werden von Herrn Schuhbeck gemacht, das ist der Gewürzgott in Deutschland, der mischt die Gewürze. Bloß hat der nicht so viel Zeit, wir vertreiben das deshalb für ihn. Aber das macht alles er. So wurde mir das erzählt am Stand.«

Ingo Holland sitzt, während er dieses Lehrstück aus dem Lebensmittelhandel erzählt, in Klingenberg in seiner Gewürzmanufaktur an einem Tisch, vor ihm ein halbes Dutzend Vanillestangen. »Vanille habe ich immer mehrere Sorten in meiner privaten Küche. Ansonsten brauche ich zu Hause eigentlich gar nicht so viele aufregende Sachen. Ich brauche einen guten Kümmel, Kreuzkümmel, Pfeffer, schwarzen, weißen, roten und grünen, tasmanischen Pfeffer, das muss alles da sein. Einen guten Wacholder. Viel Paprika. Ich liebe Lorbeerblätter, davon kann ich gar nicht genug zu Hause haben.«

Auch Alfons Schuhbeck pilgerte vor Gründung seiner Gewürzshops nach Klingenberg zu Ingo Holland. »Schuhbeck war vorher da und hat mir gesagt, er wolle von uns beliefert werden in seiner Kochschule und möchte das auch weiterverkaufen über seinen Shop. Da war er mit vier Leuten da und hat sich den Laden angeguckt. Wir haben uns an den Tisch gesetzt und besprochen, welches Programm er haben will. Damals habe ich auch noch gesagt, er könne es selber abfüllen, wir beliefern ihn. Wir haben ihm sogar noch gesagt, wo er die Packungen herkriegt. Noch nicht mal drei Monate später hat mich ein Unternehmensberater angerufen und mir erzählt: Herr Holland, Sie wissen, dass der Schuhbeck einen Gewürzladen aufgemacht hat? Bei mir hat er die Gewürze mitgenommen und alles so dargestellt, als wollte er bei uns kaufen. Das finde ich natürlich nicht so gut. Auch, dass er sich als Manufaktur hinstellt oder die ganze Zeit hingestellt hat. Die Leute glauben es immer noch nicht, dass der Fuchs das macht.

Deshalb finde ich es auf der einen Seite eine clevere Idee, auf der anderen Seite ist es damals link gelaufen. Und was ich für viel schlimmer halte, ist, dass der Kunde für blöd verkauft wird. Das geht einfach nicht. Jeder kann von uns Gewürze kaufen, im Kilopack oder im Fünf-Kilo-Pack, die können Sie kaufen und abfüllen, aber nicht unter unserem Namen. Da haben wir nichts mit zu tun, das will ich nicht. Alles, was bei uns unter dem Namen Altes Gewürzamt raus-geht, habe ich gesehen, haben wir hier im Betrieb gemischt und abgefüllt. Also wir sagen ganz offen, wir haben, was weiß ich, 80 Mischgewürze, und 79 davon machen wir selbst, eines aber kaufen wir zu. Diese Gewürzmischung muss fer-mentiert werden, das kann ich hier nicht machen, da ver-schimmelt mehr, als wir verkaufen, deshalb kaufen wir die-se Gewürzmischung zu.«

Diese Mischung heißt Vadouvan. SIE und ER mögen die-ses Gewürz – ach was, mögen ist ein viel zu schwacher Aus-druck für das Abhängigkeitsverhältnis, das Vadouvan aus-zulösen vermag, selbst lieben wäre noch zu schwach. Hier hilft nur die Zuflucht zur Weltliteratur, in Abwandlung des berühmtesten Romananfangs im 20. Jahrhundert sagen SIE und ER mit Vladimir Nabokov: *Vadouvan*, Licht unseres Le-bens, Feuer unserer Lenden. Unsere Sucht, unsere Sünde. Va-dou-van: Dreimal lässt dein Name die Lippen erbeben, bei zwei tippt die Zunge gegen den Gaumen. Va. Dou. Van.

Oft feiern wir uns für unsere Genialität. Selten für unsere Dummheit. Dabei ist zumindest in der Küche sicher genauso viel produktiven Irrtümern und Improvisationen zu verdanken wie exakter Planung und Berechnung. *Ganache* heißt auf Französisch so viel wie »Trottel« – und tatsächlich geht der Name der meist als Pralinenfüllung verarbeiteten Creme auf die Schusseligkeit eines Konditorlehrlings zurück. Dieser goss in der Pariser Pâtisserie Siraudin Mitte des 19. Jahrhunderts aus Versehen heiße Milch auf Schokolade, woraufhin sein Meister ihm ein unwirsches »Ganache!« an den Kopf warf – bis er das köstliche Ergebnis des Missgeschicks probierte.

Ähnliche Ursprungslegenden umgeben die Tarte Tatin, den angeblich in den 1880ern aus Versehen gestürzt gebackenen Apfelkuchen der Geschwister Stéphanie und Caroline Tatin in ihrem Hotel in Lamotte-Beuvron, oder die erstmals 1838 verkaufte Worcestershiresauce, die aus dem Versuch der Apotheker John Wheeley Lea und William Henry Perrins entstand, den Geschmack einer indischen Currypaste nachzuahmen. Solche Gerichte und Speisewürzen sind das Pendant zu jenem kreativen Verhören, mit dem wir Gedichte und Lieder unbeabsichtigt fort- und umdichten. Vor zehn Jahren löste Axel Hacke mit seinem *Der weiße Neger Wumbaba* (ein Verhörer der Zeile »der weiße Nebel wunderbar« aus Matthias Claudius' »Abendlied«) eine ganze Lawine von Verhörer-Sammlungen aus. Die meisten dieser Missverständnisse entstehen bei Liedtexten (»Abschied ist ein schweres Schaf« statt »Abschied ist ein scharfes Schwert«). So ein Verhörer steht seit knapp einem Jahr auf einem Ehrenplatz ganz vorn in IHREM wie SEINEM Gewürzregal. Vadouvan – eine Lautfolge, die im Französischen etwa so viel Sinn ergibt wie »Wo kommst du gewesen?«.

Vadouvan ist eine Folge der über 250-jährigen französischen Kolonialzeit in Südindien. In Puducherry, seit 1673

Hauptstadt von Französisch-Indien, begegneten die Franzosen einer seltsamen Gewürzmischung namens Wadagam. Diese besteht aus Zwiebeln, Knoblauch, Fenchel- und Senfsamen sowie Exotischerem wie Urdbohnen, Curryblättern, Bockshornkleesaat, Kreuzkümmel und Kardamom und wird auf großen Blechen in der Sonne tagelang fermentiert und dann zu kleinen Kugeln gerollt. Die Franzosen verballhornten Wadagam zu »Vadouvan«, ersetzten das Rizinusöl durch Sesam- und Kokosnussöl und passten die Schärfe ihrem Gaumen an. Das Ergebnis ist eine Offenbarung.

IHR und IHM begegnete Vadouvan 340 Jahre später in der legendären Gewürzhandlung Izraël im Marais (30 rue François Miron, Paris). »Le Monde des Épices« ist für die Sternegastronomie weltweit, was das Goldene Dreieck für den Heroinhandel ist. Monsieur Izraël, der den Gewürzhandel in dritter Generation leitet, hatten SIE und ER vor Jahren kennengelernt, als wir an unserem Buch über Geschmacksunterschiede zwischen Männern und Frauen schrieben. In unserem geradebrechten Französisch wollten wir von ihm wissen, ob seiner Beobachtung nach Frauen andere Gewürze kaufen als Männer. Er betrachtete uns eingehend, verschwand kurze Zeit in ein Nebenzimmer und kam schließlich mit einem Tütchen vor Rosendüften strotzenden Madagaskarpfeffers zurück. »Damit bekommen Sie jede Frau ins Bett!«, erklärte er uns selbstbewusst. Dieses sexistische Missverständnis aufzuklären überstieg unsere Französischkenntnisse bei weitem. Es hat auch nie geklappt.

Seither ist »Le Monde des Épices« ein fester Anlaufpunkt einer jeden Parisreise. Und immer haben SIE und ER den Eindruck, der Inhaber begegnet uns mit schlechtem Gewissen. Diesmal erklärte uns Monsieur Izraël, Vadouvan sei insbesondere der letzte Schrei unter jungen Pâtissiers. Ob wir schon einmal eine Crème brûlée damit ...? Ein Ananassüppchen? Oder eine Île flottante?

Haben wir nicht. Für uns ist Vadouvan die Traumbegleitung zu hellem Geflügel, Fisch und insbesondere zu Tiefseegarnelen. Die Soße ist die einfachste Sache der Welt: Vadouvan, erstklassige gesalzene Rohmilchbutter und Zitronensaft. Speichelsturz garantiert.

Auch Ingo Holland liebt Vadouvan. »Unsere Kunden sind genauso begeistert davon. Wir verkaufen einige Hundert Kilo Vadouvan, vielleicht eine Tonne.« Hollands Liebe zu dem Gewürz begann genau hier in Monsieur Izraëls unscheinbarem Laden in Paris. »Ich habe schon immer gern kräftig und würzig gekocht. Der eigentliche Auslöser war aber ein Freund von mir, ein Gynäkologe und großer Genießer, der in mein Restaurant in Klingenberg kam und mir immer von Paris erzählte. Irgendwann sagte der, komm, wir fahren jetzt einfach mal gemeinsam da hin! Und als wir angekommen waren, fragte er mich, ob ich jetzt als Erstes in den Louvre wollte. Er kenne da aber auch einen kleinen Gewürzhändler ... Dreimal dürfen Sie raten, wie ich mich entschieden habe.«

Izraëls Gewürzsortiment war für Ingo Holland eine Offenbarung, sein kulinarisches Damaskuserlebnis. Wenn er in seinen fünfunddreißig Berufsjahren als Koch gereift ist, dann hier während dieses Besuchs in Paris. All die Stagen davor, die Jahre in den »Schweizer Stuben« in Wertheim, bei Steigenberger im »Frankfurter Hof«, im »Hugenpoet« in Essen, in der »Traube Tonbach« bei Harald Wohlfahrt in Baiersbronn oder im Hotel »Baur au Lac« in Zürich waren ein Vorspiel für diesen Moment. »Der Laden ist ja irrsinnig: Da ist in den letzten fünfzig oder sechzig Jahren nichts passiert, keine Umbauten oder Modernisierungen. Aber dann diese Gewürze!«, erzählt Ingo Holland im Rückblick.

»Also, ich war ja auch nicht auf der Wurstsuppe dahergeschwommen und hatte schon was gekannt, aber dann geht man zu Izraël und entdeckt da vierzig Gewürze, die man im Leben noch nie gesehen hat! Wir waren drei Tage in Paris, und ich bin jeden Tag in diesen Laden und habe gekauft, gekauft, gekauft. Dann fährst du nach Hause und hast das Zeug da stehen und hast keine Ahnung, was das ist. Damals wusste ich nicht, was ein langer Pfeffer ist. Ich hatte noch nie Kubebenpfeffer gesehen. Ich hatte keine Ahnung, dass es so was wie roten Pfeffer gibt. Aber dann hatte ich es gekauft, probierte es zu Hause, probierte es noch einmal und hatte Erfolg: Natürlich schmeckt es mit einem guten Pfeffer viel toller als mit dem Billigpfeffer, den man bisher hatte. Das Ras el-Hanout hat ganz anders geschmeckt als das, was ich in Deutschland bekommen habe.«

Ingo Holland hat die Entscheidung, sein Leben zu verändern und 2007 vom Koch ganz auf Gewürzmüller umzusatteln, nie bereut. Wenn er heute einen Kochkurs gibt, sei das Schönste für ihn, abends die Kochjacke ausziehen zu dürfen. »Irgendwann hat mir das Kochen gereicht. Ich koche immer noch gerne, aber nicht mehr unter Zwang und unter Druck. Ich koche gern für Freunde. Ich habe mit dem Restaurant aufgehört – nicht weil ich nicht mehr konnte, sondern weil ich nicht mehr wollte. Es macht Spaß, was ich jetzt tue. Ich versuche sowieso, die Kurse und meine sonstigen Aktivitäten jedes Jahr zu halbieren. Bis der Ruhestand kommt. Dann hat es sich aushalbiert.«

SIE und ER stutzen. Denkt dieser urteilsstarke Charismatiker, der da vor ihnen sitzt, dem Tatendrang und Unternehmergeist aus jedem Knopfloch quillt, mit Ende fünfzig tatsächlich an den Ruhestand?

»Worauf Sie sich verlassen können! Ich bin jemand, der irgendwann alles einmal kappt. Ich habe mein Leben lang genug geschafft. Mein Sohn ist im Betrieb, ich werde immer für ihn da sein, aber ich mache das nicht bis siebzig. Ruhestand heißt ja nicht, gar nichts mehr zu machen, sondern einfach weniger. Ich habe mittlerweile sehr gute Mitarbeiter, über Handy und E-Mail kann man mich jederzeit erreichen. Wenn jemand eine Frage hat, dann soll er mich kontaktieren. Wenn jemand entscheidet, ohne mich zu kontaktieren, dann rollen Köpfe. Es gibt hier keine Entscheidungen, die binnen einer Viertelstunde getroffen werden müssen. Ich werde ewig der Dr. Oetker fürs Alte Gewürzamt sein.«

Kapitel 3

»Dem Tod davonlaufen«
Stephan Grünewald erklärt, wie Gesellschaften reifen
und warum man nicht in seiner Kindheit
kleben bleiben sollte.

Rheingold: Das ist nicht nur der Titel einer Wagner-Oper
mit dem schönsten alliterationsgesättigten Nonsensdialog
in der deutschen Literaturgeschichte. (»Weia! Waga! Woge,
du Welle! Walle zur Wiege! Wagalaweia! Wallala weiala
weia!« – »Woglinde, wachst du allein?« – »Mit Wellgunde
wär' ich zu zwei.«) Rheingold heißt auch ein bereits im August reifer Sommerapfel, ein Hybrid aus James Grieve und
Anton Fischer. Und Rheingold ist der Name eines Kölner
Marktforschungsinstituts, das der Psychologe Stephan Grünewald 1987 zusammen mit Jens Lönneker gründete und
1998 von »Grünewald & Lönneker« in »Rheingold« umbe-
nannte. Das Institut verspricht, mit Hilfe der »morphologischen Psychologie« auf Basis sogenannter »Tiefeninterviews«
Aufschluss über Gründe und Motivationen von Konsum-
verhalten und Erkenntnisse über die »geheime Logik« von
Märkten zu vermitteln. Das interessiert nicht zuletzt Lebens-
mittelproduzenten, in deren Auftrag Rheingold immer wieder Studien über Verbrauchereinstellungen zu bestimmten
Produktgruppen durchführt – mit zum Teil verblüffenden
Ergebnissen.

So wunderte sich etwa ein Hersteller eines für Kinder gedachten Fruchtsafts, der mit seiner blutbildenden Wirkung warb und über Reformhäuser und Apotheken vertrieben wurde, warum seine Beliebtheit nach dem zehnten Lebensjahr rapide nachließ. »Rheingold« fand mit seiner Tiefeninterview-Technik rasch heraus, dass Mütter aus einer unbewussten Menstruationsabwehr den Saft bei ihren älteren Töchtern absetzten aus Angst, sie könnten früher geschlechtsreif werden. Zu allem Unglück erinnerte der Markenname dann auch noch stark an das Märchen von Rotkäppchen. Wer will schon, dass seine Tochter vom rechten Weg abkommt und sich mit dem bösen Wolf einlässt?

Als SIE und ER mit dem 1960 geborenen Stephan Grünewald sprechen, bereitet er sich gerade auf ein Sabbatical vor: Er möchte eine Auszeit nehmen, endlich vernünftig Englisch lernen und geht dafür ein halbes Jahr nach Hawaii. Ein Tiefeninterview haben SIE und ER mit Stephan Grünewald, der auch Therapeut in analytischer Intensivbehandlung und Autor erfolgreicher Sachbücher wie *Deutschland auf der Couch* und *Köln auf der Couch* ist, sicher nicht geführt. Aber ein ebenso einsichtsreiches wie erkenntnisstiftendes Gespräch, das wir deshalb in Interviewform wiedergeben möchten.

SIE & ER: Betrachten Sie sich heute als reifer Mensch?

Stephan Grünewald: Zumindest nicht in einem abgeschlossenen Zustand. Ich beobachte nach meinem fünfzigsten Geburtstag schon eine gewisse Entwicklung, die hie und da in Richtung Reife geht. Reife hat psychologisch einen Doppelsinn: Sie ist einerseits ein Ideal, auf das man sich hinbewegt.

Andererseits ist Reife ja immer auch die Vorstufe zur Überreife. Ich versuche, mir selber auch so eine jugendliche Entwicklungsfreude zu bewahren.

Das ist ja etwas, was ganz viele Menschen, insbesondere Kreative, von sich behaupten: dass sie in engerem Kontakt zu ihrer Kindheit stehen als der sogenannte Durchschnittsmensch. Stimmen Sie dem zu?

Man kann in seiner Kindheit ja auch kleben bleiben – das ist damit aber sicher nicht gemeint. Man will in der Lage sein, eine kindliche Seite, eine kindliche Neugier, eine Unkonventionalität, eine Albernheit, eine Schrankenlosigkeit an den Tag zu legen. Das erlebe ich auch an mir. Als Psychologe kann man nur gut arbeiten, wenn man einen Bezug zu seinen Es-haften Zügen hat. Wenn man kulturelle Schranken und Tabuisierungen nicht einfach hinnimmt, sondern auch eine geheime Lust daran entwickelt, sie zu hintertreiben und zu unterlaufen.

Da fällt uns die berühmte Formulierung von Max Reinhardt ein, das Theater sei ein Ort für Menschen, die ihre Kindheit heimlich in die Tasche gesteckt hätten.

Dieses Bild ist mir zu wenig dynamisch. Die Kindheit ist ja etwas, das wir mit wachsender Reife ganz anders interpretieren und verstehen. Wer also mit vierzig seine Kindheit noch mit gleichen Augen sieht wie mit zwanzig, in dem ist eine neurotische Verengung am Werke. Alle zehn Jahre dramatisiert jeder seine Kindheit erzählerisch anders. Es gibt da nichts Faktisches, das unverrückbar feststeht.

Wie hat sich denn Ihr Blick auf Ihre Kindheit verändert? Was sehen Sie heute mit Mitte fünfzig anders als mit zwanzig?

Ich glaube, dass ich als Kind viel erwachsener war als heute. Meinen Werdegang erlebe ich als einen Versuch, mich aus dieser Erwachsenenumklammerung mehr oder minder zu lösen und innere Freiheiten zu finden. Ich habe früh erlebt, dass meine Eltern sich scheiden lassen wollten. Das ist dann zwar nie passiert, aber es löste von früh an in mir das Gefühl aus, dass die Welt ihre Sollbruchstellen hat und ich sehr viel Vermittlungsarbeit leisten muss, um das Schlimmste zu verhindern. Dadurch wurde ich nicht nur sehr kontrollierend und psychologisierend, sondern auch sehr moralisch. Hinzu kam noch, dass ich eine Ganztagsschule besuchte, an der ausschließlich Jungs unterrichtet wurden – so ein richtiger Priesterzuchtbunker. All das hat dazu geführt, dass ich wenig innere Freiheit besaß und viel vernünftiger war, als ich es vielleicht heute bin.

Zu Ihrem Reifungsprozess gehört demnach die Erkenntnis, dass man diese »gebrechliche Einrichtung der Welt«, wie Kleist das nennt, aushalten muss? Dass man da nicht immer parat stehen muss, um permanente Reparaturdienstleistungen anzubieten?

Dass man sie aushalten muss und sie zum Teil auch mitgestalten kann! Vor allem, dass diese Angst, die man vor dem schlimmsten Fall hat, vielfach gar nicht notwendig ist. Ein ganz wichtiger Punkt in meiner eigenen Biographie war dabei, dass ich mich irgendwann selber scheiden lassen habe. Also just das aktiv vollzog, wovor ich als Kind immer Angst hatte und wovor ich auch als Erwachsener eine Heidenangst hatte. Ich habe dann schnell gemerkt, ich gehe damit nicht unter, meine Exfrau geht nicht unter, und die Kinder kommen auch irgendwie damit klar. Der springende Punkt ist, dass man sich aus dieser passiven Abwehr herausbegibt und merkt, es gibt gewisse Gestaltungsnotwendigkeiten, die Sinn machen und nicht per se tabuisiert sein müssen.

Historisch betrachtet, haben unterschiedliche Gesellschaften zu unterschiedlichen Zeiten ganz unterschiedliche Vorstellungen von Reife im Menschen entwickelt. Selbst scheinbar biologisch Determiniertes wie etwa die Geschlechtsreife erweist sich als bemerkenswert volatil. Woran liegt es, dass diese Vorstellungen menschlicher Reife nicht biologisch determiniert sind, sondern offenbar kulturell?

Die Kultur muss ja als System das ungeheure Entwicklungspotenzial, das in der Seele steckt, in irgendeiner Weise eingrenzen. Kultur ist immer ein Versuch, diese Unendlichkeit der Möglichkeiten in verbindlichen Verwandlungsformen zu fassen. Sex mit Kindern ist eines der letzten Tabus, das wir überhaupt haben. In anderen Kulturen – etwa im Griechenland der Antike – war er erlaubt. Aber auch innerhalb einer Kultur dreht sich das Denken mitunter. Nehmen wir nur mal den Orient, der immer eine ganz andere Sinnlichkeit besaß als das Abendland und jetzt dabei ist, in die Prüderie zu verkommen. Auch wir im Westen haben Phasen durchlaufen, wo wir etwa in den siebziger Jahren eine ganz andere Sinnlichkeit zuließen als heute. Ein Beleg dafür sind die Grünen, die in ihren Anfangstagen überlegt haben, die Sexualität mit Kindern straffrei zu stellen, was ja weidlich durch die Presse gegangen ist. Was wir zulassen und ermöglichen, ist ganz sicher ein gesellschaftliches Konstrukt.

Dieses Konstrukt unterliegt offenbar der Mode und wandelt sich ziemlich rasch. Bei Tieren definieren wir die Geschlechtsreife als den Moment, wo eine Schwangerschaft möglich ist. Beim Menschen variieren die Vorstellungen dagegen sehr stark: Ist man nun mit elf, siebzehn oder fünfundzwanzig reif für Geschlechtsverkehr und Elternschaft?

Das ist nun aber nicht nur eine gesellschaftliche Definitionssache, sondern dabei gehen ganz verschiedene Entwicklungen Hand in Hand. In der westlichen Welt haben wir die paradoxe Situation, dass die Kinder immer früher geschlechtsreif werden. Also Mädchen bereits mit zehn, elf, zwölf ihre erste Periode bekommen.

Woran liegt das? An einer Art Rückkopplungseffekt mit der Sexualisierung unserer Gesellschaft durch Werbung und Medien?

Allein darauf kann man es sicher nicht schieben. Mir fällt als Erstes die Zunahme an Reizen ein, die zu einer Art Systemüberentwicklung führen. Ich meine damit das mediale Gewitter, dem wir heute ausgesetzt sind. Jedem wird permanentes Multitasking abverlangt, das heißt, auch der seelische Organismus steht vor ganz anderen Herausforderungen.

Wer täglich sechstausend Werbebotschaften verarbeiten muss wie jeder, der heute in einer Großstadt lebt, wird früher erwachsen?

Das bleibt sicher nicht ohne Folgen. Ergänzend mache ich für diese frühere Geschlechtsreife die bessere Ernährung heute verantwortlich. In Mangeljahren werden die Kinder später reif. Es gibt einen Fettquotient, der im Körper gewährleistet sein muss, damit Mädchen ihre erste Menstruation bekommen. Manche junge Mädchen in unserer Kultur hungern sich von diesem Punkt bewusst weg. Paradox ist, dass trotz dieser frühen Geschlechtsreife in heutigen westlichen Gesellschaften viel längere Nestzeiten auftreten. In meiner Generation war es noch so, dass wer mit neunzehn noch zu Hause wohnte, schräg angesehen wurde. Und heute gilt als Nestflüchter, wer mit dreißig nicht mehr zu Hause wohnt!

Die Jugendkultur heute ist anders als die der Achtundsechziger nicht von dem Gefühl beherrscht, in einer engen zubetonierten Welt zu leben, aus der man ausbrechen will. Unsere Jugend macht die Erfahrung: Alles ist brüchig und hängt an einem seidenen Faden! All das, was mir eigentlich Urvertrauen geben könnte, kann von einem Moment auf den nächsten auseinanderbrechen! Das fängt in den Familien an, wo jeder Patchworkverhältnisse kennt, alleinerziehende Mütter, desertierende Väter und so weiter, und setzt sich im Politischen fort. Wir haben heute eine Generation, die erleben musste, wie der eine Bundespräsident, Herr Köhler, Fahnenflucht begangen hat, während der andere, Herr Wulff, zurücktreten musste. Und jetzt hat sich, erstmals seit siebenhundert Jahren, selbst der Heilige Vater zum Rücktritt entschlossen. Es gibt also nichts mehr, was Bestand und Verlässlichkeit besitzt.

Dadurch entsteht die Sehnsucht nach einem Leben, das von einer ungeheuren Verlässlichkeit geprägt ist. Also träumen die Jungen zum Großteil von einem kleinen Häuschen, von einem tollen Ehepartner, von zwei Kindern. Sie wollen beruflich nicht *weiter*kommen, sondern *an*kommen – Arbeitgeberhopping ist denn auch gar nicht mehr angesagt. Und erst neulich ist mir während der Arbeit an einer Jugendstudie etwas ganz Auffallendes begegnet: Die Jungen entwickeln auf einmal eine Pubertätsscham! Sie merken im Zuge ihrer Pubertät und Reifung, dass es sie aus diesem elterlichen Verbund drängt. Sie spüren also selber den Stachel in sich, Brüchigkeit zu produzieren. Und da sie so unbedingt auf Verlässlichkeit, Zusammenhalt und Stabilität setzen ...

... wollen sie die Zeit anhalten?

Einerseits das, andererseits entwickeln sie aber Schuldgefühle gegenüber ihren eigenen Ausbruchstendenzen. Daher rührt diese Pubertätsscham. Wir haben es also mit einer gesellschaftlichen Melange zu tun: Wir haben Eltern, die vom *forever young* träumen und sich diesen Traum auch erfüllen, indem sie mit ihren Kindern nicht nur gemeinsam ins Rockkonzert gehen, sondern sie auch sehr lange an sich binden, damit sie quasi mit der Jugend verhaftet sind, und wir haben Jugendliche, die den Traum der ewigen Stabilität träumen und schlicht Angst haben, ihren Reifeimpulsen nachzugeben und ein neues Lebenskapitel aufzuschlagen.

Eine Schönheitschirurgin hat uns erzählt, dass nichts so boomt wie Operationen zur Schamlippenaufpolsterung. In diese Richtung geht auch die Tendenz zur Rasur im Intimbereich. Beides sind ja Versuche, den Zeiger an der biologischen Uhr zurückzudrehen und sich in einer Art Peter-Pan-Verhalten zu verjüngen. Wie interpretieren Sie das?

Wir leben in einer Kultur, die vom analogen auf das digitale Prinzip umgestiegen ist. Man kann das am Beispiel der Schallplatte verdeutlichen. Die analoge Schallplatte ist ja ein Symbol für einen Prozess, der auch mit Vergänglichkeit zu tun hat: Man ist in einer festen Schicksalsrille, man reibt sich auf, es entstehen gewisse Knacker, man weiß, irgendwann ist die Platte zu Ende gespielt. Aber durch diese intensive Reibung bringt man die Musik des Lebens zum Klingen. Heute haben wir dieses digitale Lebensideal, wir leben wie eine CD, DVD oder Blu-ray in ewigem Glanz ohne Abnutzung und Alter, auch ohne Reifung und Tod. Wenn es langweilig wird, wollen wir sofort weg und springen augenblicklich zum nächsten Track weiter.

Auf diese Weise versuchen wir, ständig auf dem Kamm der Welle zu reiten, einen Höhepunkt an den anderen zu reihen, ohne diese Sphäre je zu verlassen. Mit diesem digitalen Lebensideal verbunden ist ein virtueller Schöpfungswahn. Als wären wir nicht der Vergänglichkeit und Zeitlichkeit unterworfen, sondern könnten unsere Körperlichkeit, und nicht nur diese, in jedem gewünschten Sinne trimmen. Dieser Optimierungsirrsinn fängt buchstäblich schon vor der Geburt an, bei der Fötendiagnostik. Immer mehr Menschen machen Gebrauch von diesem Sortiermechanismus.

Ich habe selber eine Tochter mit Down-Syndrom, kriege aber mit, dass im Grunde 90 Prozent der Kinder mit solchen Diagnosen im Vorfeld abgetrieben werden. Das sind zwei Seiten derselben Medaille: Wir wollen Wunschkinder haben, wir wollen aber auch unsere eigene Physis nach unserem Wunschbild gestalten. Und akzeptieren dann auch nicht mehr, dass uns die Reife ins Gesicht geschrieben steht und unsere Lippen oben wie unten etwas schlaffer runterhängen. Das führt dann dazu, dass unseren Untersuchungen zufolge schon bei sehr vielen fünfzehnjährigen Mädchen gedanklich die Vorstellung da ist, irgendwann unters Messer zu gehen, weil einem die Nase nicht gefällt, weil einem die Brüste zu klein sind oder sonst irgendwas nicht passt.

Ist diese Tendenz zur Schönheitsoperation dem Optimierungswahn und dem Effizienzdenken unserer Gesellschaft entsprungen?

Es geht sogar noch darüber hinaus. Man will nicht nur optimieren, sondern man hat selber den Anspruch einer göttlichen Allmacht.

Also der Schöpfer des eigenen Selbst zu sein?

Exakt. Es geht darum, die Schöpfungshoheit zu haben. Und mit diesem Anspruch sinkt die Toleranz für natürliche Abweichungen. Das macht sich dann natürlich an bestimmten Prestigeobjekten fest.

Ist unsere Toleranz gegenüber dem imperfekten Körper in den letzten Jahrzehnten in Deutschland gesunken?

Ja.

Auch auf Arbeitgeberseite, also im Denken von Personalchefs?

Ich kriege natürlich in meiner eigenen Firma selber mit, wie unheimlich wichtig es ist, sich selbst ein Bild von einem Menschen zu machen. Personalchefs sind gut beraten, nicht auf den üblichen Fassadenzauber hereinzufallen, auf so eine oberflächliche Attraktivität, sondern auch die Stimmigkeit des Gesamtbilds zu überprüfen. Wir beraten zurzeit einige Firmen beim Thema *employer branding*, also bei der Frage, wie kriegt man überhaupt Nachwuchs. In diesem Zusammenhang erleben wir fast so etwas wie eine Wende, denn viele Personalchefs merken, nun mit einer Generation konfrontiert zu sein, die wie ein Passepartout funktioniert. Die Angehörigen dieser Generation folgen weniger einer inneren Stimme, sondern machen sich anpassbar und überlegen: Was braucht der Markt? Dementsprechend erwerben sie ihre Fremdsprachenkenntnisse nicht, weil sie Lust haben, andere Länder zu bereisen, sondern weil sich das in ihrem Lebenslauf gut macht. Das führt dann aber dazu, dass dieses Phänomen des Passepartout-Bewerbers auftaucht, Menschen, die alle das Gleiche erzählen und alle das Gleiche vorweisen können. Und da ahnt selbst der normierungsfreudigste Personalchef, dass es gut für seine Unternehmenskultur sein könnte, das Spektrum seiner Mitarbeiter etwas weiter zu fassen.

Sie haben Ihre Tochter mit Down-Syndrom erwähnt. Wie alt ist sie? Und was ist beim Heranwachsen so eines Kindes anders?

Sie ist dreizehn. Körperlich war sie erschreckend frühreif. Sie hat mit knapp zehn Jahren ihre Tage bekommen und wusste damit überhaupt nichts anzufangen. Binden gaben ihr das Gefühl, dass sie wieder zurück in die Windel geschickt werden sollte. Dagegen hat sie rebelliert. Da mussten wir ihr klarmachen, dass auch ihre Mutter und ihre Stiefmutter so was tragen. Ab dem Moment hat sie das eher als eine Art Upgrading verstanden. Seelisch ist sie im Zustand eines siebenjährigen Kindes, hinkt also hinterher. Sie war auf einer Waldorfschule, jetzt besucht sie die Freie Schule in Köln und ist da sehr gut gefördert worden. Seit dem dritten Schuljahr kann sie lesen. Lesen ist eigentlich ihr liebstes Hobby. So drei Stunden am Tag sitzt sie lesend in ihrem Zimmer. Sie liest immer laut, sodass man auch mitkriegt, dass sie richtig liest und den Sinn versteht.

Ist die relativ neue Bildungspolitik der Inklusion für Sie ein Indiz einer gesellschaftlichen Reife? So wie die Aufhebung der Rassentrennung, das Frauenwahlrecht, die Gleichstellung von Schwulen und Lesben im öffentlichen Leben und so weiter?

Deutschland war in diesem Bereich ja lange Zeit das Schlusslicht. Die Unesco musste uns anmahnen, die Inklusion bis zu einem bestimmten Zeitpunkt auch umzusetzen. Es gibt in Deutschland bei der Bildungsdebatte zwei Denkschulen: diejenigen, die eher der Leistungsdoktrin anhängen, also frühe Selektierung, Elitenschulen und so weiter fordern, und das andere Lager, das diesen Inklusionsgedanken in den Vordergrund stellt und aus dem Schulsystem eher den Druck rausnehmen möchte.

Noch einmal die Frage: Reifen Gesellschaften?

Bei der Frage, wie Gesellschaften sich entwickeln oder reifen, verfolge ich einen morphologischen Ansatz, also nicht die idealistische Theorie, die postuliert, dass Gesellschaften einem kontinuierlichen Fortschritt unterliegen. In meinen Augen gibt es Entwicklungsstufen, die im Grunde zirkulär verlaufen. Das kann man übrigens von der Gesellschaft auch auf die individuelle Reife übertragen. Frühe Kulturen vor der Pubertät, die klassischen Barbaren, werden durch grobe Zwänge und Rituale zusammengehalten. Die nächste Entwicklungsstufe, die natürlich einen Fortschritt an Reife mitbringt, ist der Übergang in eine »besessene« Kultur. Das heißt, die groben Zwänge und Rituale werden durch ein besessenes Wunschbild ersetzt. Dieses Wunschbild vermittelt dann eine Direktive, aus der sich eine ungeheure Stoßkraft entwickeln kann – das erleben wir zurzeit bei den ganzen fundamentalistischen Kulturen. Uns macht deren Verve deshalb so große Angst, weil wir uns in einem ganz anderen Entwicklungsstadium befinden. Der Wunschtraum der besessenen Kultur ist anders als der Traum, den wir nachts träumen. In unseren Träumen reflektieren wir immer wieder, was am Tag schiefgelaufen ist, der Traum legt den Finger in die Tageswunde, er zeigt in seinen dramatischen Bildern, was an Wünschen und Sehnsüchten untergegangen ist, welche Ängste nicht berücksichtigt wurden. Auf diese Weise gelingt es dem Traum immer wieder, uns zu Korrekturbewegungen zu veranlassen. Ganz anders der gesellschaftliche Wunschtraum; der zementiert für tausend Jahre eine bestimmte Erlösungsrichtung.

Jerusalem muss unser werden ...

Zum Beispiel Jerusalem muss unser werden. Oder das Tausendjährige Reich. Oder *forever young*. Das sind alles Wunschträume, die überhaupt nicht mehr reversibel sind, sondern die für alle Zeiten und für alle Menschen ein Ziel in Stein meißeln. Diese von einem bestimmten Wunschtraum besessene Gesellschaft verkörpert in meinen Augen die zweite Entwicklungsstufe. Die dritte Stufe ist eine Stufe, wo man auch ein bestimmtes Leitbild hat, aber das wird nicht absolut gesetzt – man ist immer in der Lage, die Kehrseiten, die Einseitigkeiten dieser Orientierung in den Blick zu nehmen und gegenzusteuern. Das ist im Grunde das Ideal einer demokratischen Gesellschaft, die auch über Instanzen verfügt, die dafür sorgen, dass das alles in einem gesunden Entwicklungsfluss bleibt.

Also ein System der checks and balances *mit Legislative, Judikative und Exekutive, Medien, Gewerkschaften und so weiter. Und Phase IV?*

Die Phase IV ist jene Kultur, die letztendlich in einen Hyperrelativismus gerät, wo alle Bilder mehr oder weniger gleich gültig nebeneinanderstehen. Das wäre der Zustand der Überreife, in der sich eine Kultur schwer damit tut, überhaupt noch einen Gemeinsinn und eine Richtung zu entwickeln. Das ist das, was wir im Moment erleben. Alles ist multioptional. Es ist alles möglich, aber keiner weiß mehr, was er machen soll und wohin die Reise gehen kann.

Das ist Ihre Gesellschaftsdiagnose ...

Das ist ein allgemeines morphologisches Gesellschaftsmodell – die Diagnose würde lauten, dass wir im Grunde genommen jetzt in dieser vierten Phase der Dekadenz und

Überreife angelangt sind. Diese Zeit ist einerseits geprägt von Stabilisierungsbemühungen, andererseits von der großen Angst: In was geraten wir da hinein? Es besteht zudem die akute Gefahr, dass wir regredieren und auf eine frühere Entwicklungsstufe zurückfallen, dass sich also wieder eine neue Besessenheit breitmacht. Oder dass wir in ein Gesellschaftssystem abdriften, das mit groben Zwängen operiert – die müssen aber nicht dieselben sein, wie wir das von früher kennen. Das könnten auch ganz subtile Zwänge sein. Reife hat ja auch immer damit zu tun, dass man Momente und Rituale des Übergangs zulässt. Und genau solche Momente des Übergangs werden mehr und mehr auf den Index gesetzt: ob das das Rauchen ist, das Trinken, das fette Essen, das Träumen oder das Trauern.

Deutschland im 18. und 19. Jahrhundert wurde von seinen Nachbarn ja lange als Land des Traums gesehen, als eine Art schlummerndes Dornröschen, insbesondere von den Franzosen, die immer noch Angst vor diesen deutschen Träumen haben, und von den Engländern, für die wir ja eigentlich ein Land der Waldmenschen sind. Wie kann es da geschehen, dass ausgerechnet hier Muße und Träumen unter den Generalverdacht der Träumerei gestellt werden?

Dieser Generalverdacht macht sich zwar am Träumen fest, er zielt aber in seiner Hauptstoßrichtung auf etwas ganz anderes. Das Träumen ist eher harmlos, weil es seiner Natur nach reversibel ist. Das Träumen provoziert immer den Status Quo und sagt: Pass auf, du musst da etwas anders machen. Das Träumen ist, so wie ich es verstehe, eine Abwandlung der German Angst, des ständigen Zweifelns, des Noch-einmal-auf-

Wiedervorlage-Nehmens und Mit-anderen-Augen-Betrachtens. Die Welt da draußen hat Angst vor dem Deutschen, der sich aus der Reversibilität des Träumens in die Absolutheit des Wunschtraums versteigt. Das ist der Moment, wo die Sache umkippt und man merkt, dass die Deutschen dann auch so eine martialische Kraft entwickeln.

Etwa wenn der Wunschtraum vorsieht, dass nicht nur wir unseren Müll trennen, sondern auch gefälligst unser Nachbar, ja im Grunde die ganze Welt unsere Mülltrennungsidee übernimmt ...

Genau. Wobei die Mülltrennung im Vergleich zur Rassentrennung ja fast schon ein Kulturfortschritt ist. Ich bin deshalb sogar froh, dass wir solche Felder wie die Mülltrennung haben, wo sich solche Impulse austoben können. Die deutsche Seele ist voller Unruhe. Sie kennt keine Identitätsfassung. Die Amerikaner hingegen haben ihren amerikanischen Traum, die Franzosen ihre Genusskultur. Das gibt einer Kultur so einen grundsätzlichen Halt. Wir sind haltlos. Wir sind geschlagen mit diesem Urzustand der Unruhe und versuchen auf verschiedenen Wegen, mit dieser Unruhe klarzukommen. Der Königsweg ist natürlich, dass wir die Unruhe über das Träumen, über die Angst und über den Zweifel in Schöpferkraft verwandeln: Dann sind wir produktiv.

Darin scheint die berühmte Unterscheidung zwischen Wirklichkeitssinn und Möglichkeitssinn auf, wie sie Robert Musil im Mann ohne Eigenschaften trifft: »Wer ihn besitzt, sagt beispielsweise nicht: Hier ist dies oder das geschehen, wird geschehen, muß geschehen; sondern er erfindet: Hier könnte, sollte oder müßte geschehn; und wenn man ihm von irgend etwas erklärt, daß es so sei, wie es sei, dann denkt er: Nun, es könnte wahrscheinlich auch anders sein. So ließe sich der Möglichkeitssinn geradezu als die Fähigkeit definieren, alles, was ebensogut sein könnte, zu denken und das, was ist, nicht wichtiger zu nehmen als das, was nicht ist.« Sind Ihre Träumer Verfechter dieses Musil'schen Möglichkeitssinns?

Dieser Möglichkeitssinn wird natürlich gefördert, wenn ich Verfasstheiten zulasse und Orte bereitstelle, wo ich nicht dem Zweckdiktat unterworfen bin. Das ist die Studierstube, der Hobbykeller, die Garage, die Laube – das sind die Orte, wo die deutsche Unruhe zu sich kommen und zweckerlöst ganz neue Bahnungen entwickeln kann. Ich verweise da gern auf den Briten Peter Watson, der seinen Landsleuten in seinem Buch *Der deutsche Genius* auf über tausend Seiten klarzumachen versucht, warum die Deutschen nicht nur tumbe Kriegstreiber sind, sondern auch Weltmeister im Erfinden. Watson nennt das nicht Unruhe, sondern führt das auf unsere Innerlichkeit zurück, die Thomas Mann ja schon als Wesenskern des Deutschen gesehen hat. Wir sind als Deutsche getrieben von Unruhe, können diese jedoch schöpferisch umgestalten. Dabei gibt es aber immer die Tendenz, aus der Unruhe in das Absolute, Standardisierte, Genormte zu verfallen – also die Unruhe in Abstraktionen zu überführen. Das macht uns ja auch zum Land der Kontrolleure und der DIN-Normen. Wir sind ja auch so ein bisschen der Welt-TÜV.

Dekra und TÜV sind Riesenexportschlager. Unser Organisationstalent und unsere Normierungswut entspringt dem Versuch, unsere Unruhe so zu bannen, dass wir das Gefühl haben, die Wirklichkeit laufe mit der Berechenbarkeit einer Modelleisenbahn, die im ewigen Gleichmaß über die Gleise schnurrt. Auf diese Weise hoffen wir, die Wirklichkeit zu finden. Der Clou dabei ist nur: In dem Moment, da wir dieses Niveau an Normierung und Abstraktion erreicht haben, überkommt uns dann wieder das Gefühl, dass wir den eigentlichen vibrierenden Reichtum des Lebens verpassen. Und dann entwickeln wir sofort wieder Fernweh, die Sehnsucht nach *bella Italia*, nach der türkischen Familientragödie oder was auch immer. Das geht in der deutschen Seele immer hin und her.

Mit 49 Jahren verlassen wir für die in Zeitschriften, Radio und Fernsehen werbetreibende Industrie den Kreis der für sie relevanten Zielgruppe. Man traut uns nicht mehr zu, noch einmal auf eine andere Automarke, eine andere Sorte Spülmittel oder Müsli umzusteigen. Woran liegt das?

Das ist natürlich auch Ausdruck unserer Forever-young-Kultur. Das bricht im Moment aber auf. Vor fünfzehn Jahren sollten wir eine Seniorenstudie durchführen mit der ausdrücklichen Anweisung, nur ja niemanden zu interviewen, der älter als 55 Jahre alt war. Inzwischen sind, ausgelöst durch die Überalterung unserer Gesellschaft, diese starren Haltungen aufgebrochen. Umdenken hat eingesetzt. Früher meinte man, jemand über fünfzig sei markentreu, verändere seine Konsumbahnen nicht mehr und sei etwa für eine neue Zahnpasta gar nicht mehr ansprechbar. Heute merkt man, dass das nicht so ist. Die Achtundsechziger sind heute achtundsechzig. Sie hängen immer noch an ihrem Traum vom *forever young* und an ihrem Ideal, die Wirklichkeit noch einmal radikal umzukrempeln. Nur machen sie das nicht mehr politisch, sehr wohl aber im Konsum. Das heißt, wir haben die paradoxe Situation, dass die Senioren heute viel experimentierfreudiger sind als die Junioren. Und daran ist natürlich auch der Markt interessiert. Diese Menschen will man als Konsumenten gewinnen, weil sie auch noch im hohen Alter bereit sind, die Automarke oder sonst was zu wechseln.

Das heißt, die Wirtschaft hat bereits umgedacht?

Sie ist dabei, umzudenken. Wir projektieren gerade eine große Seniorenstudie, wo wir sagen, wir fangen mit Fünfundfünzigjährigen an und hören mit Fünfundsiebzigjährigen auf. Und wir sind guter Dinge, dass wir dafür ausreichend Sponsoren finden, die das mittragen.

1965 singen The Who in ihrem Song My Generation *die Zeilen* I hope I die before I get old. *Leidet Deutschland heute unter einem Jugendkult?*

Nicht nur Deutschland. Diese Fixierung kam ja wirklich mit den Achtundsechzigern auf. Ich kenne das noch aus meiner Schulzeit, dass einige Mitschüler gesagt haben: Wenn ich dreißig bin, bring ich mich um. Das Alter war ein Zustand der Korruption und Verderbtheit, dem man sich durch Suizid entziehen wollte. Was geblieben ist, ist das Gefühl: Wir müssen uns immer jung gebärden. Das kann ich mit einer Erfahrung aus unserer Praxis gut illustrieren. Für ein Tiefeninterview kann man nicht einfach Menschen auf der Straße ansprechen und fragen: Haben Sie mal zwei Stunden Zeit?

Man verabredet sich telefonisch und macht in der Regel eine oder zwei Wochen vorher einen Termin aus. Dabei machen wir folgende aufschlussreiche Beobachtung: Wenn wir ältere Menschen anrufen und sagen, wir möchten ein Interview zu irgendeinem beliebigen Thema führen, dann haben die meisten direkt Zeit. Fragen wir aber: Wir führen eine Seniorenstudie durch, würden Sie daran teilnehmen?, dann blättern sie in ihren Kalendern und sagen: Frühestens in drei Wochen! Weil sie demonstrieren wollen: Ja, ich gehöre zu dieser Altersgruppe, aber ich stehe immer noch unter einem Vitalitätsdiktat und kann zeigen, dass ich noch gefragt bin und noch voll im Saft stehe.

Das ist heute anders als früher. Und führt paradoxerweise dazu, dass diese Sphären des Ruhestands, des Träumens und der Muße verhasst sind. Sie sind unbewusst mit einer Todesdrohung verbunden. Früher sagte man, wer rastet, der rostet. Und heute denkt man: Wer rastet, der stirbt. Was mich sehr verblüfft hat in unseren Untersuchungen, ist, dass für viele Senioren der Tod nicht als Realität, sondern als Bedrohung erlebt wird. Das ist psychologisch ein Unterschied, denn eine Realität kann man hinnehmen, eine Bedrohung schafft hingegen immer die Fiktion der Abwendbarkeit. Zugespitzt ausgedrückt: Viele ältere Menschen versuchen auf Trimmpfaden und Jakobswegen, dem Tod davonzulaufen.

Im Märchen ist der König ein alter Mann mit einem weißen Wallebart, der im Grunde wie der Weihnachtsmann aussieht. Schaut man sich hingegen TV-Moderatoren an, sieht man von Botox und Hyaluronsäure malträtierte Gesichter, wohin man blickt. Fernsehen ist offenbar kein guter Ort zum Altern. Wo manifestiert sich dieser Jugendkult noch?

Die Frage lautet: Wo manifestiert er sich nicht? Er ist überall. In der Ernährung. In der Mode. In den Castingshows, wo einem suggeriert wird, die Republik bestehe nur noch aus jungen Supertalenten oder Topmodels. Wir haben ja das Problem, dass wir durch das Internet eine ganz andere Aktualitätsdringlichkeit verspüren. Früher waren Nachrichten zwei, drei Tage unterwegs, bis sie eintrafen, besaßen eine Halbwertszeit von weiteren zwei, drei Tagen, in denen man sich mit ihnen auseinandersetzen konnte, ehe sie dann von neueren Nachrichten abgelöst wurden. Das Internet hat dieses alte Modell abgelöst und gibt nun einen Stundentakt vor. Die Medien stehen durch das Internet unter dem Zwang, jede Stunde die neueste Wendung in der Wulff-Affäre oder was auch immer zu reportieren. Das führt dazu, dass Geschehnisse von außen dynamisiert werden, weil die Medien immer wieder Ansatzpunkte finden, wie man einen Skandal noch schöner am Köcheln halten kann. Dieser Heißhunger auf die neueste Nachricht und der Topos des Neuesten an sich kann in den Medien aber nicht durch den siebzigjährigen Grandseigneur verkörpert werden.

Gehen wir mal vom Umgang mit Reife in den Medien zum Konzept von Reife im deutschen Lebensmittelhandel. Wie nimmt man dort Reife wahr?

Bei Lebensmitteln generell gilt im Gegenteil eine Frische-Doktrin: Es geht um Verzehrbarkeit und darum, sich mit möglichst vitalen Stoffen anzureichern. Reife dagegen hat eher damit zu tun, dass ich in eine Verfasstheit gerate, die mich besonnener, eben reifer macht. Diese Verfasstheit ist zurzeit aber überhaupt nicht angesagt. Und damit auch nicht die

Produkte, die diesen Zustand verheißen. Das sind also eher Randbereiche.

Aber wenn das Junge, Frische überall begehrter wäre als das Alte, Gereifte, dann müsste der Beaujolais Nouveau ja bald teurer sein als dreißig Jahre alter Bordeaux?

Schön wär's, aber ganz so weit sind wir noch nicht. Es gibt natürlich schon noch einen Markt für gereifte Produkte, aber dieser Markt wird kleiner. Ich spreche auch nicht von Wein, sondern habe mir den Bereich Käse und Obst näher angesehen. Und dort sind gereifte Produkte immer mehr auf dem Rückzug.

Die Idee der Frische hat die Idee der Reife abgelöst?

Genau. Das Frische-Konzept, Conveniance- und Functional Food arbeiten alle mit demselben Versprechen: dass sie unseren Körper- und Seelenhaushalt stabilisieren. Früchte haben aus psychologischer Sicht immer zwei Grundwirkungen: Zum einen verheißen sie buchstäblich Befruchtung, also immer irgendeine Lebenssteigerung. Wir werden selber fruchtbarer, energetischer, fröhlicher. Andererseits haben Früchte auch eine befriedigende, tröstende und beruhigende Funktion. Das sind Grundpolaritäten. Im Grunde ist das eine animistische Figur – also dass das, was man isst, immer schon in den Menschen drin ist. Und weil wir uns von den urwüchsigen Produkten längst entfremdet haben, wird das über Werbebotschaften nun wieder vermittelt. Die Menschen hatten immer schon das Gefühl: Wenn ich Rindfleisch esse, dann kriege ich diese stoische Widerstandskraft eines Rindes, das wiederkäuend bei Wind und Wetter den Stürmen trotzt. Und wenn ich Huhn esse, dann kriege ich diese flatterhafte Agilität eines Huhnes, das immer scharrt und durch den Stall hüpft. Und wenn ich Schweinefleisch esse, dann vermittelt sich mir dieses säuische, suhlende Moment.

Dieses animistische Denken steckt immer noch in uns drin. Das gilt auch fürs Obst. Der Apfel hat immer etwas Disziplinierendes, etwas, das die Bisskraft erhöht, eine Spannkraft erzeugt – das hat sich damals eine Zahnpastawerbung zunutze gemacht. Sie erinnern sich: »Damit Sie auch morgen noch kraftvoll zubeißen können.« Darum lässt sich der *Wilhelm Tell* auch nur mit einem Apfel erzählen. Hätte er eine Birne genommen, wäre das danebengegangen, weil gerade der Apfel für die Spannkraft und für die Zielgenauigkeit im Alltag steht. Die Birne hat dagegen eher mütterliche Attribute – nur deshalb waren sechzehn Jahre Helmut Kohl möglich, weil er neben seinem väterlichen Image über den Spottnamen »Birne« eben auch eine mütterliche Seite hatte. Apple hingegen greift bewusst den Apfel in seinem Markenlogo auf. Vom Markenmythos her verspricht Apple uns Gottgleichheit. Der Apple-Apfel verspricht uns den Baum der Erkenntnis – mit dem Wischfinger wie Gott die Welt erschaffen.

Frische gaukelt uns eine Reife vor, die in der Frucht selbst nicht enthalten ist. Haben wir dadurch, dass wir zu wenig auf unsere Nase und unsere Zunge vertrauen, die Fähigkeit eingebüßt, Reife bei Lebensmitteln zu erkennen?

Wir erliegen häufig dem Kulissenzauber. Die Verbraucher kaufen ja nur Fleisch, das rosig ist, weil es dann diese Frische und diese Jugend noch einmal bestärkt. Das muss dann aber geschmacklich gar nicht das beste sein. Ein gut abgehangenes Fleisch sieht eher gräulich aus, nur würden das die Leute nicht kaufen.

Und was verspricht uns Käse?

Bei den Lebensmitteln ist neben Obst und Gemüse, denen wir ja beim Wachsen und Reifen bereits in der Natur zusehen können, der Käse Prototyp in Sachen Reife. Käse wird von den Menschen weniger als Lebensmittel, sondern eher als Lebewesen gesehen. Zitat eines interviewten Käsefreundes: »Der Käse lebt im Kühlschrank weiter. Er entwickelt sich, kriegt Beine, fängt an zu laufen und kippt irgendwann um.« Der Käse ist das Produkt oder besser gesagt das Kind eines liebevollen Reifungsprozesses. Am Käselaib lässt sich daher Reifung buchstäblich laibhaftig erfahren. Der Wandel von einer kindlichen Streich- und Streichelfähigkeit zu einer schneidigen Männlichkeit und danach der Übergang in eine zerbröselnde Greisenstrenge. Das riesige Käserad versinnbildlicht daher auch das Lebensrad. Käse rückt die grundsätzliche psychologische Ambivalenz des Reifens in den Blick: Der Gewinn von persönlicher Markanz, von Eigensinn und Kultiviertheit geht einher mit dem Verlust der kindlichen Unschuld, Anpassungsfreude und Entwicklungsoffenheit.

Die weißen und milchig-unschuldigen Streichkäse polarisieren nicht und sind in aller Munde. Das Schicksal des Reifens führt nicht nur zu Charakter und Persönlichkeit, sondern auch zu Strenge, Stinken, Starrheit und Verhärtung. Die Isolationshaft unter der Käseglocke markiert daher oft die finale Heimstätte der überreifen Persönlichkeit. Der Umgang der Menschen mit dem Käse und die persönliche Käsebiographie hat den Charakter einer Reifeprüfung. Je reifer der verkostete Käse, desto reifer auch die Persönlichkeit, die es mit ihm – oder die ihn – aufnimmt. Der Verzehr von Stinkekäse ist daher Ausdruck einer selbstbewussten und starken Persönlichkeit. Deshalb sind die Markennamen auch als Markierung des persönlichen Reifegrades wichtig und mitunter kaufentscheidend. »Buko« hört sich wie ein skandinavischer Lausbub an. Bei »Rotkäppchen« klingt neben der Unschuld zumindest die Bereitschaft an, wölfische Abwege auf die eigene Kappe zu nehmen. Und ein Name wie etwa »Henry IV« bedeutet die Krönung der eigenen Käseentwicklung ...

Wie erklären Sie sich, dass es ausgerechnet in Asien, wo viele Menschen aufgrund eines fehlenden Enzyms Käse schlechter verdauen, gerade in den neuen Oberschichten einen regelrechten Run auf französischen Käse und Wein gibt?

In Russland und Asien haben wir es mit sich rasant entwickelnden Gesellschaften zu tun, die ihren Entwicklungsfortschritt als Status demonstrieren. Ob das nun Uhren sind, 50 000 Euro teure Handys oder Käse: Man muss das haben, um zu zeigen, dass man angekommen ist. Das spiegelt sich auch im Ernährungsverhalten. Westliche Prestigeprodukte werden auf einmal sündhaft teuer, und man kann mit ihnen demonstrieren: Ich gehöre dazu und habe mich bis in diese Schicht vorgearbeitet.

Umgekehrt gibt es bislang in deutschen Eliten wenig echte Sake-Experten oder Maotai-Freunde. Wagen Sie diese Entwicklung fürs deutsche Management zu prophezeien?

Zumindest muss man, um die Handelsbeziehungen zu stabilisieren, da kompetent werden. Wer nach Köln kommt, muss ein Kölsch trinken. Das machen die Topmanager da auch, die absolvieren ihre Crash-Kurse und wissen ganz genau, wie sie sich zu benehmen und auch, wie sie sich zu betrinken haben.

Kapitel 4

»Die Schnapsidee«
Wieso Christiane Schoeller und Christoph Keller
vom Büchermachen aufs Schnapsbrennen
umgestiegen sind, weshalb sie Whisky hassen und
warum Geschichten nicht Geschmack ersetzen.

Christiane Schoeller und Christoph Keller leben in einem Paradies. Mit ihren beiden Kindern, dem fünfzehnjährigen Caspar und der dreizehnjährigen Lotta, sowie achtzehn Hühnern, vormals siebzig, nun dreißig Walachenschafen, fünfzehn Ziegen, acht Lamas, zwei Pfauen und einer nicht in den Formeln der Boul'schen Algebra ausdrückbaren Zahl von Katzen. Ihre Stählemühle liegt ganz im Süden Deutschlands, im Hegau, hinter der Schwäbischen Alb, einen Katzensprung vom Bodensee. Von Eiben und Maulbeerbäumen umstanden, gesäumt von einem zu Teichen aufgestauten Bach, liegt das über 220 Jahre alte Anwesen in einer idyllischen kleinen Talsenke. Seinen Namen hat es nach einem Vorbesitzer aus dem 19. Jahrhundert, einem Müller namens Anton Stähle. Die Nachbarn heißen Graf Douglas oder Graf Bodmann – der deutsche Adel weiß, wo's schön ist. Von dieser Landschaft geht eine sofort spürbare Anmut aus, je nach Jahreszeit erscheint sie in mal heiterer, mal eher herber Grazie.

Im Paradies hat die Uhr keine Zeiger. Hier gehen die Uhren anders.

Es geht los mit den Fichtensprossen, die an Servatius, also am 13. Mai geerntet werden, einem der Tage der Eisheiligen, wenn die Fichten erste hellgrüne Triebe aussprießen. Will man deren frische Zitrustöne erhalten, müssen die Maiwipfel genannten Fichtensprossen spätestens drei, vier Tage nach der Ernte verarbeitet werden. Kurz danach kommen die ersten Beeren: Der Juni gehört den Erdbeeren, dann den frühen Himbeeren und Brombeeren. In der ersten oder zweiten Juliwoche schließen sich schwarze Johannisbeeren an, Mitte Juli Kirschen und Sauerkirschen. Dann Aprikosen und Pfirsiche, gefolgt von den unbekannteren Steinobstsorten wie Türkenkirschen, Griecheln und Mirobalan-Mirabellen, unmittelbar danach die geläufigeren wie Zwetschgen und Mirabellen. Schon beginnt auch das Kernobst, angefangen bei den feineren Birnen, die ersten sind die Williamsbirne und die Wahl'sche Schnapsbirne. Die rauschaligeren Birnensorten, also die Mostbirnen, kommen später, dann auch die Äpfel, später noch in der Regel das Wildobst, also Traubenkirsche und Kornellkirsche, Vogelbeere, die ganzen anderen Sorbusarten, Mehlbirnen, Elsbeeren, Speierling, noch später Mispeln und dann, ganz zum Schluss, die Schlehen, denn die brauchen den ersten Frost.

Im Paradies wird das Jahr bestimmt durch Fruchtabfolge und Reife.

Der Mensch hat die Zeit übers Essen entdeckt. Noch vor der systematischen Beobachtung von Sonne, Mond und Sternen durch die Sumerer, noch vor den sorgfältig berechneten Zeiten von Aussaat und Ernte und Ebbe und Flut richteten sich die frühesten Kalender nach dem Geschmack. Diese kannten keine Einteilung in Wochen und Monate. Jäger und Sammler unterscheiden als Allererstes Bärlauch-

it von Brombeerzeit, Sprossenzeit von Süßholzzeit – also
Reifezeit von Wurzeln und Gräsern, Beeren und Früch-
t Nicht zuletzt das erbeutete Fleisch und der gefangene
F n unterlagen dem saisonalen Wandel – und stellten, so-
fe den Jägern das Glück wirklich hold war, sofort die Frage ch der Haltbarmachung.

fe: für viele Menschen heute ein mehr als abstrakter
Begr In unseren Küchen herrscht wie im Leben der Jugend Lamm statt Hammel, Kalb statt Rind, Stubenkü-
ken, einbutts, Babysalate und Babygemüse allüberall.
Oft ge ibt angesichts dieses kulinarischen Kindermords
der Ge ck auf der Strecke.

Vie rinnert uns in der Saison der betörende Duft
von Ap oder Erdbeeren noch daran, was mit Reife
gemeint önnte. Nämlich ein unwiderstehlicher und
keinen Au b duldender Appell wie aus dem Märchen:
jetzt, hier, t! Deshalb lassen die Gebrüder Grimm in
Frau Holle Apfelbaum sprechen: »Ach, schüttel mich,
schüttel mic r Äpfel sind alle miteinander reif!« Und einen Backofe ller Brot: »Ach, zieh mich raus, zieh mich
raus, sonst ve nn ich: ich bin schon längst ausgebacken.«
Wer Reife er wird wie im Märchen mit Gold über-
schüttet. Wer aber wie die faule, hässliche Tochter in *Frau
Holle* angesichts des Brots im Ofen denkt: »Da hätt ich Lust,
mich schmutzig zu machen«, und auf die Aufforderung des
Apfelbaums antwortet: »Du kommst mir recht, es könnte
mir einer auf den Kopf fallen«, der wird zur Pechmarie – keineswegs nur kulinarisch.

Das Erkennen von Reife, also die Kunst, einen Blick für
den richtigen Zeitpunkt zu entwickeln, zählt zu den ältesten
Überlebenstricks der Menschheit.

Auch die Küche der Gegenwart besitzt ihre eigene Zeitrechnung: Spargel und Matjes, Erdbeeren und Teltower Rübchen, Maibock und Holunder, Steinpilze und Starkbier, Federweißer und Beaujolais Nouveau. Im Küchenkalender kommen die kulturellen und religiösen Traditionen mit dem von den Jahreszeiten bestimmten Nahrungsangebot zusammen: Karneval und Erntedank, Osterlamm und Martinsgans, Lebkuchen und Weihnachtskarpfen, Grüne Soße, Sauerkraut und Fastenspeisen.

Was noch vor einigen Generationen selbstverständlicher Teil der Bildung war, was jedes Kind kannte und zum Überleben wissen musste, nämlich wann Äpfel und Birnen, Kirschen, Aprikosen und Pflaumen reif werden, wann Pfifferlinge und Morcheln Saison haben, wann man Himbeeren pflücken und Nüsse sammeln kann, wann Forellen oder Waldmeister am besten schmecken, ist heute zum Insiderwissen geworden.

Christiane Schoeller und Christoph Keller sind solche Insider. Vielmehr: Sie sind es hier in ihrer im Hegau gelegenen Stählemühle geworden. Und beide arbeiten besessen daran, ihr Wissen mit anderen Menschen zu teilen.

Seit vor rund zehntausend Jahren unsere Vorfahren ihre Lebensweise als Jäger und Sammler aufgaben und die Wildbeuter sich an Orten wie dem Hegau als Ackerbauern niederließen, ist die Geschichte des Geschmacks wahrscheinlich eine Verfallsgeschichte. Unsere Vorfahren tauschten kollektive Sicherheit paradoxerweise gegen just jene Fähigkeiten ein, die ihr individuelles Überleben gewährleisteten: die Schärfe ihrer Primärsinne. Ein Prozess, der sich bis in die Gegenwart fortsetzt und Menschen mehr an das aufgedruckte Mindesthaltbarkeitsdatum auf dem Joghurtbecher glauben lässt als an das, was ihnen Nase und Zunge über die Genießbarkeit des Joghurts erzählen.

Noch vor der Sesshaftwerdung haben Menschen mit ihren Ernährungsgewohnheiten hier im Hegau Spuren hinterlassen. Nirgendwo in Deutschland gibt es heute eine so große Vielfalt an Wildpflaumenbäumen, darunter die wegen ihres Aromenreichtums besonders begehrten Zibärtle. Schon in der Steinzeit hat der frühe Mensch Wildpflaumen in der Sonne gedörrt und als ebenso energiereiches wie leicht transportables Grundnahrungsmittel mit sich geführt. Die aus den dabei verbreiteten Steinen gewachsenen Bäume erlauben, die Wellen der Völkerwanderungen quer durch Europa nachzuzeichnen, und markieren das Hegau als Knotenpunkt dieser Migrationsbewegungen, die sich in späteren Zeiten nicht zuletzt wegen der in den Norden führenden Römerstraßen intensivierten.

Lange ging die Forschung davon aus, dass Menschen Alkohol erst seit etwa neuntausend Jahren kennen. Damals begann Homo sapiens mit dem gezielten Einsatz von Fermentierungsverfahren zur Alkoholgewinnung. Doch der Konsum von Alkohol muss, wie ein Forschungsteam am Santa Fe College in Gainesville, Florida, 2014 herausfand, viel früher datiert werden. Die Vorfahren des Menschen haben nach Angaben der Wissenschaftler wahrscheinlich bereits vor mindestens zehn Millionen Jahren in den Graslandschaften Ostafrikas ethanolhaltiges Fallobst konsumiert und dabei die Fähigkeit entwickelt, diese Früchte zu verdauen.

Der überzeugendste Erklärungsansatz für die bis heute nicht befriedigend beantwortete Frage nach der Sesshaftwerdung des Menschen in der sogenannten neolithischen Wende von der Gesellschaft von Jägern und Sammlern zu

Ackerbau und Viehzucht betreibenden Bauern stammt für SIE und IHN von Joseph H. Reichholf. Der Münchner Zoologe glaubt, dass der Rausch der Schlüssel zur Erklärung dieses Rätsels ist. Die durchschnittliche Lebenserwartung ging für rund 80 Prozent der Menschen in der steinzeitlichen Gesellschaft durch die Veränderung ihrer Lebensweise um satte 20 Prozent zurück, lediglich in der Oberschicht blieb sie gleich. Reichholf schlug nun vor einigen Jahren vor, den Durst der frühen Menschen nach Bier als Hauptmotiv anzusehen, warum sich eine Gesellschaft durchschnittlich länger lebender Wildbeuter freiwillig in eine Gesellschaft kürzer lebender Ackerbauern verwandelt hat. Bier auf Dauer verfügbar zu halten, so Reichholf, war nur durch Sesshaftwerdung und Ackerbau möglich. Alkohol und die geteilte ekstatische Rauscherfahrung als sozialer Kitt der menschlichen Urgemeinschaft leuchtet IHM und IHR gleichermaßen ein. Das Koagulans dieser frühen Gemeinschaft wirkt, wie ein Streifzug rund um den Planeten rasch zeigt, bis heute an den Tresen jeder Ruhrgebietskneipe, jeder russischen Wodkastube und jeder amerikanischen Lounge bis hin zu den Sake-Bars in Tokios Ginza und den Strandbuden von Rios Copacabana nach.

Christiane Schoeller und Christoph Keller sind in derselben Branche tätig. Seit über zehn Jahren wohnen sie in der Stählemühle und machen Schnaps. Ihre Sesshaftwerdung im Hegau hatte damit aber nichts zu tun.

Wer zu Anfang des 21. Jahrhunderts durch eine westeuropäische Großstadt geht, wird jeden Tag mit rund sechstausend Werbebotschaften, Kauf- und Konsumbefehlen bombardiert. Können wir unsere Augen vor Plakatwänden und Litfaßsäulen verschließen, unsere Ohren können wir nicht taub machen gegen die Kaufbefehle in Radio und Fernsehen, und im Netz ist ihnen ohnehin kaum zu entkommen. Die allermeisten zeigen junge schöne Menschen zwischen 15 und 35 Jahren. Ihre unterschwellige Botschaft: Sei wie wir! Körperlich attraktiv und fit! Kauf dies, mach jenes! Sonder dich nicht ab, steh nicht abseits, reih dich ein!

Christiane Schoeller und Christoph Keller wollten so weder selbst mehr leben noch ihre Kinder aufwachsen lassen. Deshalb beschlossen sie, sich dieser Gehirnwäsche so gut es geht zu entziehen, zogen ins Hegau und machen seither Schnaps. SIE und ER wurden auf das Ehepaar aufmerksam, als sie bei einem Abendessen als Digestiv einen Gin namens »Monkey 47« angeboten bekamen, der in seiner vegetabilen Krispheit und Aromenvielfalt alles in den Schatten stellte, was SIE und ER bislang unter Gin verstanden. Dabei sind SIE und ER überhaupt keine Schnapstrinker.

Schnaps ist das Letzte. Und das ist das Problem. Ein Schnaps kommt, wenn nichts mehr geht. Nicht nur innerhalb der Menüabfolge. Und ist nicht schon das Wort eine Zumutung? Schnaps: So klingt das Fallgeräusch einer kulinarischen Guillotine. Schnaps, das impliziert weniger *Aqua vitae* als vielmehr *Sudden Death*. Wie poetisch groovt dagegen *Eau de vie* im Ohr. Wie weltläufig Whisky, Wodka oder Rum. Aber Schnaps? Ein Wort wie Bauernballett. Das Warnschild vor einer riesigen No-go-Area auf der deutschen Getränkekarte.

So hat man nicht immer über Schnaps gedacht. In Süddeutschland stand vor dreißig Jahren in jedem zweiten Haus eine Schnapsflasche in Griffweite neben dem Eingang: falls der Postbote mal wieder ein schweres Paket herschleppen muss. Ein Handwerker eine kleine Reparatur ausführt. Oder ein Händler irgendwas anliefert. Auch für den Fall, dass ein neunzigjähriger Nachbar bei der Zwetschgenernte von der Leiter fällt und die Witwe getröstet werden muss. Schnaps begleitete einen im Süden buchstäblich von der Wiege bis zur Bahre. Schnaps war Allzweckschmiermittel und Zweitwährung, gleichermaßen Lohn wie Trost. Schnaps war ein Snack.

Schnaps ist paradox. Damals brannte zwar so gut wie jeder auf dem Land Schnaps aus eigenem Obst oder ließ brennen – Birne, Kirsche, Zwetschge, meistens Obstler. Nur trank so gut wie keiner den eigenen Schnaps. Schon damals war Schnaps beides: Simsalabim zur Alltagsbewältigung und Stigma aller Wirkungstrinker.

So lernten SIE und ER Schnaps in ihrer Jugend kennen.

Das Paradies weiß man erst zu schätzen, wenn man daraus vertrieben wurde.

Christoph Keller macht Schnaps. Und träumt von der Rückkehr ins Paradies. »Genauso ein selbstverständlicher Umgang mit Schnaps wäre schön. Eigentlich geht es uns ja um die bäuerlichen Abfindungsbrennereien«, erklärt der 45-jährige Mann mit Vollbart, der in seinem Overall aussieht wie ein Artillerist aus dem amerikanischen Unabhängigkeitskrieg. »Um diese Abfindungsbrennereien muss man kämpfen, weil sie immer mehr verlorengehen. Da kommt Schnaps her, da gehört er hin. Noch schöner, wenn der Schnaps dann auch noch gut ist. Damals hat man viele Fehler mit der Maische gemacht. Heute könnte man einem Hobbybrenner in zwei Tagen alles Wichtige so erklären, dass er nie mehr schlechten Schnaps macht. Das würde gehen.«

Christiane Schoeller und Christoph Keller sind wie SIE und ER weit entfernt davon, in das »Früher war besser«-Klischee der Generation Manufactum zu verfallen. Früher war beim Schnaps eigentlich gar nichts besser. Man hat geerntet, wann man Zeit hatte zu ernten. Der Ertrag wurde im Vertrauen auf das enthaltene Spontangärmaterial, also Hefen und Bakterien, ohne Beigabe von Zuchthefen ins Fass eingeschlagen. Anschließend hat man das Fass verschlossen und in die Sonne gestellt, damit rasch eine möglichst stürmische Gärung eintrat, um es dann so lange zu vergessen, bis man im Januar oder Februar Zeit hatte, weil Schnee lag und alle anderen landwirtschaftlichen Tätigkeiten zum Erliegen brachte. Wundersamerweise genau dann, also im Januar oder Februar, erklärten die Landwirte und Obstbauern den Reifungsprozess ihrer Maischen für abgeschlossen.

Dies alles hat sich inzwischen komplett verändert – jedenfalls da, wo es um Qualität geht. Extrem kurze Gärzeiten sind Trumpf: Quitten zum Beispiel brennt man nach gerade acht Tagen in der Maische. Lange Standzeiten dagegen beinhalten immer die Gefahr von Fehlentwicklungen: Die Maische kann einen Acetylcholininstich entwickeln, Essigsäure oder Milchsäurebakterien können sich ausbreiten, irgendwann zersetzen sich auch die holzigen Teile und stören als Gärungsnebenprodukte die Aromen. All das macht den Geschmack kaputt. Deswegen muss man so schnell wie möglich brennen. »Diese Erkenntnis ist noch recht neu, das weiß man erst seit etwa fünfzehn Jahren«, erklärt Christoph Keller. »Dadurch richtet sich unser Fahrplan im Prinzip immer nach dem Obst. Dessen Reife hat allerdings eine große Spannweite. Zum Beispiel Vogelbeeren. Die haben wir letztes Jahr schon Mitte September geerntet. Vogelbeeren sind aber normalerweise erst Anfang November erntereif. Nun war letztes Jahr aber so ein bisschen ein verrücktes Jahr. So genau lässt sich auch Obst nicht timen. Mit Abweichungen von sechs bis acht Wochen muss man da immer rechnen.«

Christoph Kellers Projekt ist die Verbesserung der Welt. Durch Verschönerung. Angefangen hat Keller als Typograph, Designer und Buchgestalter, wurde rasch Kurator und Kunstbuchverleger. Sein Frankfurter Revolver Verlag veröffentlichte seit 1998 an die fünfhundert herausragend gut gemachte Bücher, mal Augenschmaus, mal Mindfuck. Für Loris Gréaulds *Cellar Door* druckt er zum Beispiel einen Fotoband mit Texten, den er dann zu Konfetti stampft und wie Nudeln in etikettierten Plastiktüten abpackt.

Die Welt der Statussymbole hat sich in den letzten Jahren sehr verändert. »Die wenigsten machen sich noch etwas aus dicken Perserteppichen, und dicke Uhren und dicke Autos hat sowieso schon jeder«, bilanziert Christoph Keller. »Im Moment sind die Statussymbole Essen und Trinken in jeder Form. Deswegen ist das Kennen von Genüssen in allen Spielarten auch ganz wichtig für Männer, die sich das leisten können. Neulich war ich in einer Anwaltskanzlei mit vierzig Anwälten – Leuten, die alles haben, aber auch Leuten, die glauben, sie kennten alles und die einem das auch so sagen. Und wenn ich mit denen spreche, dann wissen die alles über Torf, über Islays, Highlands, Lowlands, Grain Whiskys und Pipapo. Die waren schon in jeder Destillerie in Schottland, haben schon dies probiert und jenes, und zu Hause steht eine Riesensammlung Whiskys. Aber dass auf den Dörfern in Süddeutschland, wo sie zu Hause sind und wo es noch jede Menge Obst gibt, immer noch gebrannt wird, davon haben sie keine Ahnung. Das Regionale hat da eben keinen Stellenwert.«

Deshalb wollen Schoeller und Keller den Schnaps erzählbar machen, die »Schnapsidee« buchstäblich neu erfinden.

In Seminaren all jene Geschichten rund ums Obst erzählen, die den kulturellen Hintergrund herstellen. Ihr Ziel: einen Mythos kreieren und Schnaps genauso zum Kultgetränk machen, wie es die Schotten mit ihrem Single Malt Whisky vor vierzig Jahren geschafft haben. Der Verband schottischer Destillen setzte damals auf komplett neue Marketingkonzepte. So wurde zum Beispiel eine Art Loge von Whisky-Enthusiasten gegründet namens *Keepers of the Quaich.* »Da sind auch viele Deutsche dabei«, erzählt Keller. »Wirtschaftskapitäne, die vielzitierten Multiplikatoren. Die reisen einmal im Jahr nach Schottland, ziehen sich einen Kilt an und lassen sich in die Geheimnisse des Whiskys einführen.« Wer einmal erreicht hat, bei den *Keepers of the Quaich* aufgenommen zu werden, hat dafür einiges tun müssen. Und wird schon aus Eitelkeit dafür Sorge tragen, seinen Bekanntenkreis von der Mitgliedschaft in der exklusiven Vereinigung wissen zu lassen. »Genau das müssen wir Brenner von den Schotten lernen«, so Christiane Schoeller: »Wir müssen lernen, wie man Geschichten über Schnaps erzählt.«

Christiane Schoeller
und Christoph Keller
verbindet eine Schnapsidee.

Lange Zeit glaubte man, mit dem Begriff »Streuobst« und »Streuobstwiesen« ein vermarktungsgerechtes Schlagwort gefunden zu haben. Unlängst fand in Baiersbronn, dem Schwarzwälder Dorf mit der höchsten Dichte an Sternerestaurants in Deutschland, ein sogenannter Genussgipfel statt, wo neben Jörg Geiger, dem Guru der Champagnerbratbirne und der 3-Sterne-Kochlegende Harald Wohlfahrt auch Christoph Keller eingeladen war. »Da waren wieder all die gerade populären Phrasen zu hören: Regionalität, Streuobst, Nachhaltigkeit. Ich habe dann nur gesagt, wenn Politiker solche Begriffe in den Mund nehmen, sind sie für mich verloren. Streuobst ist ja zunächst mal etwas sehr Positives: landschaftsprägend, ökologisch wertvoll. Auf einer Streuobstwiese stehen die Bäume verteilt, und traditionell sind das verschiedene Sorten, das ist dann sowohl ein Genpool für Resistenzen gegen Krankheiten als auch ein Pool von Aromen. Nur eignen sich von den vielen verschiedenen regionalen Sorten, die wir Gott sei Dank haben, nicht alle, um etwas Tolles daraus zu machen. Es hat schon immer Birnchen gegeben, die man lieber den Schweinen überlassen hat. Und da nützt es nichts, wenn man auf einen Brand aus solchen Birnen ›Streuobst‹ draufschreibt und dann glaubt, jetzt rennen einem die Leute die Bude ein. Das ist ja ein Witz. So funktioniert's nicht.«

Beim Whisky hingegen scheint es, wenn man die Verkaufszahlen des boomenden Markts in den Blick nimmt, genau so zu funktionieren. Allerdings hatte der Whisky große kulturelle Schützenhilfe durch die Literatur und den Film. Dennoch war Whisky in Deutschland lange Zeit ein Nischengetränk, bis die Fernsehserie »Dallas« Anfang der Achtziger J. R. Ewing immer wieder dabei zeigte, wie er zur Bourbonkaraffe griff und die Eiswürfel im Tumbler klingeln ließ. Die bis dahin unabhängigen kleinen Brennereien in Schottland wurden bis auf wenige Ausnahmen von drei Großkonzernen aufgekauft, die ganz andere Produktionsbedingungen schufen und mit sehr viel Mut ein geniales Marketing aufbauten. Heute produziert Schottland die unvorstellbare Zahl von 1,4 Milliarden Single-Malt-Flaschen jährlich.

Christoph Keller gerät in Rage, wenn man ihn darauf anspricht. »An sich ist Whisky ja kein sonderlich tolles Produkt: Das ist ein Getreidebrand – eigentlich das Billigste, was es gibt –, der über die Fasslagerung interessanter wird. Jeder, der einen Lagavulin für 90 Euro in der Hand hält, glaubt dennoch, das sei nun etwas ganz Besonderes. Dabei ist das ein reines Massenprodukt. Die Schotten können nicht destillieren. Erst jetzt fängt es dort allmählich an, dass sich ein Bewusstsein dafür ausbildet, dass sie auf schwäbische Anlagenbauer zurückgreifen und sich von denen Destillen so bauen lassen, dass da nicht immer der ganze Nachlauf mit reingeht. Das Altern des Whiskys kommt ja ursprünglich daher, dass da die Fehltönungen des Nachlaufs enthalten waren. Und die bauten sich erst über Jahre in den Fässern ab. Dieses Fassmanagement hingegen können die Schotten nun wieder extrem gut, den Einsatz der Hölzer haben sie bis zur Perfektion erlernt. Ein klassischer Single Malt wird in Bourbonfässer gelagert, weil die nach amerikanischem Gesetz nur einmal bei der Bourbonherstellung Verwendung finden dürfen. In Schottland kommen jedes Jahr mehrere Schiffsladungen mit amerikanischen Bourbonfässern an. Dort werden sie wieder zusammengebaut, neu geflammt und mit Whisky gefüllt. Das Zweite, was die Schotten gut können, ist das Blenden, also aus verschiedenen Fässern einen optimalen Whisky herzustellen. Deswegen ist beim Whisky auch nicht der Destiller der Star, sondern der Blender. Und dann haben die Schotten auch noch ein superweiches Wasser –

das ist in Europa eine große Seltenheit. Diese drei Dinge machen das Produkt Whisky aus.«

Christiane Schoeller und Christoph Keller sind sich sicher: Alles, was Whiskytrinker in Schottland seit vierzig Jahren erzählt bekommen, könnte man auch über Obstbrände erzählen. Wer weiß schon, dass es 126 schottische Single Malts gibt, aber in Deutschland, Österreich und der Schweiz rund 25 000 Brenner? Wenn von denen jeder auch nur zehn Brände herstellt, dann existieren 250 000 verschiedene Schnäpse. Und die schmecken jedes Jahr anders.«Unsere Generation hat Schnaps als etwas erlebt, das es immer mal zwischendurch gab und das dann auch schnell zu Überkonsum und Alkoholismus führte. Schnaps war als Nebenprodukt der Landwirtschaft ja auch nichts wert. Natürlich hat es auch sehr viele schlechte Qualitäten gegeben – bis heute kann man wahrscheinlich 90 Prozent aller Schwarzwälder Kirschwässer am besten wegkippen.«

So beurteilt Keller denn auch den Trend zu Regionalität und zur vom dänischen Koch René Redzepi in seinem Restaurant »Noma« entwickelten Nova-Regio-Küche eher skeptisch. »Das ist ja auch eine politische Frage. Ich halte gar nichts von Regionalität als Synonym für Qualität. Das ist Augenwischerei. Ich weiß doch zum Beispiel, wie meine Mirabellen hier im Hegau schmecken. Und diese Mirabellen muss ich nur mal vergleichen mit Mirabellen aus Lothringen. Da ist ein anderes *terroir*, die haben viel mehr Mineralien im Boden, und deshalb schmeckt eine Lothringer Mirabelle eben ganz anders und auch besser. Soll ich jetzt auf Regionalität setzen, oder suche ich nach dem Besten, was ich finden kann? Dann kommt die Marille eben aus Ungarn oder aus der Wachau, die Orange aus Sizilien oder Andalusien oder von noch weiter her. Mir geht es wirklich immer um das Beste. Ich brenne auch eine Hegauer Williamsbirne und auch eine Hegauer Mirabelle, die heißt Mirabelle de Metz aus Stockach. Die andere heißt Mirabelle de Nancy. Es gibt beides. Empfehlen würde ich immer diejenige, von der ich weiß, die ist besser. Und das ist nicht immer unsere eigene.«

Im Grunde hat Christoph Keller seine Branche gar nicht gewechselt: Als Verleger war er ein Geschichtenerzähler, und auch als Schnapsbrenner ist er Geschichtenerzähler geblieben. »Leider ist das so«, sagt Christoph Keller, »weil ich ja auch weiß, wie und warum das Geschichtenerzählen funktioniert. Am Ende heißt das ja nicht unbedingt, dass die Leute schmecken, was man ihnen erzählt, sondern sie haben dann eben eine Geschichte gehört und können sie nacherzählen.« Geschichten ersetzen nicht Geschmack, so Kellers Fazit. »Dahin sind wir aber gesamtgesellschaftlich unterwegs. Meine Freunde in Berlin brauchen das Bio-Siegel deshalb so dringend, weil sie geschmacklich einen guten von einem schlechten Apfel gar nicht mehr unterscheiden können. Deshalb muss da etwas draufstehen, dass der Apfel in Ordnung ist. Statt uns auf unsere eigene Wahrnehmung zu verlassen, verlassen wir uns auf eine gedruckte Information. Das macht mir Sorgen.«

Christoph Kellers Devise als Brenner, als Künstler, als Verleger lautet: »Es könnte ja auch alles anders sein.«

Manchmal sind Immobilien Schicksal. Dass aus dem Kunstbuchverleger Christoph Keller einer der besten Schnapsbrenner der Welt wird, lag an einer Immobilienanzeige. »Wir waren in Frankfurt und wollten unser Leben ändern. Wir wollten aufs Land ziehen. Da waren die Kinder noch klein, und ich habe sehr viel gearbeitet. Das Verlagsbüro war in der

Wohnung, sodass ich immer vom Büro zum Esstisch kam, kurz hallo gesagt habe und wieder zurückwetzte. Das war einfach kein Zustand.« Im Urlaub erregt eine Immobilienanzeige die Aufmerksamkeit von Christoph Keller und seiner Frau Christiane Schoeller. Angeboten wird eine über zweihundert Jahre alte Mühle mit Nebengebäuden im Hegau am Bodensee – die Stählemühle. »Schon in der Anzeige stand dabei: Brennrecht. Und ich dachte, Brennrecht? Was könnte das sein? Wahrscheinlich kann man da Holz schlagen und dann verkaufen oder so was. Ich hatte keine Ahnung«, erinnert sich Keller.

Zehn Tage nach dem Umzug in die Stählemühle steht dann plötzlich der Zoll vor der Tür, um die Brennanlage zu zerstören. »Die sagten: Herr Keller, Sie haben hier mit dem Anwesen ein Brennrecht erworben. Das wollen Sie doch sicher nicht behalten. Und ich widersprach instinktiv, doch, wollen wir schon! Das sei doch sicher spannend.« Aber dann, so der Beamte, müsse Keller auch brennen, sonst verfalle sein Brennrecht.

Inzwischen ist die Stählemühle für die Familie von Christiane Schoeller und Christoph Keller nicht nur Wohnort, sondern auch Arbeitsstätte. Jedes Detail von Destille, Lager- und Verkostungsräumen verrät, dass hier wie auch in den puristisch gehaltenen, ganz auf die Schönheit der Jahrhunderte setzenden Privaträumen lange über Form und Funktion nachgedacht wurde. Nirgendwo überflüssiger Schnickschnack. Überall der unverstellte Charme von Massivholz und Messing, Glas und Beton. Das Schnapslager mit seinen riesigen Ballonflaschen könnte vom Schweizer Architekten Peter Zumthor entworfen sein – und würde jedem James-Bond-Film als Set zur Ehre gereichen.

Das Schnapslager
der Stählemühle

Angefangen hat alles vor zehn Jahren mit einem Korn, den Keller mit dem Sohn des Vorbesitzers herstellt. Christoph Keller ist sofort fasziniert. Nicht vom Korn, aber vom Prozess des Destillierens: wie aus stinkender Maische ein duftiges Destillat wird, das nach dem Rohstoff riecht. Christiane Schoeller lässt sich vom Schnaps-Enthusiasmus ihres Mannes anstecken. »Als Hobby fand ich das auch spannend. Meine Bedenken kamen, als die Herren des damals noch nicht existierenden ›Monkey 47‹ hier ankamen und die Entwicklung eines Gin-Rezepts wollten. Da habe ich intuitiv gemerkt: Oh, jetzt geht's in eine andere Richtung. Denn das war ja zuerst: Erst gab es den ›Monkey 47‹ als Marke, und danach haben wir mit der Marke Stählemühle angefangen, weil es sich dann gelohnt hat …« Keller widerspricht: »Nein. Die Stählemühle gibt es seit 2006. Aber eben nicht professionell.« Schoeller beharrt: »Aber dass wir das beruflich gemacht haben, war eine Folge davon, dass der ›Monkey 47‹ produziert wurde.« Keller lenkt ein: »Also ohne den Monkey wäre es vielleicht auch heute noch ein Hobby auf kleinerem Niveau geblieben.« Kurz überfällt SIE und IHN der Gedanke, dass genau so ein Gespräch zwischen Erna und Gottfried Daimler verlaufen sein muss.

Gemeinsam machen sich Schoeller und Keller an die Aufgabe der sensorischen Weiterbildung, trainieren ihre Sinne, legen Aromenbibliotheken im Kopf an. »Wenn ich heute unsere Odenwälder Eibe trinke, ist das für mich wie ein Waldspaziergang«, so Christiane Schoeller, die sich um Versand, Abfüllung, Etiketten, Buchhaltung und den Kräutergarten der Stählemühle kümmert. Und Christoph Keller ergänzt: »Probieren auf Messen Paare an meinem Stand unsere Schnäpse, möchte ich dem Mann oft am liebsten zurufen: Hören Sie auf Ihre Frau! Frauen sind zumindest in unserer Generation einfach besser im Riechen und Schmecken, weil sie sich von Anfang an mit Kosmetika beschäftigt haben.«

Drei, vier Jahre lang blieb das Schnapsbrennen von Schoeller und Keller eher Hobby. Dann aber erhielt das Ehepaar immer mehr Auszeichnungen für seine Schnäpse. 2010 entwickelte Keller zusammen mit dem Markdorfer Kupferschmied Arnold Holstein eine neue Brennanlage, das messingfunkelnde Prachtstück der Stählemühle – ein Unikat, genau zugeschnitten auf Kellers Herangehensweise ans Destillieren. »Zum einen hat diese Brennanlage zwei Kühler, das heißt, ich kann darauf zwei verschiedene Sachen machen, nämlich Gin und Obstbrände. Zum anderen haben wir sehr viel eingebaut, weil unser Ziel ein bestimmter Typus von Obstbrand ist. Uns geht es um den sogenannten österreichischen Stil. In Süddeutschland herrscht beim Schnaps eigentlich immer eine breitteigige Frucht, das schmeckt oft ein bisschen fuselig, ein bisschen nachläufig. Wir dagegen wollen einen grünen, vegetabilen, frischen krispen Brand. Und deswegen kann diese Anlage auch extrem hochprozentigen Alkohol erzeugen.«

Weltweit hat beim Schnaps ein großes Umdenken begonnen. *Hand crafted spirits* sind Mode geworden. Auf der Fachmesse »Destillata« waren im letzten Jahr vier von zehn ausgezeichneten Spitzenbrennern Quereinsteiger aus den unterschiedlichsten Berufen. »Quereinsteiger haben den entscheidenden Vorteil, dass nicht einer neben ihnen steht und sagt: Das haben wir schon immer so gemacht. Ich habe hier im Dorf zum Beispiel einen Nachbarn, den ich schon seit Jahren beschwöre, er solle doch seine hochprozentigen Brände nicht in Plastikfässern lagern – wegen den Weichmachern. Aber der antwortet mir natürlich mit dem klassischen Satz: Das hat immer bestens funktioniert, es ist noch nie was passiert, warum soll ich da was ändern? Da stößt man mit Argumenten auf taube Ohren. Als Quereinsteiger kann man vieles von Grund auf neu durchdenken. Und natürlich auch experimentieren. Die ersten vier Jahre haben wir im Grunde nur herumgespielt. Mitunter war das Verhältnis von Aufwand und Ertrag schon auch absurd – Enzyme und all das kosten ja auch einen Haufen Geld. Wir haben zwar auch ein bisschen Schnaps verkauft, aber das Verkaufen stand nie im Vordergrund. Ich musste nie so Schnaps brennen, dass am Ende etwas übrig blieb. Sondern es ging wirklich immer nur darum, aus einer Williamsbirne das optimale Ergebnis herauszuholen.« Mittlerweile hat Keller an die 200 Brände und Geiste im Angebot, allein 17 Birnenbrände, darunter die herausragende »Wahl'sche Schnapsbirne«, einen Weltklassebrand wie die »Mährische Vogelbeere im Maulbeerfass«, aber auch die Grenzen des Schnapshorizonts erweiternde Exoten wie einen »Maiwipfelgeist von frischen Fichtensprossen«, einen »Brand von der Pomeranze vom Rio Tinto« oder einen »Geist vom Echten Koriander«. Längst ist auch die Spitzengastronomie auf die Stählemühle aufmerksam geworden. Nils Henkel im »Schlosshotel Lerbach« arbeitet mit Kellers Destillaten, auch Michael Kempf vom »Facil« in Berlin oder

Christian Jürgens im »Überfahrt« in Rottach-Egern. Aber darum macht Keller ungern Aufhebens. »Ich hadere ein wenig damit, dass ich in einem Bereich arbeite, wo es um die permanente Verfeinerung geht. Und ich sehe, unsere ganze Gesellschaft ist im Moment besessen von der Frage: Wie kann ich noch besser leben, mich noch exklusiver kleiden, noch exzellenter essen und trinken? Ich selbst bin aber gar nicht der Typ dazu – ich esse gern ein Wurstbrot.«

»Wir sind verblödete Markenfetischisten!«

Keller geht mit der deutschen Spitzengastronomie hart ins Gericht. »Es ist doch irre, dass in der Sternegastronomie in der Küche Wert auf Produkte gelegt wird, bei den Spirituosen dann aber die Massenmarken zum Zug kommen. Beim Wein kann einem der Sommelier den Vornamen der Schwiegertochter des Winzers nennen. Und der Koch weiß, wie das Schwein hieß, von dem das Kotelett stammt. Aber beim Schnaps lässt man sich von der Industrie mit ihren Massenmarken beliefern. Wenn ich sehe, was für ein Schmu da in der Destithek steht, dann würde ich am liebsten sagen: Warum habt ihr eigentlich nicht auch Tiefkühlpizza auf eurer Speisekarte?« Im Idealfall, so Keller, solle ein Restaurant möglichst mit zwei Brennereien zusammenarbeiten: einem lokalen oder regionalen Destillateur und einem der landesweit anerkannten Spitzenbrenner. »In Österreich gibt es in jedem mittelprächtigen Restaurant eine tolle Destithek mit seltenen Spezialitäten von kleinen und großen Brennern. In Deutschland gibt es Marken. Wir sind auch beim Schnaps verblödete Markenfetischisten.«

Keller vergärt seine Brände so kurz und kühl wie möglich, experimentiert mit Hefen, reduziert die Oxidation auf ein Minimum, arbeitet mit Stickstoff-Pellets der Firma Linde. Vor allem aber riskiert er kleine bis kleinste Chargen. Die Jahresproduktion der Stählemühle beträgt gerade mal rund achttausend Flaschen. Die Rohstoffe sind Geheimnis und Kapital seines Erfolgs, vor allem sortenreine, vollreife Früchte, aus Bio-Betrieben, wild gepflückt oder auf Streuobstwiesen gesammelt. Dazu kommen Kräuter, Gewürze, Nüsse, Samen, Wurzeln. Dies alles zu finden sei das Schwierigste und die Hauptaufgabe, erzählt Keller, der vornehmlich in der Region, aber auch in ganz Europa fahndet. »Anfangs musste ich viel herumrecherchieren. Inzwischen rufen mich Gott sei Dank auch Leute an, die etwas Besonderes haben. Bei Pforzheim haben wir so einen 20 Meter großen Speierling gefunden. Neulich kam jemand mit 250 Kilo Kiefersämling, einer sehr seltenen Birnensorte, im Kofferraum an. In diesem Jahr haben wir zweieinhalb Tonnen Zibärtle aus zwei privaten Quellen bekommen – eine Rekorderernte!«

Längst arbeiten vier Monate im Jahr Erntehelfer für das Ehepaar. »Anfangs sind wir noch mit der Familie los und haben Holunder geerntet und gerebelt. Das waren natürlich kleinere Chargen«, erinnert sich die 46-jährige Christiane Schoeller. Doch es kann immer noch vorkommen, dass die Begeisterung für einen Exoten Christoph Keller packt. »Vor zwei Jahren entdeckte ich eine riesige Mahonien-Hecke beim

TÜV in Singen. Das ist eine Berberitzenart, ähnlich einem Ilex, ein Traum mit ganz kleinen blauen Beerchen. Da habe ich die TÜV-Mitarbeiter um zwei Plastiktüten gebeten und angefangen zu sammeln – für einen Geist, bei dem kein neuer Alkohol hergestellt, sondern ein schon vorhandener neutraler aromatisiert wird. Dafür reichen auch schon mal 20 Kilo.«

In diesem Jahr hat er zum ersten Mal einen Mahonien-Brand im Sortiment. 180 Kilo waren dennoch erforderlich, um knapp vier Liter herzustellen – solche Mengen sind durch die Zusammenarbeit mit Sämereien möglich. Letztes Jahr bezog das Ehepaar eineinhalb Tonnen Eiben-Samenmantel von einem Samenhändler im Odenwald, der mit einem Trupp von dreißig Leuten von Frankfurt bis ins Schwäbische zieht und in Parks, auf Golfplätzen und öffentlichen Grünflächen Samen sammelt. »Das Lustige ist, dass die Eibensamen zu einem nicht unerheblichen Teil aus dem Ostpark in Frankfurt stammen, wo wir früher gewohnt haben.«

Die Fichtensprossen für den Maiwipfelgeist und die grünen Walnüsse für den sogenannten Johannistrunk, die am 24. Juni geerntet werden, sind die einzigen Rohstoffe, die Keller in unreifem Zustand verwendet. Im Idealfall wird das Obst für seine Schnäpse »baumfallend geerntet«, so der Fachausdruck. »Baumfallend geerntet« heißt, das Obst hängt zum Zeitpunkt der Ernte noch am Baum, könnte aber jeden Moment herabfallen. Viele Menschen meinen, dabei ginge es um die durch längere Sonneneinstrahlung ausgelöste Reife. Entscheidend für das Obstaroma sind aber die Mineralien, die der Baum aus dem Boden zieht. Für Obstbauern ist der Begriff »baumfallend« allerdings eine Horrorvorstellung: Ein kräftiger Wind, und ihre Ernte liegt als Fallobst am Boden.

Selbst im Bio-Bereich hat sich daher eingebürgert, Obst drei, vier Wochen vor der Reife zu ernten, weil man mit der Nachreife auf dem Weg ins Kühllager, zum Groß- und Zwischenhändler in den Supermarkt rechnet. Für Keller ist dieses Obst unbrauchbar. »Wir haben immer mal wieder Tests damit angestellt, aber die Ergebnisse fielen vernichtend aus. Eine vollreife Frucht schmeckt immer anders als eine vorgereifte. Bei Pfirsichen ist das ganz extrem. Pfirsiche werden meist grün geerntet, kommen ins Kühlhaus und reifen dort schön nach. Die werden aber nie so ein Aroma besitzen wie ein reifer Pfirsich, den man vom Baum pflückt.« Beim Schnaps gibt es verschiedene Mechanismen von Reife: in der Frucht am Baum oder am Strauch, dann eine Reife in der Maische und schließlich eine Reife im Destillat. Bei der Frucht entscheiden über die Qualität nicht nur die Süße, sondern die durch Mineralien aus dem Boden gebildeten Aromen. »Letztes Jahr hatten wir wahnsinnig viele Birnen hier. Und da haben alle Leute gesagt: Mensch, dieses Jahr hast du aber Glück. Und da mussten wir widersprechen und sagen, nein, das ist gar kein Glück: Wir brauchen Bäume, die mittleren Behang haben. Zu wenig Behang ist schlecht, denn dann geht es den Bäumen nicht gut, und die Qualität der Früchte sinkt entsprechend. Zu viel Behang ist aber auch schlecht, weil die Früchte dann proportional zu schlecht mit Mineralstoffen versorgt werden. Deshalb suchen wir nach einem mittleren, perfekt ausgereiften Behang.«

Hat man das perfekte Obst gefunden, hängt noch sehr viel von der Steuerung des Gärverlaufs in der Maische ab. Keller arbeitet mit verschiedenen Enzymen, also Pektinasen, die die Pektine in der Frucht spalten und die Maische flüssig machen. Denn Alkohol kann Aromen leichter aufschließen und anbinden, wenn sie flüssig und nicht fest sind. Noch vor fünfzehn Jahren arbeiteten die meisten Brenner mit schlichter Backhefe in ihren Maischen. Mittlerweile gibt es Spezialhefen für verschiedene Obstsorten im Stein- und im Kernobst sowie Hefen, die bei kälteren Temperaturen gären können und bei wärmeren ihren Zenit haben. Weil jede biomechanische Energie immer Aromen zerstört, möchte man Wallung in der Maische tunlichst vermeiden und setzt auf eine möglichst kühle, zügige Gärung ohne stürmische Bewegung.

Hefenährsalze sorgen dafür, dass wirklich die hinzugefügten Spezialhefen in der Maische arbeiten und nicht etwa Bakterien, die an der Frucht waren oder durch Verschmutzung hineingeraten sind. In dieser Phase wäre es durch längere Standzeiten der Maische möglich, bestimmte Effekte zu erzielen. Maische von Kirschen, die lange auf dem Stein stehen, extrahiert die Bittermandel aus den Kirschsteinen und nimmt einen stärkeren Marzipan- und Schokoladeton an. Der Preis dafür ist jedoch der Verlust der frischen, fruchtigen Noten. Hier entscheidet sich, welchem Geschmacksbild der Brenner zuneigt: Entsprechend seinen Zielen wird er mit möglichst frischen Maischen oder extrem reifen Maischen arbeiten. »Es gibt Brenner«, erzählt Keller, »die lassen ihre Kirschmaischen ein Jahr stehen. Wir brennen die nach vier Wochen.«

Alkoholreife ist im Grunde Oxidation und eine Symmetrierung von neu zusammengebauten Alkoholmolekülen. Der aus Zuckermolekülen beim Destillieren neu gebildete Alkohol wird gasförmig, evaporiert, wird abgekühlt und damit wieder flüssig. Reift der Alkohol einige Zeit, findet zum einen eine Oxidation statt – der Alkohol reagiert mit von außen über das Fass oder Steingutbottiche zugeführtem Sauerstoff.

Zum anderen symmetrieren sich die frisch gebildeten Alkoholmoleküle, und der Geschmack wird weich und harmonisch. »Wir spielen also ständig mit der Molekülstruktur von Alkohol«, erläutert Keller. »Dieses frische Destillat läuft, laienhaft gesagt, raus wie Kraut und Rüben. Die Moleküle haben sich gerade neu zusammengefügt. Das ist noch eine sehr labile Konstruktion. Was die ganze Zeit über passiert, ist Abbau und Aufbau von verschiedenen Produkten. Zum Beispiel die Esther, die wir bei einer Williamsbirne so toll in der Nase finden. Birnen haben in der Regel sehr viele Esther. Diese Estherverbindungen sind flüchtige Stoffe, die wir sehr gut riechen können. Während der Brand mit fortschreitender Reife immer harmonischer wird, bauen sich diese Esther leider kontinuierlich ab. Und das kann man schmecken.«

Im Paradies

So ist die Frage nach der Reife des Destillats beim Schnaps letztlich ein Mythos. Experten trinken keine gelagerten Brände, sondern frische. Auch auf Prämierungen werden immer frische Brände verkostet. »Wir machen manchmal noch einen Himbeerbrand drei Wochen vor einer Prämierung«, erzählt Keller. »Wenn der gut gebrannt ist, braucht der keine lange Reifezeit, weil er dabei eben auch viel Aroma verliert. Das Einzige, was manchmal interessant sein kann, länger zu lagern, sind Steinobstbrände – weil sich beim Steinobst die Aromen ein bisschen verschieben hin zu Schokolade und Marzipan. Das nimmt dann mit der Zeit aber auch wieder ab, und natürlich verändert sich immer der Alkoholgeschmack, der wird insgesamt milder. Es gibt Laien, die unbedingt einen alten Brand haben möchten. Für diesen Geschmack werden eigens Editionen aufgelegt, die dann »Vieux reserve« oder so heißen, und die Leute denken dann immer, oh, das ist etwas ganz Besonderes. Ich sage dann: Nö, das ist eher was für die Alten und Gebrechlichen. Aber die Geschmäcker sind unterschiedlich, wer das haben will, soll das kriegen. Wenn es um's Schmecken und Riechen geht, ist die Reife eines Brands gar nicht so wichtig. Reife wird eher beim Trinken relevant, also von der Haptik her, beim Gefühl, wie so ein Schluck Schnaps die Kehle runterläuft.«

Bei fassgelagerten Bränden sieht das natürlich ganz anders aus: Wie sehr das Destillat über die Fassreife den Geschmack der Kastanien-, Akazien-, Maulbeer-, Marille- oder Eichenhölzer, mit denen Keller und Schoeller arbeiten, annimmt, entscheidet sich allein über die Lagerzeit. So wird die Antwort auf die Frage, wie lange man einen Brand oder Geist lagern soll, also nach dem Punkt, wo Reife in Verfall übergeht, wo der Umbau der Alkoholmoleküle eine Negativbilanz aufweist, wahrscheinlich für jeden Schnapstrinker individuell anders ausfallen.

Seit die Stählemühle für ihre Brände und Geiste von der Halbliterflasche auf eine an die Form alter Ätherflaschen erinnernde 0,375-Liter-Flasche umgestellt hat, hat sich die Chance erhöht, etwas von Kellers in ganz kleinen Chargen gebrannten Raritäten kaufen zu können. »Außerdem konnten wir auf diese Weise die Preise etwas senken«, erläutert Keller. »Uns ist schon klar, dass wir ordentliche Preise verlangen. Aber viele Brände, die vorher 125 Euro kosteten, gibt es jetzt für 95 Euro. Das ist eine wichtige psychologische Schwelle. Von der Elsbeere haben wir früher zehn Flaschen gebrannt, jetzt sind es eben fünfzehn. Es geht uns weniger um den Mehrverkauf, sondern darum, dass mehr Leute etwas davon bekommen können.«

Kellers einziges »Massenprodukt« ist der Gin »Monkey 47«, den er zusammen mit einer Investorengruppe um Alexander Stein entwickelt hat und der inzwischen weltweit boomt, aber dennoch in 20-Liter-Einheiten von Hand destilliert wird. »Dass es plötzlich ins Professionelle ging, wurde mir klar, als diese Idee für einen neuen Gin aufkam – das war so der Wendepunkt«, erinnert sich Christiane Schoeller. Alexander Stein war Manager bei Nokia in den USA, hatte aber von der Familie her Erfahrung mit Spirituosen: Sein Großvater hatte den Weinbrand »Jacobi 1880« entwickelt, sein Vater sicherte sich den Alleinvertrieb von »Absolut Vodka« und »Fernet Branca« in Deutschland. Zwar war das Familienunternehmen schon seit zwanzig Jahren verkauft, aber Stein verfügte durch seine Herkunft über ein gewisses Knowhow und auch Beziehungen. Vor allem aber kam »Monkey 47« zur richtigen Zeit auf den Markt. »Noch 2008 gab es keinen handdestillierten Gin, nur Industrieprodukte«, erinnert sich Keller. Deswegen war ich auch sehr skeptisch, als Stein zu mir kam und mich fragte, ob ich da einsteigen will. Dass man als Destillateur Gin machen kann, hatten wir nun überhaupt nicht auf dem Radar. Wir wussten ja, Gin wird nur industriell hergestellt, mit Neutralalkohol, der mit Essenzen infusioniert wird. In der Fachsprache nennt man das *cold compounded*. Zeitgleich mit Stein und Keller entwickelten in England einige aus einem großen Spirituosenkonzern ausgestiegene Manager den handdestillierten Gin »Sipsmith«. Und in Deutschland heuerten zwei Kunsthistoriker einen Brennmeister aus einer mit der DDR untergegangenen VEB-Brennerei an, mit dem sie in München den Gin »The Duke« entwickelten und mitten in der Innenstadt eine kleine Brennerei aufbauten. Wenig später kam aus einer Berliner Destille ein Gin namens »Adler«. Zunächst hatte Keller das Projekt abgesagt. »Alexander Stein war davon ausgegangen, dass man so eine Rezeptur in ein paar Wochen entwickeln kann. So war er das von Nokia gewohnt. Da wird entschieden, wir brauchen ein neues Telefon, und dann ist der Prototyp in drei Wochen fertig. So hat er sich das auch bei seinem Gin vorgestellt. Und ich habe gesagt, nö, also unter den Umständen gar nicht. Wir hatten als Brennerei ja einen Ruf zu verlieren. Wenn überhaupt, dann wollte ich einen sorgfältig handdestillierten Gin aus *botanicals* machen.« Stein bat sich eine Woche Bedenkzeit aus und willigte schließlich ein. »Ich glaube, er hat das nicht bereut; denn wenn wir einfach so einen neuen Gin aus Neutralalkohol angerührt hätten, wären wir vielleicht auch zur richtigen Zeit am richtigen Ort gewesen, aber es hätte alles gefehlt, was man zeigen, erzählen und haptisch erfahren kann.«

Keller entwickelte seinen Gin zunächst auf dem Reißbrett. Ein moderner Gin schwebte ihm vor, ohne die für die alte Abstammung vom Genever her typischen Getreidenoten. »Man geht da im Grunde vor wie ein Parfümeur. Wir wollten einen erfrischenden Geschmack, also soll da Zitrus sein. Darüber eine florale Note, darunter ein Körper mit viel Wacholder natürlich und sehr viel Pfeffer. In unserem Gin sind sechs verschiedene Pfeffer enthalten. Außerdem Kardamom und Muskat. Zudem wollten wir die für den Schwarzwald typischen Zutaten wie Preiselbeeren einbauen und wegen unserer Herkunft als Obstbrennerei auch noch so eine leichte Fruchtnote drinhaben.«

Anderthalb Jahre dauerte die Entwicklung der Rezeptur, Pannen inklusive. Im Schnapslager der Stählemühle steht noch eine Ballonflasche mit dem absolut ersten Prototyp, von dem Alexander Stein behauptet, er schmecke wie alte Socken ... Das Ziel war, die Kräuter so in der Balance zu halten, dass weder ein seifiger noch ein minziger Eindruck entstand, sich keine Anisnoten vordrängelten, sondern das Krispe im Vordergrund blieb. »Das Entwickeln der Ginrezeptur – das war das Spannendste. Dieses Riechen und Schmecken, immer wieder neue Experimente zu machen, die Entdeckung der Vielfalt von Zitrusaromen, das war eine Offenbarung«, erinnert sich Christiane Schoeller. Dabei ist Gintesten wegen des hohen Alkoholgehalts von 47 Prozent sehr schwer. Irgendwann hatten sie an die hundert Probedestillate. »Sieben oder acht Gins zu verkosten ist die absolute Obergrenze. Danach muss man entscheiden und Pause machen«, so Schoeller. Irgendwann standen 120 Tütchen mit verschiedenen Kräutern und Gewürzen auf ihrem großen Esstisch in der Stählemühle. Hinzu kamen Kräuter aus ihrem eigenen Garten. »Goldmelisse ist ganz wichtig für den Gin, so ein Bergamotteduft von der Monarde, das wird mittlerweile sehr viel gemacht, war damals aber sehr innovativ.«

Als die Rezeptur feststand, machte sich Keller ans Design der Flasche und des Etiketts. »Ursprünglich war da eine geeiste Flasche vorgesehen, was man so in den neunziger Jahren mit Wodka gemacht hat, so eine Art Milchflasche. Darauf prangte ein Affe, ein Gorilla, obendrüber war eine Kuckucksuhr, und darunter stand ›Monkey 47‹.« Keller gruselt sich bei der Erinnerung. Das Einzige, was von diesem ersten Entwurf blieb, ist der Name.

Der ursprüngliche Geschäftsplan für »Monkey 47« sah ein Best-Case-Szenario vor von 30 000 Flaschen nach drei oder vier Jahren. Heute verkaufen sie mehr als zehnmal so viel. Bis es so weit war, galt es jedoch, einige Hürden zu überwinden. »Uns war nicht klar, dass die großen Getränkekonzerne den Bars einige tausend Euro dafür bezahlen, dass sie einen Gin aus ihrem Sortiment ins Pouring nehmen. Das wird als Werbekostenzuschuss oder was auch immer getarnt. Und die meisten Bars sind auf diese Zuschüsse ökonomisch angewiesen.« So standen Keller und seine Partner mit ihrem Gin zunächst vor verschlossenen Türen. »Das war aber dann das eigentlich Tolle an der Geschichte von ›Monkey 47‹, dass die Endkunden, die den Gin einmal probiert hatten, den Unterschied wirklich schmeckten. Das hat dann so ein, anderthalb Jahre gedauert. Aber diese Menschen sind in die Bars gegangen und haben gesagt: Nein, wir wollen nicht euren Standardgin, wir wollen den ›Monkey 47‹. Dann mussten die Barkeeper den doch ins Sortiment nehmen. Es war wirklich die Kundennachfrage.«

Geblieben aus der Entwicklungsphase des Gins ist Kellers unbändige Lust an der Innovation. Im vergangenen Jahr kamen etwa Muskatblüte oder Bärwurz aus dem Schwarzwald neu ins Sortiment der Stählemühle, außerdem Tellycherry-Pfeffer. »Diesen Pfeffer wollte ich immer mal pur als Mazerat probieren, weil Tellycherry sehr schöne fruchtige Nuancen hat. Unser Praktikant Manuel hat das jeden Tag durchgerührt, weil man so ein Mazerat in Bewegung halten muss, damit das extrahieren kann. Nach einigen Tagen stiegen da aber Dämpfe auf wie bei einem Pfefferspray, das legt sich sofort auf die Schleimhäute. Und das Lustige ist, wenn man das Mazerat dann destilliert, ist alles weg. Da kommt ein Destillat heraus, das schon würzig pfeffrig schmeckt, auch Fruchtnoten und ein bisschen was Nussiges hat. Das ist der springende Punkt: Sekundäraroma und Primäraroma. Und das lässt sich beim Brennen nur über Empirie herausfinden. Ich kann da niemand anrufen und fragen, sondern wir müssen das eben ausprobieren.« Das sei auch bei Bitteraromen das Spannende, ergänzt Christiane Schoeller. »Wir haben einmal Chicoree gegeistet. Und da habe ich auch gedacht, das wird so dermaßen bitter, das kann man später überhaupt nicht trinken. Das ist im fertigen Geist dann aber ein ganz feiner Chicoree-Geschmack und -Geruch.«

Mitunter muss Keller auch Niederlagen einstecken. Jahrelang hat er immer wieder Weißdorn destilliert, in den verschiedensten Varianten: einen Scharlachdorn, einen Apfeldorn, einen normalen eingrifffligen und einen zweigrifffligen Weißdorn. »Als Likör ist Weißdorn gut, aber nicht als Brand. Da muss man dann irgendwann auch sagen: Daran bin ich gescheitert.«

»Was du machst, ist ökonomisch Blödsinn – zweihundert Sorten, völlig ineffizient, reiner Quatsch.« So Kellers Kompagnons von »Monkey 47« zum Stählemühle-Projekt. Auch sein Steuerberater schimpft angesichts des groben Missverhältnisses von Aufwand und Ertrag. Doch seit SIE und ER zum ersten Mal einen Stählemühle-Brand getrunken und erlebt haben, was Schnaps sein kann, welches Feuerwerk an Aromen hier zu erleben ist, denken sie sich: Christiane Schoeller und Christoph Keller sind die vernünftigsten Menschen der Welt. »Natürlich könnten wir auch sagen, wir machen ab heute nur noch fünf Sorten: Williams Christ, Kirsch, Marille,

Mirabelle und Blutorange. Da lassen wir uns jeweils einen Eisenbahnwaggon Obst vor die Tür stellen, dann brennen wir da einige Tage durch und haben am Ende von jeder Sorte tausend oder zweitausend Flaschen. Aber die Frage ist doch: Will man das so machen? Also ich will das bestimmt nicht. Weil mich bei der Brennerei ohnehin nur noch am Leben hält, dass wir immer experimentieren und jedes Jahr etwas anderes machen. Ich werde dann manchmal gefragt, ob nicht irgendwann der Stoff ausgeht, aus dem man etwas destillieren kann. Ob es überhaupt noch etwas Neues gibt. Und ob! Ich könnte mein ganzes Leben lang weiterdestillieren und neue Sachen finden.«

Allerdings erinnert die Geschichte vom neuen Leben Christiane Schoellers und Christoph Kellers als Schnapsbrenner ein wenig an die Geschichte vom Zauberlehrling. Den richtigen Zeitpunkt, mit etwas anzufangen, habe es in seinem Leben nie gegeben, erklärt Christoph Keller. Er sei immer nur durch Zufall in alles reingestolpert. »Wir haben zufällig mit dem Verlag angefangen, das war ja auch nie ein ausformulierter Plan. Dann sind wir hierhergezogen. Ich habe ein paar Bücher gemacht. Dann wurde das mit dem Brennen wichtiger. Gut, haben wir gesagt, machen wir das. Das waren nie wirklich durchdachte Pläne. Immer nur so ein Stolpern und Jasagen. Aber jetzt ist es echt nur noch Stolpern.« Und Christiane Schoeller ergänzt: »Oder Stolpern und nicht Neinsagen. Alle wollen was von einem. Es ist ein Gezerre. Und dadurch, dass man gesagt hat, man muss das irgendwie professionalisieren, hat man jetzt auch noch Verantwortung für zwei Mitarbeiter, die man natürlich auch bezahlen muss. Also muss man immer weitermachen. Dauernd holt einen die Erkenntnis ein: Wer A sagt, muss auch B sagen ...«

Das Ehepaar ist wieder reif für eine Veränderung. Vor zwei Jahren haben sie einen zweiten Bauernhof gekauft, eine Ruine in einem Nachbardorf. Damals hatten sie die Vision, die komplette Produktion samt Abfüllung auf diesem zweiten Hof zu bündeln, dort dann Mitarbeiter einzustellen und viele Arbeiten zu delegieren, um nach einigen Jahren zum ruhigen Leben in der Stählemühle zurückzukehren. Statt einer Abfindungsbrennerei sollte auf diesem zweiten Hof eine Verschlussbrennerei entstehen, was den Vorteil gehabt hätte, von der Produktionsmenge völlig frei zu sein. Als Abfindungsbrenner muss Keller jeden Brand, den er macht, einzeln beim Zoll anmelden. Das kostet viel Zeit. Bei einer Verschlussbrennerei hätte man ein Branntweinlager einrichten können, was einige Arbeitsabläufe vereinfacht und vor allem die Möglichkeit einer Expansion eröffnet hätte.

»Wir haben hin und her überlegt und auch schon mit den Ämtern geredet, was überhaupt nicht mein Ding ist. Wenn Sie als Landwirt irgendwo eine Plastikhalle in die Gegend stellen wollen, kriegen sie dafür ruck, zuck eine Baugenehmigung. Denn die Landwirtschaft ist, wenn Sie die berufliche Notwendigkeit nachweisen können, bei solchen Bauvorhaben privilegiert. Seit 2006 hat man aber entschieden, dass Brennereien nicht mehr zur Landwirtschaft zählen. Wir gelten nur als nebenerwerbliche Landwirte, egal, wie viel Hektar wir hier bewirtschaften. Bei solchen Bauvorhaben schlägt das zu einem Riesennachteil aus und führt zu einem endlosen Hin-und-Her-Gerenne zwischen Gewerbeamt, Landschaftsschutz, Veterinäramt, Landwirtschaftsamt, es gilt die Abwasserfrage zu klären und, und, und. Wir haben dann bald gemerkt, das ist so ein Riesenaufwand, das lassen wir lieber bleiben.«

Aus dem Plan, die Brennerei umzuquartieren, wurde nichts. »Wir haben einsehen müssen, dass es eben nicht so einfach ist«, so Christiane Schoeller, »dass die Arbeit nicht unbedingt weniger wird, wenn man Mitarbeiter einstellt. Denn natürlich hat das ein Mehr an Kommunikation zur Folge, weil man ja dann doch immer wieder gefragt wird und auch selbst immer wieder nachfragen muss.«

Schnapsbrennen, erzählt Christoph Keller, sei genau wie die Verlegerei »*a people's business*«. Im Mittelpunkt stehe immer die eigene Person. Die Kunden lassen sich nicht mit Beratern oder angestellten Brennmeistern abspeisen, sondern wollen immer mit ihm selbst reden. Seit letztem Jahr füttert er seine Tiere, all die Schafe, Lamas, Enten, Hühner und Pfauen, die er für die Stählemühle angeschafft hat, nicht mehr selbst.

»Ich habe den Schafen die Klauen geschnitten, sie entwurmt und geschoren, das hat mich drei Tage gekostet.« Den Rest der Arbeiten übernimmt inzwischen ein Junge aus dem Dorf. »Den bezahle ich jetzt dafür, dass er das erledigt, was mir eigentlich Spaß macht und wofür wir ursprünglich hierhergezogen sind. Und ich kann dafür länger am Schreibtisch sitzen – also just das, was ich ursprünglich nicht wollte. Das Brennen ist toll, der Umgang mit dem Obst ist toll, und genau das sind die Tätigkeiten, die ich ohne Probleme delegieren könnte. Was ich nicht delegieren kann, ist das Repräsentieren, das Vermarkten, die Kundenbetreuung, also das, was mir weniger liegt. Ich bin gestern Nacht von einer Veranstaltung bei einem Kunden heimgekommen. Heute Morgen finde ich zwanzig Bestellungen in der Mail. Ich schreibe die Rechnung per Hand, in einem Graphikprogramm, rechne dann die Mehrwertsteuer zusammen, meine Frau beziehungsweise eine Mitarbeiterin packen dann die Flaschen ein und bringen sie am nächsten Tag auf die Post. So funktioniert das bei uns. Und jeder Zweite hat dann noch eine Frage, etwa, ob der Clementinengeist oder der Clementinenbrand soundso schmeckt oder nicht doch anders. Ich habe es von Anfang an so gehalten, dass ich immer gesagt habe, jeder kann mich jederzeit anrufen, ich berate gern. Es kriegt auch jeder eine Antwort. Aber es ist so intensiv, und es bleiben am Ende auch dumme Arbeiten. Deswegen muss man sich jetzt eben was überlegen. Ich kann's halt nicht. Ich kann nicht delegieren. Ich kann nicht nein sagen. Ich kann's nicht strukturieren. Ich kann's nicht organisieren. Ich habe vom Kaufmännischen und Strukturellen keine Ahnung. Die Kundenbetreuung ist das Intensivste. Das haben wir falsch gemacht. Aber wir sind da, wo wir nie landen wollten ...«

Bis zu seinem fünfzigsten Geburtstag in vier Jahren will er noch weitermachen. Dann sei Schluss. »Das Ganze geht im Moment nur, weil sich alle hier diesem Projekt unterordnen. Meine Frau, meine Kinder, meine Ehe und so weiter, alles ist daraufhin strukturiert, dass das hier funktioniert. Wir haben entschieden, wir werden wieder kleiner. Das ist der Prozess, der jetzt ansteht – kleiner zu werden. Das heißt, die Produktionsmenge zu halten, vieles abzusagen und dann einfach zu schauen, wo sich so stabile Beziehungen zu Kunden, mit Händlern und mit Restaurants ergeben, und dann eben nicht weiter auszubauen. Das ist so der Plan.«

Ob er den mühsam aufgebauten Betrieb denn nicht an seine Kinder übergeben will? »Unsere Kinder sollen mal selber schauen, was sie machen wollen. Die haben auch so ein bisschen einen Hau weg davon, wie wir arbeiten und was wir so machen. Der Caspar hatte am Anfang in der Schule ganz große Probleme, überhaupt zu sagen, was seine Eltern tun. Am Anfang hat er gesagt, wir seien Kleinbauern.« Mittlerweile seien ihre Kinder, erzählen Christiane Schoeller und Christoph Keller, schon auch ein bisschen stolz auf ihre Eltern, die Schnapsbrenner – auch wenn diese Berufsbezeichnung immer etwas wie ein Schimpfwort klinge. Der »Monkey 47« und die Stählemühle seien hier im Umkreis inzwischen ja auch bekannt geworden. »Aber es ist schwierig für die Kinder. Lieber hätten sie wohl einen Unternehmensberater zum Vater«, sagt Keller. »Oder was Normales«, ergänzt Schoeller. »So verbrecherische Berufe wie Arzt oder Rechtsanwalt, wo sich jeder was drunter vorstellen kann.«

Und was kommt in vier Jahren? Fangen Christiane Schoeller und Christoph Keller nach seinem Fünfzigsten ein neues Leben an? »Dann ist meine Frau dran«, sagt Keller blitzschnell. »Dann bist du an der Reihe, noch mal was anzufangen.«

Kapitel 5

»Wer kennt mich?«
Martina Meuth und Bernd Neuner-Duttenhofer,
Johnny Appleseed und Henry David Thoreau,
Karl Marx und Friedrich Engels
offenbaren des Apfels Kern.

Dir werf ich den Apfel zu; willst Du mich lieben,
nimm ihn an und teile mit mir Deine Jugend.
Steht Dein Sinn aber anders, als ich es im Gebet
    erflehe,
nimm ihn trotzdem und bedenke, wie kurzlebig
    Schönheit ist.

Plato, VII. Epigramm

Alles beginnt in Kasachstan. Von dort stammen die Wild-
formen jenes Rosengewächses, das wir Apfel nennen: der
Kaukasusapfel (Malus orientalis) und der Asiatische Wildapfel (Malus sieversii). Aus der Kreuzung von Malus orientalis und Malus sieversii irgendwo in den riesigen Apfel-
Urwäldern Kasachstans rund um Alma-Ata, so vermuten
die nach der römischen Göttin der Baumfrüchte Pomona be-
nannten Apfelexperten oder eben Pomologen, ging vor einigen tausend Jahren der Kulturapfel hervor: Malus domes-
tica. Durch weitere Einkreuzungen, etwa mit dem in Asien

und Europa beheimateten Holzapfel (Malus sylvestris), gewinnt der Baum rasch an Sortenvielfalt, gelangt über uralte Handelsrouten nach Mitteleuropa und zählt heute weltweit rund 55 Arten.

Vermutlich haben Menschen schon erste Apfelgärten angelegt, als sie noch Jäger und Sammler waren und sich als Wildbeuter ernährten. Dabei hat der in seiner Wildform eine Höhe bis zu 15 Metern und ein Alter von an die hundert Jahre erreichende Apfelbaum seine Gestalt dramatisch verändert. »Wie ein Apfelbaum unter den Bäumen des Waldes, so ist mein Liebster unter allen andren Männern! In seinem Schatten möchte ich ausruhn und seine Früchte genießen«, dichtet der Verfasser des Hohelieds Salomos in der Bibel. Und Homer lässt im letzten, dem 24. Gesang der *Odyssee* sehnsuchtsvolle Erinnerungen aus Jugendtagen in Odysseus aufsteigen, als er von seinem Vater Laertes um eindeutige Identifikationsmerkmale gebeten wird. Als Erstes fallen ihm dabei die Apfelbäume seiner Kindheit ein:

»Doch auf, ich nenne dir auch die Bäume im trefflich
       bestellten
Garten, die einst du mir gabst; ich bat dich um einen jeden,
damals ein Kind noch, dir durch den Garten folgend, so
       gingen
wir durch sie hin, und du benanntest die Art eines jeden.
Apfelbäume gabst du mir zehn, und Birnbäume dreizehn,
Feigenbäume vierzig, und Weinstockreben versprachst du
fünfzig zu geben, jede das ganze Jahr über erntbar –
dort hängen Büschel von Trauben daran, vielfältige Sorten –,
wenn Zeus' Jahreszeiten fruchtschweren Segen verliehen.
Sprach's, da lösten sich ihm im Nu das Herz und die Knie,

als er die Zeichen erkannt, die Odysseus ihm sicher gewiesen;
und er schlang um den lieben Sohn die Arme, und ihn fing
auf, als die Sinne ihm schwanden, der göttliche Dulder
Odysseus.«

Bereits Alexander der Große ließ auf seinen Eroberungsfeld-
zügen Zwergstämme von Apfelbäumen nach Athen zu Aristoteles an die Akademie schicken. Dort sollte man Zwergäp-
fel auf ihre Verwendbarkeit im Obstbau prüfen. Die Römer
waren Meister im Klonen und Pfropfen von Apfelsprösslin-
gen und überzogen in ihrem Imperium nahezu die gesamte
antike Welt mit Apfelgärten. Auch die Kelten kannten den
Apfel. Ob allerdings das Urindogermanische bereits über ein
eigenes Wort für Apfel verfügte, ist umstritten, sicher aber
das Urgermanische: Im deutschen »Apfel« und im englischen
apple steckt *ablus*. Den althochdeutschen Plural *epfili* ver-
meint man heute noch im schweizerdeutschen Ausdruck für
Äpfel zu hören. Gilt der Antike der Apfel als Liebesfrucht
und Symbol des ewigen Lebens wie im Mythos der goldenen Äpfel der Hesperiden, die Herkules stehlen muss, wird
der Apfel im Mittelalter und in der Neuzeit zum Synonym
für alle möglichen Arten von Früchten. In alten dialektalen
Bezeichnungen für das unbekannte Obst und Gemüse aus
der Neuen Welt wie »Erdäpfel« für Kartoffeln oder »Para-
diesäpfel« für Tomaten klingt das noch an. Der Borsdorfer ist
die älteste in Deutschland nachgewiesene Sorte, er taucht in
den Schriften von Zisterziensermönchen im Jahr 1170 auf.
Der Apfel hat die Welt zusammen mit dem Menschen erobert.
Und er erobert sie immer noch. Nach Westeuropa kam er, so
wird vermutet, vor vier- bis fünftausend Jahren. Mittlerweile
kennt man über 7500 Zuchtsorten, andere Quellen sprechen

gar von 20 000. Die Weltjahresernte beträgt 2010 69 Millionen Tonnen, von denen die Hälfte aus China stammt. Deutschland mit seinen Hauptanbaugebieten, dem Alten Land bei Hamburg und der Bodenseeregion, liegt in dieser Statistik an vierzehnter Stelle. Davor rangieren als Apfelexporteure überraschend Länder wie Polen, Indien, Chile oder die Türkei.

Die USA sind heute weltweit der zweitgrößte Apfelproduzent. Dabei gelangte der Kulturapfel gerade einmal vor fünfhundert Jahren mit den ersten europäischen Siedlern nach Nordamerika. Wie sich der Apfel in den Vereinigten Staaten ausbreitete, symbolisiert die legendenumrankte Gestalt von Johnny Appleseed. Für SIE und IHN ist Johnny Appleseed die romantischste Figuren der amerikanischen Pionierzeit – und durch seine Achtung vor der indianischen Urbevölkerung, seine vegetarische Lebensweise, seine Tierliebe und sein ökologisches Bewusstsein, aber offen gestanden auch wegen seiner drolligen Schrulligkeit sicher auch eine der wenigen heute noch als Ideal tauglichen.

Geboren 1774 als John Chapman in Leominster, Massachusetts, legte Chapman Dutzende von Apfelgärten in Ohio, Pennsylvania, Illinois und Indiana an. Im Abstand von ein, zwei Jahren besuchte er seine Pflanzungen, um nach dem Rechten zu sehen. In der Zwischenzeit überließ er den Verkauf der Schösslinge Nachbarn auf Kommissionsbasis. Die Besonderheit an Appleseeds Apfelgärten bestand darin, dass er keine Sämlinge einer bestimmten Sorte pflanzte, sondern die Bäume aus Apfelkernen von Apfelweinpressen zog, was zwangsläufig zu einer riesigen Sortenvielfalt führte, denn die wenigsten Zuchtsorten beim Apfel sind samenbeständig. Diese genetische Unbeständigkeit heißt konkret, dass jeder Apfelkern potenziell Stammvater und -mutter einer neuen

Apfelsorte sein kann. Genau diese Eigenschaft hat es dem Apfelbaum ermöglicht, sich durch immer neue Mutationen an unterschiedlichste Terrains und Klimazonen anzupassen.

Die USA spielen eine ganz besondere Rolle für die moderne Kultivierung und Vermarktung des Apfels. Bereits Anfang der 1890er Jahre schrieben die *Stark Brothers Nurseries and Orchards* einen Wettbewerb aus: Gesucht wurde die wohlschmeckendste Apfelsorte Amerikas. Darunter verstanden die *Stark Brothers* hauptsächlich Süße; nebenbei sollte der gesuchte Traumapfel allerdings auch noch durch Robustheit, Druckfestigkeit, Unempfindlichkeit gegen grobe Behandlung beim Transport und Warenumschlag sowie lange Lagerbeständigkeit glänzen.

Bereits 1893 war ein Sieger gefunden, der all diese Kriterien erfüllte: ein von dem Quaker Jesse Hiatt aus Peru, Iowa, unter dem Namen »Falkenauge« eingereichter Apfel mit roten und gelben Streifen. Die *Stark Brothers* tauften diesen Apfel sofort in »Red Delicious« um und ließen ihn einen beispiellosen kommerziellen Siegeszug durch die USA antreten. Übertroffen wurde die Erfolgsgeschichte des Red Delicious erst durch den Golden Delicious, der 1913 auf einer Farm der Familie Mullins in West Virginia entdeckt wurde. Seit 1972 richtet das Clay County ein Golden-Delicious-Festival zu Ehren dieser Apfelmutante aus. Heute den Markt dominierende Apfelsorten wie Pink Lady, Delbarestivale, Elstar, Goldspur und Jonagold stammen alle vom Golden Delicious ab.

Der Foodjournalist Michael Pollan nennt Johnny Appleseed den »amerikanischen Dionysos«, weil er Mostäpfel pflanzte, die weniger für den Verzehr als zur Herstellung von Apfelwein bestimmt waren. Apfelmost, englisch *Cider,* war in der ersten Hälfte des 19. Jahrhunderts die einfachste und schnellste Möglichkeit, unter den Bedingungen der »Frontier«, an Alkohol zu kommen. Dies mag erklären, weshalb Johnny Appleseed überall freundlich empfangen wurde und als die wohl skurrilste Gestalt der amerikanischen Landnahme in die Geschichte einging. Der stets mit einem Kochtopf als Hutbedeckung und mit von Apfelkernen ausgebeulten Hosentaschen durch den Mittleren Westen ziehende Appleseed war im Jahr seines Todes 1845 ein vermögender Mann, lebte aber wie ein Landstreicher.

Und noch einen zweiten Apfelenthusiasten brachte das amerikanische 19. Jahrhundert hervor: Henry David Thoreau. »Wie eng doch die Geschichte des Apfelbaums mit der des Menschen verquickt ist«, wunderte sich Thoreau vor etwas über 150 Jahren. Seine Schriften über die Pflicht zum zivilen Ungehorsam und über die beiden Jahre, die er in einer Hütte am Walden-Teich lebte, sind das unerreichte Vorbild aller *Simplify-your-life*-Pamphlete. Sie machten Thoreau buchstäblich zum Leib- und Magenautor aller Alternativen und Aussteiger, Vegetarier und Veganer. Kaum bekannt in Deutschland ist hingegen Thoreaus später Essay *Wilde Äpfel* vom November 1862, der noch einer kompletten Übersetzung ins Deutsche harrt. Anders als Johnny Appleseed gehört Thoreaus Begeisterung jenen Malus-Arten, die schon vor Ankunft der Kolonisten auf dem nordamerikanischen Kontinent heimisch waren, insbesondere Malus coronaria, dem Süßen Wildapfel. Hier wird Thoreau regelrecht zum Apfelschwärmer: »Jeder Wildapfelbusch erregt unser Interesse fast auf die nämliche Weise wie jedes Kind der Wildnis. Möglicherweise handelt es sich um einen verkleideten Prinzen. Welche Lektion verbirgt sich dahinter für den Menschen! Sind Menschen doch, an höchster Elle gemessen, eben jene himmlischen, nur vom Schicksal angenagte Früchte, die in ihnen angelegt sind und die zu tragen sie sich sehnen; nur das beharrlichste und stärkste Genie vermag sich zu verteidigen und setzt sich durch, bis es endlich einen zarten Sprößling in die Höhe streben und seine vollkommenen Früchte auf die undankbare Erde fallen läßt. So schießen Dichter, Philosophen und Staatsmänner auf ländlichen Fluren aus dem Boden und überdauern die Heerscharen unorigineller Menschen. In gleicher Weise verhält es sich mit dem Streben nach Wissen. Die himmlischen Früchte, die goldenen Äpfel der Hesperiden werden immer von hundertköpfigen Drachen bewacht, die niemals schlafen, so daß sie zu pflücken eine Herkulestat darstellt.«

Die amerikanischen Wildäpfel versinnbildlichen für Henry David Thoreau all das, was er im Neuengland seiner Zeit immer mehr verlorengehen sieht: eine Ursprünglichkeit und Reinheit, die seine Zeitgenossen allzu leichtfertig auf dem Altar des Fortschritts zu opfern bereit sind. »Die Saison der Wildäpfel ist Ende Oktober und Anfang November. Erst dann werden sie genießbar, denn sie reifen spät und sind dann vielleicht schöner denn je. Ich mache viel Aufhebens um diese Früchte, die die Farmer des Auflesens nicht der Mühe wert befinden – dabei sind sie ebenso labend wie erquickend, der Wildgeschmack der Muse. Der Farmer glaubt, er habe bessere in seinen Fäßern, aber er irrt, so er nicht den Appetit und die Phantasie eines Waldgängers besitzt, was ausgeschlossen ist. Von allen wildwachsenden Äpfeln, die nach dem ersten November noch am Baum hängen, gehe ich davon aus, daß sie ihr Besitzer nicht pflücken will. Sie gehören jenen Kindern, die so wild sind wie sie selbst – unternehmungslustigen Burschen, wie ich welche kenne – der verschrobenen Landfrau, der nichts ungelegen kommt und die alles in der Welt einsammelt – und überdies uns Waldgängern. Wir kennen sie, und sie sind unser. In manchen alten Ländern, wo man zu leben versteht, sind diese lang umkämpften Rechte regelrecht verbrieft worden ... Zuchtäpfel sind für gewöhnlich weniger aufgrund ihres herzhaften Geschmacks ausgewählt worden, als wegen ihrer Milde, Größe und Fruchterträge – weniger wegen ihrer Schönheit, als um ihrer Makellosigkeit willen. So fehlt mir denn auch der rechte Glaube an die Auswahllisten der Herren Pomologen. All ihre ›Sowiesos Beste‹, ›Sondergleichen‹ und ›Unvergleichlichen‹ erwiesen sich, wenn ich sie gekostet habe, in der Regel als sehr zahm und kaum Aufhebens wert. Sie besitzen relativ wenig Aroma, es fehlt ihnen an *Biss* und echter *Würze*. Wen stört, daß manche dieser Wildlinge säuerlich und herb sind, echter *verjus*, gehören sie denn deshalb nicht dennoch zu den *pomaceœ*, die unserem Geschlecht ausnahmslos freundlich und ohne Arg begegnen? Ich neide sie gleichwohl den Mostmühlen. Vielleicht sind sie noch nicht richtig reif.«

Für Henry David Thoreau ist der Apfel ein verlässlicher Kompass der Jahreszeiten, eine Art Polarstern unter den Obstsorten. Thoreau ist aber auch klug genug, die äußeren Umstände des Verzehrs in seine kulinarische Bewertung mit einzupreisen. Was Generationen von Urlaubern erleben mussten – dass der Weißwein vom Kalterer See in der Reihenhaussiedlung in Unna einfach nicht mehr so schmeckt wie in den Ferien –, ist eine Erfahrung, die Thoreau bereits während der Verschiebung der *frontier* gen Westen Mitte des 19. Jahrhunderts in den Vereinigten Staaten von Amerika macht. Hat man je in irgendeiner Sprache zu irgendeiner Zeit rhapsodischer über Äpfel geschrieben?

»Im November schmecken alle Äpfel gut. Was der Farmer als unverkäuflich und für Marktbesucher ungenießbar am Baum hängen läßt, sind dem Wanderer die schmackhaftesten Äpfel. Es ist jedoch bemerkenswert, daß der wilde Apfel, dessen herzhaften und rassigen Geschmack ich preise, wenn er auf dem Feld oder im Wald verzehrt wird, häufig herb und holzig schmeckt, sobald wir ihn nach Haus tragen. Unter dem Dach eines Hauses schmeckt der Flaneursapfel nicht einmal dem Flaneur. Der Gaumen lehnt ihn ab wie Mehlbeeren oder Eicheln und verlangt nach einer gezähmten Variante; dort fehlt nämlich die Novemberluft, die zu seinem Verzehr erforderliche Soße. (...) Mitunter koste ich wilde Äpfel von so vollmundig würzigem Geschmack, daß ich mich frage, warum sich nicht alle Obstbauern sogleich einen Pfropfreis von diesem Baum besorgen, und stopfe mir die Taschen damit voll. Hole ich an meinem Tisch in meinem Zimmer dann aber einen hervor und beiße hinein, schmeckt er unerwartet unreif – so sauer, daß er ein Eichhörnchen mit den Zähnen knirschen und einem Häher die Federn ausfallen lassen würde. Diese Äpfel waren so lange Wind, Frost und Regen ausgesetzt, daß sie die Eigenschaften des Wetters und der Jahreszeit in sich aufgenommen haben, ihr Temperament dringt uns durch Mark und Bein. Demzufolge muß man sie auch in der Saison essen – und das heißt in der Natur.

Um den wilden und stechenden Geschmack dieser Oktoberfrüchte zu schätzen, muß man die stechende Oktober- oder Novemberluft in der Nase haben. Die Luft in der Natur und die körperliche Ertüchtigung, die beim Wandern nicht ausbleibt, verleiht dem Gaumen einen anderen Geschmack, und er sehnt sich nach einer Frucht, die dem Stubenhocker herb und holzig erscheint. Diese Äpfel müssen im Freien verzehrt werden, wenn der Kreislauf von der Bewegung durchpulst wird, das Frostwetter einen in die Finger zwickt, der Wind durch die kahlen Äste fährt oder in den wenigen verbliebenen Blättern raschelt und man den schrillen Ruf des Hähers hört. Was im Haus sauer schmeckt, läßt eine tüchtige Wanderung süß werden. Manche dieser Äpfel sollten mit dem Etikett versehen werden: ›Im Winde zu essen‹. (...) Aus meiner Erfahrung mit wilden Äpfeln kann ich verstehen, aus welchen Gründen ein Wilder viele Nahrungsmittel bevorzugt, die der zivilisierte Mensch ablehnt. Nur ein Wilder weiß den Geschmack einer wilden Frucht zu schätzen.«

In Johnny Appleseeds und Henry David Thoreaus Welt waren Äpfel zwar nicht allgegenwärtig, aber gesucht und begehrt. Wer heute dagegen das Stichwort »Apple« bei Google eingibt, landet zunächst nur auf Seiten mit Bezug zu Steve Jobs' Computerfirma. Und inzwischen stammen 60 Prozent des in den USA konsumierten Apfelsafts – aus China. Was würden Johnny Appleseed und Henry David Thoreau dazu wohl sagen?

Fast zeitgleich mit Thoreau und noch zur Lebenszeit von Johnny Appleseed schrieben auch große Denker Europas über Äpfel. Meister im Vergleichen von Äpfeln und Birnen sind zweifelsohne Karl Marx und Friedrich Engels. Fünf Jahre haben SIE und ER sich nun einen kleinen Text über das »Geheimnis der spekulativen Konstruktion« aus *Die heilige Familie oder Kritik der kritischen Kritik* immer wieder vorgelesen; verstanden haben sie ihn trotz heißen Bemühens offen gestanden dennoch nicht. Aber wenn ein Buch und ein Kopf zusammenstoßen, und es klingt hohl, haben SIE und ER von Johann Christoph Lichtenberg gelernt, muss das nicht unbedingt am Buch liegen. Urteilen Sie also selbst, ob Sie wie SIE und ER Henry David Thoreau in seinem Denken über Äpfel den Vorzug vor Friedrich Engels und Karl Marx geben wollen oder nicht.

»Wenn ich mir aus den wirklichen Äpfeln, Birnen, Erdbeeren, Mandeln die allgemeine Vorstellung *Frucht* bilde, wenn ich weitergehe und mir *einbilde,* daß meine aus den wirklichen Früchten gewonnene abstrakte Vorstellung ›*die* Frucht‹ ein außer mir existierendes Wesen, ja das *wahre* Wesen der Birne, des Apfels etc. sei, so erkläre ich – *spekulativ* ausgedrückt – ›*die* Frucht‹ für die ›*Substanz*‹ der Birne, des Apfels, der Mandel etc. Ich sage also, der Birne sei es unwesentlich, Birne, dem Apfel sei es unwesentlich, Apfel zu sein. Das Wesentliche an diesen Dingen sei nicht ihr wirkliches, sinnlich anschaubares Dasein, sondern das von mir aus ihnen abstrahierte und ihnen untergeschobene Wesen, das Wesen meiner Vorstellung, ›*die* Frucht‹. Ich erkläre dann Apfel, Birne, Mandel etc. für bloße Existenzweisen, *Modi* ›*der* Frucht‹. Mein endlicher, von den Sinnen unterstützter Verstand *unterscheidet* allerdings einen Apfel von einer Birne und eine Birne von einer Mandel, aber meine spekulative Vernunft erklärt diese sinnliche Verschiedenheit für unwesentlich und gleichgültig. Sie sieht in dem Apfel *dasselbe* wie in der Birne und in der Birne dasselbe wie in der Mandel, nämlich ›*die* Frucht‹. Die besonderen wirklichen Früchte gelten nur mehr als Scheinfrüchte, deren wahres Wesen ›*die* Substanz‹, ›*die* Frucht‹ ist. (...)

Der gewöhnliche Mensch glaubt nichts Außerordentliches zu sagen, wenn er sagt, daß es Äpfel und Birnen gibt. Aber der Philosoph, wenn er diese Existenzen auf spekulative Weise ausdrückt, hat etwas *Außerordentliches* gesagt. Er hat ein *Wunder* vollbracht, er hat aus dem unwirklichen *Verstandeswesen* ›die Frucht‹ die wirklichen *Naturwesen,* den Apfel, die Birne etc. erzeugt, d. h., er hat aus seinem eignen *abstrakten* Verstand, den er sich als ein absolutes Subjekt außer sich, hier als ›*die* Frucht‹ vorstellt, diese Früchte *geschaffen,* und in jeder Existenz, die er ausspricht, vollzieht er einen Schöpfungsakt.«

Dieser Schöpfungsakt, Stichwort: Banane!, ist in allen sich auf Karl Marx und Friedrich Engels berufenden Staatswesen realiter misslungen.

Da halten SIE und ER sich denn doch lieber an Rainer Maria Rilke, der geerdet wie selten am 16. Januar 1912 an seine große Mäzenin Marie von Thurn und Taxis, die ihm die *Duineser Elegien* abgepresst hat, um eine Kiste Äpfel aus seiner böhmischen Heimat schreibt: »Ich habe, zu verschiedenen Zeiten, die Erfahrung gemacht, dass sich Äpfel, mehr als sonst etwas, kaum verzehrt, oft noch während des Essens, in Geist umsetzen.«

Über Äpfel lassen sich gut Geschichten erzählen – vom biblischen Augapfel bis zum Bonmot des aktuellen deutschen Landwirtschaftsministers: »*An apple a day keeps the Putin away.*« Und manchmal haben Äpfel auch Geschichte geschrieben.

Der Apfel ist ein Symbol für Liebe und Zuneigung genauso wie für Hader und Streit – man denke an den biblischen

»Augapfel« aus dem Alten Testament und den berühmten »Zankapfel«, den Eris, die griechische Göttin der Zwietracht, mit bis heute bewundernswerter List ersonnen hat. Als man Eris beim Zusammenstellen der Gästeliste zur Feier der Hochzeit von Peleus und Thetis, der Eltern des Achill, als einzige Göttin schnöde übergeht, rächt sie sich, indem sie einen goldenen Apfel mit Aufschrift »τῇ καλλίστῃ«, »der Schönsten«, versieht. Diesen Apfel wirft sie unter die Schar der Hochzeitsgäste, worauf Hera, Athene und Aphrodite ihn prompt jede für sich reklamieren. Der zum Schiedsrichter bestimmte Paris wird von allen drei Göttinnen bestochen, spricht den Apfel jedoch Aphrodite zu, weil sie ihm dafür die schönste Frau der Welt versprochen hat: Helena. Der Haken ist nur, dass Helena bereits mit Menelaos verheiratet ist, was Paris auf die Idee verfallen lässt, die schöne Helena zu entführen – und so den Trojanischen Krieg auslöst. SIE und ER könnten sich vorstellen, dass so ein »τῇ καλλίστῃ«-Apfel, in eine UN-Vollversammlung hineingeworfen, heute ganz ähnliche Folgen hätte.

Doch der Apfel ist ein in sich höchst widersprüchliches Symbol, fast eine Art Kippfigur. Er steht keineswegs nur für Streit und Zank, sondern genauso für Einheit und Harmonie – etwa in Form des gegen Ende des 12. Jahrhunderts gestalteten Reichsapfels als Herrschaftsattribut der Kaiser des Heiligen Römischen Reiches Deutscher Nation.

In der griechischen wie in der nordischen Mythologie symbolisiert der Apfel Fruchtbarkeit, Sex und Schwangerschaft genau wie Unsterblichkeit und ewiges Leben. Avalon, die Insel der Seligen aus der Artussaga, ist denn auch die Apfel-Insel.

In der christlichen Ikonographie ist der Apfel ein eigentümlich widerspruchsvolles, ja schizophrenes Symbol: Er steht für Sündenfall und Erbsünde, also für Versuchung und Versagen im ultimativen Charaktertest schlechthin, aber auch für Unschuld und Erlösung von der Erbsünde. Obendrein symbolisiert der Apfel das verlorene ebenso wie das wiedergewonnene Paradies. Eigentlich ein Wunder, dass der arme Apfel unter der Bürde seiner symbolischen Last nicht zu Mus zerquetscht wird. Diese Vielfalt einander an sich ausschließender Bedeutungen des Apfels weist das Christentum als synkretistisches Konstrukt aus: An seinen groben Narben und Nähten lässt sich die Frankenstein-Natur der aus älterem Gewebe vorangegangener Kulte zusammengebastelten neuen Religion ablesen.

Kaum ein Motiv ist in der abendländischen Kulturgeschichte und kollektiven Imagination stärker verankert als der Sündenfall mit Adam und Eva, einem Baum, einer Schlange und eben einem Apfel. Nur spricht das Alte Testament an keiner Stelle explizit von einem Apfel, den Eva vom Baum der Erkenntnis pflückt, um zu werden wie Gott, sondern immer nur von einer nicht näher bezeichneten Frucht. In anderen Kulturkreisen wird die verbotene Frucht denn auch als Orange (oder eben »Apfelsine«), Feige oder Granatapfel dargestellt. In einer katholischen Kirche in Papua-Neuguinea sah ER einmal ein Bild des Sündenfalls, auf dem die Frucht vom Baum der Erkenntnis verdächtig einer Betelnuss glich; SIE hat auf einem Altarbild in Thailand eine grellgelb leuchtende Mango in selber Funktion entdeckt. Hinter alldem steckt ein schlichter Lesefehler: Der Baum der Erkenntnis von Gut und Böse heißt *arbor bonum et malum*. Und *malum* kann neben dem Bösen eben auch eine flektierte Form von *malus* sein, des lateinischen Worts für Apfel. So wird der Apfel zum Symbol des Bösen schlechthin: *malus malum*.

Auch jenseits der christlichen Welt war der Apfel my-thologisch vielfach aufgeladen. Im nordischen Sagenkreis ist Idun die Hüterin der goldenen Äpfel, die den Göttern ewige Jugend und Unsterblichkeit sichern. Als der Riese Thiazi Loki entführt, lässt dieser ihn nur im Austausch ge-gen Idun und ihre goldenen Äpfel frei, worauf die Asen so-fort rapide zu altern beginnen. Loki muss daher Idun, als Falke verkleidet, zurückholen. Thiazi nimmt in Gestalt eines Adlers die Verfolgung auf, bis ihm die Götter seine Flügel verbrennen.

Möglicherweise leitet sich diese nordische Apfelgeschich-te und die griechische von den goldenen Äpfeln im Garten der Hesperiden von einer gemeinsamen Urgeschichte ab. Die Hesperiden wurden als Nymphen des Sonnenuntergangs im extremen Westen der antiken griechischen Welt verortet. Erst galten sie als Bewohner Italiens, mit zunehmender geogra-phischer Kenntnis siedelte man ihren Wohnort dann auf der iberischen Halbinsel, in Marokko, Libyen und schließlich auf den kanarischen oder kapverdischen Inseln an. In ihrem Gar-ten wacht ein hundertköpfiger Drache namens Ladon über einen Zauberbaum mit goldenen Äpfeln, dessen Früchte den Göttern vorbehalten sind und ihnen ewige Jugend spenden. Zu den Arbeiten des Herakles zählt das Pflücken dieser gol-denen Äpfel, wozu er Atlas, den Vater der Hesperiden, ein-spannt. Die Rolle des niemals schlafenden Drachen Ladon wird dabei in verschiedenen Versionen unterschiedlich er-zählt: Mal hilft er Atlas, die Äpfel zu pflücken, mal wird er von Herakles erschlagen.

Im Märchen spielt der Apfel unter anderem in *Eisenhans* und ganz zentral bei *Schneewittchen* und bei *Frau Holle* ei-ne Rolle, wo IHR und IHM der Reifeimperativ zum ersten

Mal in ihrem Leben in Gestalt des barmenden Apfelbaums mit seinem Appell »Ach schüttel mich, ach schüttel mich, wir Äpfel sind alle reif« im Kindergarten begegnet ist. Während Goldmarie der Aufforderung nachkommt und dafür reichen Lohn erhält, schlägt Pechmarie dem Baum seinen Wunsch schnöde ab und hat später den Schaden davon. Ebenfalls im Kindergarten und jenseits aller eigener pomologischer Forschungen am Küchentisch haben SIE und ER den botanischen Aufbau eines Apfels wie Millionen ihrer Generationsgenossen mit Mozarts »Apfellied« gelernt:

> In meinem kleinen Apfel,
> Da sieht es lustig aus:
> Es sind da drin fünf Stübchen,
> Grad wie in einem Haus.
>
> In jedem Stübchen wohnen
> Zwei Kerne schwarz und fein,
> Die liegen drin und träumen
> Vom lieben Sonnenschein.
> Sie träumen auch noch weiter
> Gar einen schönen Traum,
> Wie sie einst werden hängen
> Am lieben Weihnachtsbaum.

Ein wenig präziser beschreibt die Botanik die Frucht des Apfelbaums: Biologisch betrachtet sind Äpfel Scheinfrüchte, also, wenn man so will, Mogelpackungen. Die eigentliche Frucht des Apfelbaums ist nur das Kerngehäuse – ironischerweise just das, was die meisten Menschen verschmähen und gerade nicht essen. Dieses Kerngehäuse besteht aus den fünf miteinander verwachsenen weißen oder zartrosa gefärbten Fruchtblättern, die mit ihren sich verdickenden Pergamentwänden eine Art Tresor für die Kerne bilden. Das Fruchtfleisch »außenrum«, also das, was wir gemeinhin als die Frucht des Apfelbaums bezeichnen, entsteht nicht aus dem bestäubten Fruchtknoten der einzeln oder in Schirmrispen stehenden Apfelblüten, sondern aus der Achse dieser Blüte, dem Fruchtbecher. Als Sammelbalgfrucht geht aus dem mit sich selbst verwachsenden Fruchtblatt das Kerngehäuse hervor. Dafür gibt es zwar zahlreiche Dialektausdrücke im Deutschen: Butzen, Gnatsch, Griebsch, Knust, Krötzchen, Knüsel, Nüssel oder Schnirps – aber kein wirklich überzeugendes Wort in unserer Hochsprache, außer dem nach papierenem Beamtendeutsch klingenden Apfelkerngehäuse und dem für die süddeutschen Ohren von IHR und IHM viel zu norddeutsch schnarrenden Apfelstrunk oder Krips.

Sulz am Neckar ist von Kasachstan so weit entfernt wie Avalon. Das Sprichwort lügt – der Apfel ist sehr weit von seinem Stamm gefallen. Eher trifft das Gegenteil zu: Der Apfel hat sich auf seinen Wegen von Kasachstan in unsere Breiten radikal verändert. Und genauso radikal verändern mussten sich auch Martina Meuth und Bernd Neuner-Duttenhofer, als sie in den achtziger Jahren beschlossen, ihre gut dotierten Jobs als Zeitschriftenredakteure in München bei *Meine Familie & Ich* aufzugeben, beruflich wie privat ins kalte Wasser zu springen und einen Neustart zu wagen.

Das Ehepaar hat sich 1985 auf dem Apfelgut in Sulz an der Glatt selbständig gemacht. Äpfel angebaut werden hier aber schon viel länger. Angefangen hat damit Neuner-Duttenhofers Urgroßvater, eine Gründerfigur des 19. Jahrhunderts, der als Chemiker das rauchlose Pulver erfand, dieses sowohl an den preußischen König und den russischen Zaren verkaufte und darüber so reich wurde, dass er die ersten Versuche von Daimler und Maibach im Automobilbau finanzieren konnte.

Einer von
sechzehntausend

Wer an ein Apfelgut denkt, mag riesige Streuobstwiesen voller haushoher Apfelbäume mit stattlichen Kronen vor dem geistigen Auge sehen. So war es zu Zeiten von Neuner-Duttenhofers Urgroßvater auch, der im ausgedehnten Park des als Sommerhaus zur Erholung der Familie dienenden Guts ein griechisches Tempelchen zum Teetrinken errichten ließ, eine Pagode und ein Indianer-Wigwam. Heute wachsen die Apfelbäume hier wie in nahezu allen Obstbauplantagen der Welt in Gestalt etwa mannshoher Spindeln, die in meterbreitem Abstand voneinander stehen. Von solchen Apfelspindeln besitzen Martina und Moritz, wie ihre Freunde und die Zuschauer ihrer seit bald dreißig Jahren im WDR ausgestrahlten Kochsendung sie kennen, 16 000 Stück. »Wie viele genau, weiß ich eigentlich gar nicht«, bekennt Moritz. »Aber ich sage immer, ich habe 16 000 Apfelbäume. Das klingt gut und wird schon ungefähr hinhauen.«

Achtzehn verschiedene Apfelsorten bauen Martina und Moritz hier an und machen von Saft über Wein bis zu Essig, Sekt und Schnaps alles, was man aus Äpfeln herstellen kann. Denn der einfache Verkauf von Äpfeln lohnt längst nicht mehr. »Mein Großvater hat hier ja noch richtig Geld verdient mit den Äpfeln«, erzählt Neuner-Duttenhofer. »Ich habe mir eine Zahl gemerkt, weil sie so leicht einprägsam ist: 1930 bekam er 30 Mark für den Zentner Äpfel, die Arbeiter einen Stundenlohn von 30 Pfennig, und Nebenkosten gab es damals nicht. Als wir das hier in den achtziger Jahren übernommen haben, bekamen die Arbeiter mit Lohnnebenkosten 17 Mark die Stunde, und der Zentner Äpfel brachte 80 Pfennig ...«

Hier, zwischen Schwäbischer Alb und Schwarzwald, wo traditionell mit Mauser und der Nachfolgerfirma Heckler und Koch die deutsche Waffenindustrie ein Zentrum hat, betreiben Martina Meuth und Bernd Neuner-Duttenhofer ihr Apfelgut. Und drehen ihre Fernsehserie, in der sie als Journalisten kochen und übers Kochen berichten. Auf diesen Unterschied zwischen Journalisten und Sterneköchen legen sie Wert. »Wer einen Führerschein erwerben möchte, geht auch nicht zu Sebastian Vettel.«

Das raue Klima dieser Region, das den Apfelanbau gerade noch erlaubt, hat auch die eher derbe Mentalität der Einheimischen geprägt. Schwaben jener Sorte, die eher wortkarg sind, wie die Anekdote vom schwäbischen Sündenfall illustriert, wo eine Frau nach dem sonntäglichen Kirchgang ihren Mann anspricht: »Du, es hoist, 's Emilie dät a Kend kriage.« – »Des isch ihr Sach!« – »'s hoist aber, des Kend sei von dir.« – »Des isch mei Sach!« – »Wenn des stemmt, gang e en de Neckar.« – »Des isch dei Sach!«

Ein Kind stand auch am Beginn der Beziehung von Martina und Moritz. Als sich die beiden kennenlernten, war Moritz verheiratet, und Martina hatte gerade eine lange Beziehung mit einem verheirateten Mann hinter sich. Nie wieder!, hatte sich Martina Meuth hinterher geschworen. »Ich hatte so die Schnauze voll von solchen Sachen. Diese ganzen Heimlichkeiten. Jeden Feiertag musste er zu Hause sein. Niemand durfte uns zusammen sehen – das war alles nur schrecklich! Und als ich dann Moritz kennenlernte, dachte ich, schon wieder ein verheirateter Mann? Bloß nicht! Mit dem will ich nichts zu tun haben. Bitte, lieber Gott, nimm ihn von mir! Aber er hat anders entschieden. Wir hatten ja zunächst gar nicht vor, unser Leben zu verändern. Nur manchmal sind eben die Dinge stärker. Als wir uns kennenlernten, hat Moritz drei Tage später erfahren, dass er Vater wird. Das war ja schon mal ein schlechter Beginn.« Moritz ergänzt: »Wir haben damals jeden Mittag irgendwo zusammen gegessen und hin und her überlegt, was wir tun sollten. Das war eigentlich die Phase des intensivsten Austauschs.«

Zunächst wollten die beiden einfach Freunde bleiben wie Goethe und Frau von Stein. Martina überlegte sogar, von München ins ungeliebte Hamburg zu ziehen, damit sie sich nicht täglich im Büro sehen mussten. »Das wäre schon ein großes Opfer gewesen«, erinnert sich Martina. Das Ganze zog sich über quälende Monate. Der altbekannte Teufelskreis aus feierlichem Einanderabschwören, dem allmählichen Begreifen, nicht voneinander lassen zu können, das Erkennen der Unmöglichkeit der Situation, die Einsicht ins Unvermeidliche einer Trennung mit dem darauf folgenden feierlichen Einanderabschwören ... »Wir waren voller ganz braver Vorsätze. Ich bin zum ersten Mal an Weihnachten hier in dieses

Haus nach Sulz zu Besuch gekommen. Zum Beweis, dass wir uns einander tatsächlich aus dem Kopf geschlagen hatten, sollte ich mit der Schwiegermutter und Moritz' Ehefrau, die damals hochschwanger war, Weihnachten feiern. Das war natürlich vollkommen grotesk.«

Schließlich war es eine Journalistenkollegin, die Martina und Moritz Mut zusprach, weil sie sah, dass die beiden besser zueinander passten als zu anderen Menschen. »›Kinder, seid nicht blöd‹, hat die zu uns gesagt. ›So jemand trifft man nur einmal im Leben.‹ Und sie hat ja auch recht behalten. Jedenfalls hat es sich bis jetzt bewahrheitet. Und das ist immerhin über dreißig Jahre her.« Irgendwann wurde ihnen die Ent-

Martina und Moritz:
zwei reife Menschen

scheidung abgenommen. Moritz' erste Frau zog aus. »Ihr ist zu verdanken, dass es so gut ausgegangen ist«, erinnert sich Martina. »In ihrer anfänglichen Wut hat sie mich natürlich verflucht: ›Du wirst eines Tages büßen, meine Ehe kaputt gemacht zu haben!‹ Heute weiß sie, dass nicht ich ihre Ehe kaputt gemacht habe, sondern dass alles eben doch nicht so perfekt war, wie sie immer geglaubt hat. Sie hat gemerkt, dass es eine gute Entscheidung für alle Beteiligten war – am Ende auch für sie. Und sie hat von Anfang niemals versucht, das Kind gegen den Vater oder die neue Frau in Stellung zu bringen, sondern das Ganze immer nur positiv dargestellt und auch gelebt. Das sage ich ihr auch immer. Wir sind ja heute zum Glück befreundet. Das Happy End geht definitiv auf ihr Konto.«

Sigmund Freud zufolge ist erwachsen, wer drei Dinge miteinander vereinen kann: lieben, arbeiten und genießen. IHR und IHM kommen Martina und Moritz in diesem Sinne als zwei der wenigen erwachsenen Menschen vor, die sie in ihrem Bekanntenkreis haben. Im Rückblick, erzählen Martina und Moritz, hat sie die Entscheidung füreinander verändert. Sie seien daran gewachsen und gereift. »Wir sind dadurch andere Menschen geworden!«, bekräftigt Moritz. »Ich habe keine Ahnung, was gewesen wäre, wenn es anders gekommen wäre. Gleich geblieben ist über die Jahre unsere Grundeinstellung, unsere Verbundenheit und unsere Ansicht über die Art, wie wir leben wollen. Ist ja auch kein Wunder: Wenn man schon mehrere Versuche hinter sich hat, dann weiß man ziemlich genau, was man will.«

Und was man nicht will, ergänzt Martina.

Was sie nicht wollen, haben Martina und Moritz vor Jahren während einer Reise nach Neuseeland kennengelernt.

»Es war gruselig. Wir haben uns da die *apple industry* angeschaut. Bevor wir sie gesehen haben, haben wir sie aber
schon gerochen: Da stinkt es schon meilenweit vorher nach
schwefeliger Säure. Ekelhaft! Die Granny-Smith-Äpfel werden
erst in einem Säurebad gewaschen, in dem sie ihre natürliche
Wachsschicht verlieren. Dann kommen sie auf einem Förder-
band in einen Raum, in dem sie mit einer Substanz begast
werden, die sie ihre roten Farbpartikel einbüßen lässt, sodass nur der Grünton übrig bleibt. Danach wird ihnen das
inzwischen gereinigte Wachs wieder appliziert, und dann
können sie verschifft werden. In entsprechend feuchter At-
mosphäre sind sie anderthalb bis zwei Jahre in diesem Zustand haltbar.« Auf solche Industrieäpfel haben SIE und ER
ebenso wenig Lust wie Martina und Moritz. »Das ging los
mit dem Granny Smith«, erinnert sich Moritz. »Der ist ja eigentlich von Natur aus nicht grün, der wird ja grün gemacht.«

Das hat mit Martinas und Moritz' Vorstellung von einem
Apfel als etwas Lebendigem, Atmendem wenig zu tun. Der
Reifeprozess eines Apfels beginnt am Baum und setzt sich
auch nach dem Pflücken fort. Die Umwandlung der in einem
Apfel enthaltenen Stärken in Zucker geht während seiner gesamten Lagerzeit weiter. In seinem Saft reichern sich kontinuierlich Feststoffe an. Seine exakte chemische Zusammen-
setzung ändert sich von Tag zu Tag.

Als Moritz' Mutter Anfang der achtziger Jahre stirbt, stellt
sich die Frage, was aus dem Apfelgut in Schwaben werden
soll. Martina und Moritz lassen in dem Haus in Sulz an der
Glatt eine neue Heizung und Bäder einbauen. »Ich habe mich,
als wir hierhergezogen sind, zunächst fast gar nicht um die
Äpfel gekümmert, sondern habe den Verwalter so machen
lassen, wie er bisher gemacht hatte«, so Moritz im Rückblick.

»Ich hatte einfach keine Lust, einem Mann, der seine Arbeit zu diesem Zeitpunkt immerhin schon dreißig Jahre nach bestem Wissen und Gewissen verrichtet hatte, in die Parade zu fahren. Als er in Rente ging, haben wir Herrn Dr. Vogel kennengelernt, der aus der Ukraine kommt, deutsche und ungarische Wurzeln hat und ein ausgebildeter Landwirtschaftsfachmann ist. Für uns war er ein Glücksfall. Denn bis dahin haben wir die Miesen, die das Gut machte, mit unseren anderen Einkünften ausgeglichen. Kritisch wurde das, als unser Finanzamt auf die Idee kam, das Gut als bloßes Hobby zu betrachten.«

Doch auch ohne den Fingerzeig des Finanzamtes steht eines bald fest: Ein schlichtes Weiter so! kann nicht die Lösung sein. Das Gut nach den Prinzipien in die Zukunft zu führen, wie es die Mutter und ihr alter Verwalter bisher getan haben, führt ökonomisch in die Sackgasse. Wenn man von der Landwirtschaft leben will, kann die Basis nicht sein, die Äpfel wie bislang als Äpfel zu verkaufen. Rasch ist klar: Die einzige Möglichkeit, das Gut wirtschaftlich zu betreiben, liegt darin, das Grundprodukt wertiger zu machen, zu veredeln, eine Marktlücke zu finden. Denn bei den damaligen Apfelpreisen kann man die Äpfel im Grunde auch verschenken – so oder so sind die Kosten des Anbaus niemals wieder reinzubekommen. Martina und Moritz mussten also aus ihren Äpfeln etwas machen. Und haben zunächst einmal viel Lehrgeld zahlen müssen.

Mit Freunden tüftelt man Namen der neuen Produktlinien aus. Ergebnis des Brainstormings: Pomme soll der Oberbegriff sein, Pomme-Cidre, Pomme-Brut der Apfelschaumwein, Pomme-Secco der Apfelwein, Pomme Aigre der Essig, Pomme-Paradis der Apfelbrand aus dem Holzfass. Damals bestürmten sie jüngere Bekannte: »Pomme, pomme ... Ihr mit eurem albernen Französisch-Tick, Napoleon ist lange tot! Warum nennt ihr eure Produktlinie nicht auf Englisch einfach *Apple*?« Heute sind Martina und Moritz heilfroh, sich anders entschieden zu haben. Denn was hätten sie schon gegen die eifersüchtig über ihre globalen Markenrechte wachenden Anwälte des Apple-Weltkonzerns ausrichten können, wenn man sie, was sicher geschehen wäre, vor den Kadi gezerrt hätte? Das Argument, vor Steve Jobs auf den Namen gekommen zu sein, hätte sicherlich wenig geholfen.

Das für SIE und IHN interessanteste Produkt des Apfelguts ist der Pomme-Pure. Als mit Kohlensäure versetzter Apfelsaft schmeckt der in den Apfelsorten Cox Orange, Elstar, Rubinette und Glockenapfel sowie als eine Cuvee erhältliche Saft so erfrischend und säurebetont, dass SIE und ER beim ersten Verkosten gar nicht bemerkt haben, dass er keinen Alkohol enthält.

Ihr Leben mit den Äpfeln hat Martina und Moritz übers eigene Reifwerden genauso nachdenken lassen wie über die Reifung ihres Obstes. Das Handbuch *Naturwissenschaftliche Grundlagen der Lebensmittelzubereitung* unterscheidet zwischen »Baum- oder Pflückreife« und der »Genuss- oder Mundreife«. Anders als etwa Kirschen oder Erdbeeren reifen Äpfel nach, denn sie gehören – wie auch Aprikosen, Bananen, Feigen oder Melonen – zu den klimakterischen Früchten, die von Natur aus Ethylen produzieren. Ethylen ist ein pflanzeneigenes Phytohormon, das den Reife- oder, biologisch gesprochen, den Seneszenzprozess von Pflanzen steuert.

Ein unreifer Apfel ist folglich eine Frucht, die den zur Nachreife notwendigen Stoffwechselprozess noch nicht eigenständig leisten kann, also entweder kein oder nicht ausreichend Ethylen produziert. Ethylen ist aber auch der Schlüssel für die künstliche Reifung unreif geernteter Früchte in speziellen Lagern. Die alte Haushaltsregel, genussreife Äpfel neben unreifes Obst wie harte Avocados oder grüne Bananen zu legen, simuliert dieses industrielle Verfahren: Das von Natur aus im Apfel produzierte Ethylen lässt die unreifen Früchte beschleunigt altern.

Im Obsthandel wird das Verfahren allerdings meist umgekehrt zur Verzögerung von Reife benutzt. In sogenannten CA-Lagern – die Abkürzung steht für *controlled atmosphere* – senkt man die obsteigene Ethylenproduktion durch Absenkung von Temperatur und Sauerstoffgehalt der Luft sowie Erhöhung der Luftfeuchtigkeit und des Kohlenstoffdioxidpegels. Einen Schritt weiter gehen die sogenannten ULO-Lager, luftdicht abgeschlossene Hallen mit *Ultra-Low-Oxygen*-Bedingungen, in denen durch den Stoffwechsel der Äpfel der Sauerstoffgehalt um das Zwanzigfache abgesenkt, der Kohlendioxidgehalt aber auf das Vierzigfache gesteigert wird. Zusammen mit einer Luftfeuchtigkeit von über 90 Prozent bewirkt das eine Art »Winterschlaf« für die Äpfel. Bestimmte besonders robuste Sorten wie etwa Jonagold oder Elstar lassen sich auf diese Weise bis zu einem Jahr lagern.

In Südtirol haben SIE und ER rund um Meran die CA-Lager, groß wie Flugzeughangars, der italienischen Obstbauern entdeckt, die diese Reife- beziehungsweise Nichtreifetechnik in Europa zur Perfektion entwickelt haben. Ein größerer Kontrast als diese gigantischen Hightech-Bunker zu den frostsicheren Kellern, in denen Apfelbauern bis Mitte des 20. Jahrhunderts ihre Früchte lagerten, lässt sich schwer vorstellen.

Schneewittchensarg
für Äpfel

Anlass für die Reise nach Italien, mit rund 2,2 Millionen Tonnen der viertgrößte Apfelproduzent der Welt, war ein Ausflug mit der deutschen Schriftstellerin Judith Schalansky. SIE und ER wollten während der Apfelbüte in Südtirol über *Äpfel & Birnen* von Korbinian Aigner sprechen, das in einer von Schalansky herausgegebenen Naturkunde-Buchreihe veröffentlicht wurde.

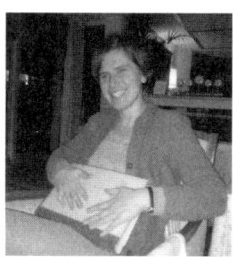

Judith Schalansky
mit dem ersten
Exemplar von Aigners
Äpfel & Birnen

Aigners Apfelgeschichte ist die vielleicht seltsamste und deutscheste aller Geschichten, die sich rund um den Apfel erzählen lassen. In gewisser Weise hallt in ihr ein Echo nach zu dem berühmten Luther-Satz, wonach er, wenn morgen die Welt unterginge, heute noch ein Apfelbäumchen pflanzen wollte. Vor allem hat Aigners Geschichte den Vorteil, dass sie wirklich stimmt – anders als Luthers Spruch vom Apfelbaum. Dieser Satz ist vor Oktober 1944, als er in einem Rundbrief der hessischen Landeskirche auftaucht, nirgends nachweisbar. Man hat ihn dem Reformator wohl tatsächlich nur in der Weltuntergangsstimmung des sich abzeichnenden Endes des Zweiten Weltkriegs in den Mund gelegt.

Aus ihrer Kindheit in den siebziger Jahren haben SIE und ER noch eine vage Erinnerung an eine damals zumindest in Süddeutschland weitverbreitete Apfelsorte: K Z 3 hieß dieser Apfel. Dass der Name dieser Apfelsorte tatsächlich auf die Abkürzung für Konzentrationslager zurückgeht, erscheint wie eine makabre Pointe der Geschichte und ist doch wahr. Der Züchter war der 1885 im oberbayerischen Hohenpolding geborene Korbinian Aigner, der sich von Kindesbeinen an für den Obstbau begeisterte und dieses Hobby auch nach seiner Weihe zum katholischen Priester leidenschaftlich betrieb. Den Kirchenoberen seiner Zeit gefiel dies ebenso wenig wie Aigners offenbar laxer Umgang mit dem Zölibat: »Pomolog schielt zu sehr nach dem Weiblichen«, kann man in Aigners Kirchenakte lesen, in der sich auch die Umstände einer Strafversetzung finden, weil Aigner Anfang der zwanziger Jahre ein Verhältnis mit einem Dienstmädchen begonnen hatte.

Obendrein engagierte sich Korbinian Aigner auch politisch. 1923 hatte er eine Rede Hitlers gehört und war seither als überzeugter Zentrumsmann auf Konfrontationskurs zu den Nazis gegangen. Nach 1933 trug ihm dies eine Reihe von Geldstrafen und Scherereien ein. Gefährlich wurde es aber, als Aigner einen Tag nach dem Attentatsversuch von Georg Elser im Münchner Bürgerbräukeller auf Hitler im Religionsunterricht Verständnis für Elser durchblicken ließ. Denunziert von einer Lehrerkollegin, wurde er wenige Tage danach verhaftet, für sieben Monate ins Gefängnis gesteckt und kam anschließend in die Konzentrationslager Sachsen-hausen und Dachau.

Dort züchtete der *Häftling 32.779* heimlich Apfelbäume in einer Lücke zwischen zwei Baracken des sogenannten Priesterblocks, wo in Dachau die Geistlichen gefangen gehalten wurden. Die vier von ihm in Dachau aus Sämlingen gezogenen neuen Apfelsorten nannte er KZ 1, KZ 2, KZ 3 und KZ 4. Eine davon, eben der IHR und IHM noch aus Kindertagen bekannte KZ 3, erwies sich als überraschend erfolgreich. Zum hundertsten Geburtstag Korbinian Aigners nannte man die Sorte 1985 in »Korbiniansapfel« um, was aber nichts dagegen half, dass sie heute so gut wie vom Markt verschwunden ist. Daran änderte auch nichts die vielen Kunstkritikern Rätsel aufgebende Aktion der *Dokumenta-13*-Leiterin Carolyn Christov-Bakargiev und des Konzeptkünstlers und Schriftstellers Jimmie Durham, einem Cherokee-Indianer, die 2011 in der Kasseler Karlsaue auf dem *Dokumenta*-Gelände einen Korbiniansapfelbaum pflanzten.

Christov-Bakargiev zeigte auch erstmals einem internationalen Publikum die faszinierenden Aquarelle von Hunderten Apfel- und Birnensorten, die Korbinian Aigner im Lauf seines 81-jährigen Lebens anfertigte. Ihr Versuch, aus Aigner einen Konzeptkünstler zu machen, mag amüsieren. Was aber von Korbinian Aigner in Erinnerung bleibt, ist sein Handeln. Anders als bei dem Luther angedichteten Satz vom Pflanzen eines Apfelbäumchens trotz bevorstehendem Weltuntergang beließ er es nicht bei bloßer Rhetorik. Am Nullpunkt menschlicher Brutalität brachte Korbinian Aigner tatsächlich die Zuversicht auf, einen Apfelbaum zu pflanzen.

Wer den über zwei Kilo schweren Großoktav-Band mit Reproduktionen der an der TU München verwahrten Apfelaquarelle von Korbinian Aigner durchblättert, liest sich in einen regelrechten Apfelrausch. Vom Aargauer Jubiläumsapfel bis zum Zwiebelsdorfer, von der Weißen Wachsrenette bis zum Himbeerapfel von Holowaus reiht sich eine Apfelschönheit an die andere und lässt beim Betrachten das Wasser im Mund zusammenlaufen. Wie mag Eitel Fritz schmecken, wie

Size matters

der Gewürzluikenapfel, wie die Karminkarville, Langtons Sondergleichen, Mädchenrot oder Morgenduft, der Pfannkuchenapfel und die Rote Schafsnase? Bischofsmütze, Erdbeerapfel, der Neue Berner Rosenapfel, der Große Weinapfel und der Zitronenapfel: Welche unglaubliche Vielfalt haben wir da eingebüßt!

Eine Ahnung von der Größe dieses Verlusts erfasst SIE und IHN, als sie 2012 im Deutschen Landwirtschaftsmuseum Hohenheim die Obstsortenausstellung besuchen. 192 Apfelsorten aus Süddeutschland sowie über 90 Birnen sind dort ausgestellt. Der Clou: Alle diese Sorten sind gleichzeitig zur Reife gebracht worden. Der Duft, der IHR und IHM beim Betreten der einer riesigen alten Scheuer nachempfundenen Ausstellungshalle in Hohenheim in die Nase steigt, ist schlicht überwältigend. Intensiv, aber nicht so impertinent wie in einer Parfümerie, eine Aromenvielfalt, von der es schwerfällt zu glauben, dass sie lediglich von den jeweils zwei, drei Äpfeln ausgehen kann, die in kleinen Brotkörbchen auf Tischen aufgestellt sind. Vielleicht liegt es an der überzeugenden Schlichtheit der Präsentation. Ehrfurcht vor der Vielfalt der Schöpfung ist ein großes Wort. Hier kann man sie lernen.

Wer kennt mich?

192 Apfelsorten zählt die Ausstellung. Am berührendsten sind die Körbchen, in denen die selbst für die Pomologen der Uni Hohenheim unbekannten Exemplare mit der Aufschrift: »Wer kennt mich?« liegen. Sie erinnern an verlorene Kinder auf Flüchtlingstrecks. Untergegangenes Wissen macht immer traurig.

Warum gibt es nicht mehr Apfelsorten im Handel als die üblichen fünf, sechs, die unsere Supermärkte präsentieren? Die ewigen Langweiler Golden Delicious, Jonagold, Fuji, Gala, Pink Lady oder Granny Smith? Die Ursachen dafür reichen weit zurück. Der Mediziner August Friedrich Adrian Diel, geboren 1755, wurde zum Stammvater der deutschen Pomologie mit seinem »Versuch einer systematischen Beschreibung in Deutschland vorhandener Kernobstsorten«. Das Standardwerk erschien zwischen 1799 und 1832 in sage und schreibe 26 Bänden und vermittelt eine Ahnung von den Tausenden von Apfelsorten, die in Deutschland damals angebaut wurden und deren Zahl sich im 19. Jahrhundert noch weiter vermehrte. Man kann jedem Dichter auf der Suche nach Inspiration nur raten, sich zumindest durch das Jahre nach der Urveröffentlichung erstellte Generalregister der Apfelnamen zu Diels Mammutwerk zu arbeiten. Lesen sich Namen wie Blumensaurer, Ledersüßling, Mönchsapfel oder Buntes Sommerröschen nicht weit aufregender als *Fifty Shades of Grey*?

Dann aber erfassten mit den Effizienzkriterien der Modernisierung nach und nach Verwertungszwänge auch den Obstanbau. Bereits 1904, also genau zwischen dem von den *Stark Brothers Orchards* instrumentalisierten weltweiten Siegeszug von Red Delicious und Golden Delicious, erschien ein Aufsatz mit dem Titel »Kundengeschmack« im Jahrbuch des US-amerikanischen Landwirtschaftsministeriums, in dem sich George K. Holmes, der Leiter des Amtes für Statistik, Gedanken über die sich wandelnden Geschmacksvorlieben der Konsumenten machte. Heute gelesen, erweist sich Holmes' Essay als augenöffnende Lektüre: »Konfrontiert man einen Farmer und einen Stadtmenschen mit einer großen Auswahl an Äpfeln, wird sich der Farmer höchstwahrscheinlich für Sorten wie den Rhode Island Greening, einen Northern Spy, einen Grimes' Golden oder einen Jonathan entscheiden, während der Städter, beeinflusst von anderen Vorlieben, vermutlich einen Ben Davis, einen Baldwin, Stark oder Missouri Pippin wählt. Für den Obstanbauer entscheidet hauptsächlich der Geschmack darüber, für welchen Apfel er optiert, wenn er ihn selbst essen will. Doch gilt sein Augenmerk ganz anderen Kriterien, sofern er an Verbraucher im Allgemeinen denkt, von denen die meisten Städter sind. In der Stadt und besonders in Großstädten zählt das Aussehen eines Apfels alles und der Geschmack nichts – es sei denn, der Käufer ist als Junge auf dem Land aufgewachsen und hatte einmal Zugang zu einem Obstgarten. Aus unerfindlichen Gründen ist Rot hierzulande die bevorzugte Apfelfarbe; tatsächlich gibt es einige rote Äpfel, die durchaus medioker schmecken, dennoch aber einen guten, ja sogar hohen Verkaufspreis erzielen, weil ihre Hauptattraktion für den Verbraucher offenbar in ihrer Rotfärbung liegt, gefolgt von ihrer Wohlgeformtheit und der Glätte ihrer Schalen. Auf den Jahrestagungen der Obstbauvereine der amerikanischen Ostküste kommt es regelmäßig zu Zornesbekundungen verschiedener Mitglieder gegen Kundenwünsche, die einen Apfel fordern, der eher dem Auge als dem Geschmack schmeichelt. Aus unerfindlichen Gründen nimmt der köstliche Apfel in den Städten eine Rolle neben dem Wachsapfel ein und wird immer öfter für Dekorationszwecke eingesetzt.«

Daran hat sich über hundert Jahre später nicht das Geringste verändert. Im Gegenteil: Im Wettstreit zwischen Auge und Zunge bleiben Geschmack und Geruch heute immer öfter zweiter Sieger. Anders ausgedrückt: Das Auge isst heute nicht mehr nur mit, das Auge entscheidet heute für Milliarden Menschen, was sie essen. Konkret bedeutet das: Das fade, aber visuell ansprechendere Produkt setzt sich im Vergleich zum aromatischeren, wohlschmeckenderen leider stets durch. Immer. Überall. Ohne Ausnahme. Zum Irrsinnigwerden. Aber, um Claudius Seidl zu zitieren, leider wahr. So wurden viele Apfelsorten, die einen hervorragenden Geschmack hatten, aber leicht Druckstellen aufwiesen, vom Anbau ausgeschlossen. Lange galt der Ontario-Apfel als der Vitamin-C-reichste und gesündeste Apfel überhaupt. Heute ist er so gut wie unverkäuflich, weil seine Schale für die

rohe Behandlung in industriellen Handelsketten viel zu emp-
findlich ist.

»Ein Apfel hat heute knackig zu sein«, weiß Moritz aus
leidvoller Erfahrung. »Man kann heute viele Sorten schon
im perfekt reifen Zustand nicht mehr verkaufen, weil die Leute das Knackige vermissen. Zum Beispiel die Landsberger
Renette. Das ist ein wunderbarer Apfel, nur muss er eben
reif sein. In unreifem Zustand schmeckt er grasig, hat kein
Aroma, keinen Duft, wirklich gar nichts. Wenn er aber reif
ist, strahlt er schön gelb in der Grundfarbe, hat rote Bäckchen
oder Streifen und dunkle Pünktchen. Und dann duftet er genau so, wie jeder sich wünscht, dass ein Apfel duften soll.«

Wer dann aber zum ersten Mal in seinem Leben in eine
Landsberger Renette beißt, erlebt eine für viele unangenehme Überraschung. »Das Fruchtfleisch ist herrlich aromatisch,
aber ganz weich. Da knackt nichts. Viele Menschen kennen
dieses Gefühl eines mürben Apfels im Mund gar nicht mehr
und empfinden es als fremd und daher als unangenehm.
Genauso wie sie ihren Widerwillen gegen einen schrumpe-
ligen Apfel nicht in den Griff kriegen. Alles, was nicht mehr
glatt und makellos schön erscheint, gilt als mit einem untilg-
baren Makel behaftet. Dass dieser Apfel aber genau so aussehen muss, wenn er seinen optimalen Geschmack entfalten
soll, ist vielen Menschen schwer begreiflich zu machen. Das
ist wie mit dem Haltbarkeitsdatum. Wenn da etwas morgen
abläuft, schmeißen die Leute es heute schon in den Müll, weil
sie glauben, das könne ja unmöglich noch gut sein. Und über
Menschen denken viele das Gleiche.«

Martina und Moritz singen ein Loblied auf das Schrum-
pelige und schmähen den nicht zuletzt in den Medien verbreiteten Jugendwahn. Reife ist im Medium Fernsehen nicht

unbedingt etwas Positives, wie unzählige älter werdende TV-Gesichter zu ihrem Schmerz erfahren mussten. Inzwischen kochen Martina und Moritz seit 28 Jahren für den WDR: Damit hat ihre Sendung für schnelllebige Fernsehverhältnisse ein wahrlich biblisches Alter erreicht. Als vor drei Jahren das Silberjubiläum anstand, erklärten Freunde die beiden glatt für verrückt, als sie das feiern wollten. »Da merken die doch erst, wie alt ihr seid!«, wurden Martina und Moritz gewarnt. So schlimm grassiert der Jugendwahn im WDR zum Glück noch nicht. Solange die Einschaltquote stimmt, lässt man die beiden weitermachen. Doch Martina und Moritz geben sich über die Befristetheit ihres TV-Engagements keinen Illusionen hin: »Irgendwann wird der Tag kommen, wo es heißt, jetzt ist es genug. Das kann ich dem Sender gar nicht verdenken.«

Was Martina und Moritz mehr stört, sind Rollenzuschreibungen an bestimmte Altersstufen, die keine Spielräume für Individualität lassen. Neulich erhielten die beiden einen Anruf von einer Agentur, die im Auftrag des Bundesgesundheitsministeriums eine Broschüre über Ernährung für Senioren erstellte. »Weil wir schon so schön alt sind, wollten die von uns wissen, wie wir denn jetzt finden, was sich für uns oder für Alte im Allgemeinen beim Essen ändern sollte. Ich hab dann nur geantwortet, dass Essen Spaß machen und gut schmecken sollte, dass man sich dafür ein bisschen Mühe geben muss, weil Kochen eben tatsächlich auch einige Anstrengung erfordert. Wenn man sich auf die Details konzentriert, dann kann es rundum nur Vergnügen schaffen. Ich finde, das gilt für die Jugend genau wie fürs Alter.«

Im fertigen Beitrag, den die beiden zur Autorisierung zugeschickt bekamen, las sich das dann ganz anders. »In dem Text stand, man solle auf mageres Fleisch ausweichen«, erzählt Moritz. »Da ist Martina wütend geworden und hat sofort bei der Redaktion protestiert. Das kommt unter unserem Namen nicht in Frage, denn wir empfehlen kein mageres Fleisch – dann lieber weniger Fleisch essen. Aber nicht ein Surrogat essen oder auf etwas verzichten, was für den Genuss eigentlich unerlässlich ist. Ich glaube, unsere Vorstellungen vom Alter sind selbst veraltet. Die Leute sind heute viel fitter. Ich kann mir nicht vorstellen, dass sehr viele Menschen ihre Essgewohnheiten ab dem siebzigsten Geburtstag grundlegend umstellen. Das ist ein schleichender Prozess. Vielleicht gehen manche nicht mehr so oft zu McDonald's, das wird denen dort nicht mehr so gut schmecken. Aber grundsätzlich kann man im Alter dasselbe essen wie als junger Mensch.« Auch für Martina war der kleine Zwischenfall ein Anlass, über Altern und Essen neu nachzudenken. »Ich muss gestehen, ich habe eigentlich gar keine Beziehung zum Alter. Natürlich hat man mit achtzig einen anderen Kalorienbedarf als mit zwanzig, wenn man den ganzen Tag mit Bergsteigen verbringt oder jeden Tag einen Bach entlangjoggt. Aber davon abgesehen, wüsste ich nicht, warum sich so viel ändern soll. Man isst doch sowieso weniger, wenn man älter wird und der Bedarf sinkt. Ich stelle das auch fest, wenn wir Gäste einladen und ein großes Essen geben. Früher haben wir zehn Gänge gemacht. Heute kommen wir mit acht aus. Wer weiß, vielleicht reichen uns in zehn Jahren vier? Wir haben einige ältere Freunde, die wir gar nicht mehr zu den Essen einladen können, wie wir sie zelebrieren, weil sie sich bei unseren Tafelrunden, die sich bis in den frühen Morgen erstrecken, einfach nicht mehr wohl fühlen. Die wollen nicht mehr so spät und so viele Gänge essen. Aber das kann ich bei uns noch nicht feststellen. Dafür sind wir offenbar noch nicht alt genug.« Mit zunehmendem Alter lässt der Geschmacks- und Geruchssinn zwar nach, doch gleicht diesen Verlust gastrosophisches Training ohne weiteres aus. Wer sich sein Leben lang von Dosensuppen, Fertiggerichten, Püree aus der Packung und Tütensoßen ernährt, für den wird die kulinarische Verarmung im Alter sicher anders ausfallen als für Martina und Moritz, die in ihrem riesigen Kräutergarten acht verschiedene Sorten Minze anbauen – weil sie für die asiatische Küche eine vietnamesische und für die europäische eine arabische Minze bevorzugen –, begeistert an jeder Kafirlimette schnüffeln und schon von Berufs wegen unentwegt im olfaktorischen Training stehen.

So sehen die beiden ihr Altern denn auch keineswegs als reinen Verlust. »Es gibt sicher so etwas wie menschliche Reife«, philosophiert Moritz. »Man erwirbt eine gewisse Gelassenheit. Neulich erreichte uns die Zuschrift eines Zuschauers, dass Martina offensichtlich altersmilde werde, weil sie mir nicht mehr gar so oft über den Mund fährt.« Man reife an Erfahrung, ergänzt Martina. »Man wird sicher ruhiger und gelassener. Der Vulkan explodiert nicht mehr so häufig oder nicht mehr so schnell – die Eruptionen brauchen längere Zeit, um sich aufzustauen und zu einem Ausbruch zu kommen. Wenn man aus seinen Erfahrungen nichts lernt, das wäre doch ganz schrecklich. Je länger ich darüber nachdenke, desto mehr fasziniert mich das Konzept von *kairos* der alten Griechen. *Kairos* ist ein wunderbarer Begriff für die gute Gelegenheit oder den richtige Moment. Also genau der Augenblick, wo einem etwas in absolut perfektem Zustand auf die Zunge, ins Auge, ins Ohr, in den Kopf, in den Geist oder in die Seele gelangt. Das ist doch das Schönste, was man sich nur vorstellen kann. Das ist für mich der Inbegriff von Reife.«

SIE und IHN erinnert das an den alten Schulhofwitz, wo man sein Gegenüber fragen muss, welches sein größtes Problem beim Schlagzeugspielen sei, worauf man spätestens nach dem Aussprechen des Wortes »Problem« ein donnerndes »TIMING!« ins Ohr gebrüllt bekam. Die Griechen kannten zwar *kairos*, aber kein *timing*, denn Amerikaner gab es damals noch nicht.

Der Erntezeitpunkt der 18 Apfelsorten, die Martina und Moritz auf ihrem Apfelgut in Sulz heute anbauen, ist von Sorte zu Sorte verschieden. »Die frühen Sorten werden ab August genussreif geerntet, denn sie haben ja keine Lagerdauer, weil sie nicht haltbar sind«, erläutert Moritz. »Einen Jakob-Klar-Apfel solltest du pflücken und dann sofort essen – du kannst ihn nicht irgendwo hinlegen. Der zerfällt dir quasi vor deinen Augen. Und beim Gravensteiner verhält es sich ganz genauso.«

Etwas später kommen dann die mittelfrühen Sorten, Cox Orange, Elstar, Goldparmene, zum Beispiel. Nach klassischem Dafürhalten sind diese Sorten vierzehn Tage bis drei Wochen nach dem Pflücken genussreif. »Aber heute reißen sie einem die sofort aus der Hand und essen sie unreif«, so Moritz. »Die Leute wissen gar nicht mehr, wie diese Äpfel eigentlich schmecken sollen. Und die späten Sorten, also die Lageräpfel, Glockenapfel, Boskop und so weiter, die schmecken ja eigentlich noch nicht richtig in dem Moment, wo du sie pflückst. Die müssen lange liegen. Aber auch die werden von vielen Leuten heute sofort nach der Ernte gegessen. Dabei entwickelt so ein Boskop als Bratapfel seine größte Geschmacksintensität erst im Februar, wenn er schon ganz verschrumpelt ist. Oder zum Beispiel der Berlepsch. Von denen hat meine Mutter immer noch bis zur nächsten Ernte welche gehabt. Die schmecken natürlich vollkommen anders als ein frisch geernteter Apfel oder auch ein Apfel am Anfang seiner Reife.«

Die Europäische Union hat in ihrer Durchführungsverordnung Nr. 543/2011 vom 7. Juni 2011 genaue Bestimmungen über die Vermarktungsnorm von Äpfeln erlassen und wie der Reifegrad der Früchte zu bestimmen ist. Leider stehen bei diesen Qualitätsanforderungen an die Äpfel Größe, Färbung und die sogenannte Berostung im Mittelpunkt, also die entweder durch Klimabedingungen wie Frost oder Regen oder Mehltau, Milben oder Hefepilze ausgelösten Sommersprossen auf der Apfelschale. Die Anforderungen an die Reife der Äpfel werden dagegen recht lapidar in einem Satz zusammengefasst: »Die Äpfel müssen genügend entwickelt sein und einen ausreichenden Reifegrad aufweisen.«

Ganz ausgeschlossen also, dass ein Apfel bloß seines exzellenten Geschmacks halber in die »Klasse Extra« oder auch nur die »Klasse I« aufgenommen würde. Dazu sind ganz andere Kriterien zu erfüllen: Einen »unverletzten Stiel« müssen die Früchte haben, nur »sehr leichte Berostung« dürfen sie aufweisen, und schon der leichteste Form- oder Farbfehler schließt sie aus der höchsten »Klasse Extra« aus. Ob sie schmecken wie Sägemehl, ist hingegen kein Argument. Vom Geschmack der Äpfel ist erst die Rede, als die EU-Experten über Kategorien zur Überprüfung von Mindestreifeanforderungen nachdenken, wozu ihnen »morphologische Aspekte, Geschmack, Festigkeit und der Refraktometerwert« einfallen. Marktkonform sind Äpfel in Europa und den USA, wenn sie einen Durchmesser von 7,0 bis 8,3 Zentimeter aufweisen. In Japan werden noch größere Äpfel mit Durchmessern bis zu 11 Zentimetern bevorzugt. Alles unter 5,5 Zentimeter landet normalerweise in der Saftpresse.

Anders als in Südtirol, wo die Pflückreife der Äpfel für jede Region auf den Tag genau und unter Berücksichtigung der Höhenunterschiede von Obstbauvereinen unter wissenschaftlicher Anleitung des Land- und Forstwirtschaftlichen Versuchszentrums Laimburg ermittelt werden und die Züchter auch präzise Anweisungen für die Schädlingsbekämpfung erhalten, sind Martina und Moritz Einzelkämpfer und auf ihr eigenes Know-how angewiesen. In der Nähe liegen die Apfelanbaugebiete rund um Heilbronn und am Bodensee. Aber die klimatischen Bedingungen dort sind von denen des Apfelguts grundverschieden und dadurch nicht übertragbar.

Droht etwa eine Epidemie des insbesondere für Apfelbäume verheerenden Feuerbrand-Bakteriums, wie sie in der Schweiz unlängst zur Rodung von vierhundert Hektar Obstwiesen führte, nutzt das kurze Zeitfenster, in dem der Gesetzgeber die für die Bienen überaus heikle Hormonbehandlung der Blüten zum Schutz gegen den Feuerbrand erlaubt, dem Apfelgut am Rand des Schwarzwalds in der Regel gar nichts. Im Vergleich zu den großen Obstplantagen in der Bodenseeregion hinkt man hier, wo es mitunter im Juni zu Kälteeinbrüchen kommen kann und es einmal sogar im Juli noch Nachtfrost gab, unter Umständen eine Woche oder länger hinterher. »Wir machen dann eben nichts und verzichten auf die Behandlung«, erklärt Moritz resigniert. »Aber natürlich ist das ein Problem für uns. Selbstverständlich haben diejenigen, die über verlässlichere Wettervorhersagen für ihre Regionen und Zugriff auf die neuesten wissenschaftlichen Erkenntnisse verfügen, langfristig die Nase vorn. In Südtirol gibt es jetzt schon erste Geräte, die ohne die Schale zu verletzen genaue Angaben über den Zucker- und Säuregehalt eines Apfels liefern. Das ist schon faszinierend, wie man da die Natur beherrscht.«

Hobbygärtner mögen sich hierzulande mit der 1935 vom französischen Mediziner Jean Guillaume Lugol erfundenen sogenannten Lugolschen Lösung trösten, einer im Verhältnis von 1:2 in Wasser gelösten Mischung von Iod und Kaliumiodid, die es in Apotheken zu kaufen gibt. Auf die Schnittfläche eines Apfels aufgetragen, gibt die Tinktur durch den Vergleich mit einer Farbskala recht zuverlässig Aufschluss über das Stärke-Zucker-Verhältnis im untersuchten Apfel.

Die Reise von IHR und IHM ins vermeintliche Apfelparadies Südtirol endete allerdings mit einer unfreiwilligen Pointe. Zum einen sagten wir dem Bauern, in dessen Apfelplantage wir das Interview mit Judith Schalansky zur Zeit der Südtiroler Apfelblüte geführt hatten, dass wir nach so vielen theoretischen Erörterungen zum Thema nun Appetit auf einen Apfel bekommen hätten. Ob er denn einen selbstgezogenen Apfel für uns zum Probieren hätte? Der Mann geriet sichtlich in Verlegenheit, erklärte, alle seine zum Verkauf gezogenen Pink-Lady-Äpfel lägen in CA-Lagern, er habe hier nur Äpfel für seinen Hausgebrauch, und die wolle er uns lieber nicht anbieten. Unsere Neugier war geweckt. Warum denn nicht?, wollten wir wissen. Errötend gestand der Südtiroler Apfelbauer, dass er für sich und seine Familie Äpfel von einem alten Hybridbaum im Keller aufbewahre, die um diese Zeit ganz schrumpelig und unansehnlich seien, aber einen tollen Geschmack hätten. Es waren sogenannte »Meraner«, eine Kreuzung aus Jonathan und Golden Delicious. Widerwillig rückte er zwei Exemplare davon heraus. Nach all den faden Pink-Lady-Äpfeln, die wenig mehr als die Erfahrung eines neuen Aggregatzustands von Wasser boten, erwiesen sich die pelzigen Schrumpeläpfelchen des Bauern als eine kulinarische Offenbarung: herrlich mürbe, überwältigend im Aroma und perfekt in der Süß-Säure-Balance.

Martina lacht, als SIE und ER auf ihrem Apfelgut diese Geschichte erzählen. »Um diese Zeit im späten Frühjahr haben wir auch keine eigenen Äpfel mehr«, erzählt sie. »Einmal besuchte uns ein Fotograf für den *Stern* und wollte unbedingt, dass ich einen Apfelkuchen backe. Und alle Beteuerungen, dass ich um diese Zeit keine Apfelkuchen mehr backe, halfen nichts. Also mussten wir zum hiesigen Edeka fahren und Äpfel kaufen. Hoffentlich hat uns niemand dabei gesehen.« Pink Lady?, fragen SIE und ER. Nein, lautet die Antwort, ein Elstar vom Bodensee war's denn doch.

Kapitel 6

»Schnepfenhirn schmeckt ganz ausgezeichnet!«
Jürgen Dollase, der kulinarische Urknall und wie
aus einem Suppenkasper ein Gastrokritiker wurde.

Wer Kochbücher liest, muss sich beleidigen lassen. Zum Beispiel von Dr. Oetker. »Heute hat der Mann die Wahl: Entweder auf Zeit spielen und sehr langsam erst zum Höhepunkt kommen oder aber eine schnelle heiße Nummer am Grill. Unabhängig von der Geschwindigkeit ist die Reihenfolge immer gleich. Beim Vorspiel erst mal sanft einreiben, danach anmachen und entflammen, schließlich entspannen und genießen. Und dann die entscheidende Frage: War es gut? WELL DONE?«

Wann haben SIE und ER zuletzt ein Buch aufgeschlagen, aus dem uns ein so zotiger Herrenumkleidehumor entgegenschlug? So eine verschwiemelte Busengrapscher-Prosa, früher das Alleinstellungsmerkmal der *St. Pauli Nachrichten*, heute allenfalls noch in der *BILD*-Zeitung zu Hause? Das zwanghafte Dauergewitzel der Verklemmten, die so gern ein Mal im Leben die Sau rausließen, für die es aber immer nur bis zur nächsten obsessiv breitgetretenen Schweinerei reicht?

»Wann ist ein Mann ein Mann?«, fragt Klaus Schäfer, der *Well Done* für die Bielefelder Backmischer konzipiert hat. Und liefert auch prompt die erwartbare Antwort: »Männer ticken ganz einfach: Wenn Technikbegeisterung und Spieltrieb zusammenkommen, gibt es kein Halten mehr. Und weil sie immer unter Strom stehen, oft auf glühenden Kohlen sitzen und Anmachen als Volkssport begreifen, ist die öffentliche Zubereitung von Fleisch und Fisch eine optimale Gelegenheit, um zu zeigen, welche archaischen Talente in ihnen stecken. Hier trennen sich die Wege von Profigrillern und Amateurbrutzlern, hier zeigt sich, wer die ›Beute‹ am besten aussucht, behandelt und zubereitet. Wie es richtig geht, zeigt dieses Buch. Dann sagen auch die Mädels: ›WELL DONE!‹«.

Beute, Mädels, heiße Nummern? Was nach einer Zeitreise in die chauvinistischen sechziger Jahre klingt, ist die ernüchternde sprachliche Wirklichkeit im Weltbild der Kochbücher für Männer im Deutschland des Jahres 2015.

Well Done!, Dr. Oetkers »Kochbuch für Männer«, ist der sexistischste Text, der IHR und IHM seit langem unter die Augen gekommen ist. Und zugleich einer der aufschlussreichsten. Denn außerhalb einer Formel-Eins-Rennstrecke, eines Bordells oder des Aufsichtsrats eines DAX-Unternehmens wird man schwerlich irgendwo mehr erfahren über die Erfindung und Einübung von Geschlechterrollen im Deutschland des 21. Jahrhunderts als in Dr. Oetkers »Männerkochbuch«.

Dass unser Geschlecht nicht einfach ein von der Natur vorgegebenes Personenmerkmal ist, sondern ein kulturelles Konstrukt, diese Erkenntnis verdanken wir den Gender Studies. Mitte der achtziger Jahre fassten sie Fuß in den Sozialwissenschaften und wurden rasch zu einem Modethema. Ziemlich neu ist der Gedanke, sich auch im Kochbuch mit den Unterschieden im Ernährungsverhalten und im Kochstil zwischen Männern und Frauen zu befassen. Und die sind massiv: Statistisch gesehen essen Männer hierzulande doppelt so viel Fleisch wie Frauen und trinken fast viermal so viel Alkohol – Geschlechterdifferenzen, wie sie von keiner anderen Säugetierart auf diesem Planeten bekannt sind.

Doch lässt sich das offenbar in der Küche und bei Tisch praktizierte *Doing Gender* auch in ein kreatives *Cooking Gender* verwandeln? Vielleicht ist es dem Schielen auf diesen vermuteten neuen Markt geschuldet, dass die meisten Bücher über die unterschiedliche Küche von Mann und Frau schiere Mogelpackungen sind. Am krassesten trifft dies auf den Australier Ross Dobson zu, dessen drei Grill-Kompendien der deutsche Verlag im Untertitel als Bücher *für hungrige Männer* hochjazzt, während sein Originalverlag *Grill It!*, *Fired up* und *Grillhouse* völlig geschlechtsneutral vermarktet. Alle drei Bücher enthalten durchaus brauchbare Kochanleitungen, deren Übersetzung freilich unfreiwillige Pointen liefert, zum Beispiel diese Rezeptmarinade: »Ich schlage vor, die Hähnchenflügel in diesem Rezept über Nacht zu marinieren. Bitte nicht vergessen, sie währenddessen recht häufig zu wenden.« Danke für dem Tipp – SIE und ER stellen sich schon mal den Wecker.

Jugendliche beiderlei Geschlechts sind auch die Zielgruppe von Donal Skehans *Kitchen Hero*. Sein in plump anbiederndem Jargon geschriebenes Buch ist auf Deutsch komplett unverständlich, wenn man nicht weiß, dass Skehan als Mitglied einer Boyband in Irland populär wurde, vor Jahren einmal sein Heimatland beim Wettsingen der Eurovision vertreten durfte und seitdem als kochender Daniel Küblböck durch die dortigen Medien geistert.

Auch die Lektüre von Anne-Katrin Suras *Das Männerkochbuch-Crossover* hinterließ ein großes Fragezeichen über den Köpfen von IHR und IHM. Anders als der Titel erwarten lässt, hält Suras Buch nicht etwa Anweisungen für lustvollen Geschlechtertausch am Herd bereit. Stattdessen macht sich Sura für die Überwindung kulinarischer Landesgrenzen in der Küche stark und propagiert die Kombination von Gazpacho, Cevapcici und Tiramisu. Offenbar hat der Verlag versäumt, der Autorin den Titel ihres Buchs rechtzeitig mitzuteilen.

Auf die handfesten Ernährungsunterschiede zwischen Männern und Frauen geht allein Ludger Fischer ein in seinem meinungsstarken, aber faktenschwachen Buch über *Irrtümer, Vorurteile und Halbwahrheiten über Kerle am Herd*. In *Mann kocht* steht viel Gutes und Neues; nur ist das Gute nicht neu und das Neue nicht gut. Diese lustlos heruntergeschriebene Auftragsarbeit als kompiliert zu bezeichnen wäre schmeichelhaft. Fischers Streifzug durch die Welt der technikfixierten »Grillrüden« bleibt ärgerlicherweise durchgehend an der Oberfläche. »Haben Sie erwartet, ein Buch über kochende Männer wäre dicker?«, fragt Fischer nach 175 verplauderten Seiten. »Ich sag Ihnen was: Ich habe hier das, was es zu diesem Thema zu sagen gibt, mühsam gekürzt. So bleibt Ihnen das Geschwafel erspart, mit dem meine Geschlechtsgenossen Sie sonst nerven.« Leider nicht, wie das Zitat belegt. Seine dürftigen Ausführungen zur Geschlechterküche bläht Fischer auch noch mit zehnseitigen Exkursen zu eher abseitigen Themen wie »Küchen als Gefahrenherde« auf – so sieht Resteverwertung im Sachbuch aus.

Männerwirtschaft nennt Michaela Langer ihr Kochbuch. Dieses 2012 in einer »überarbeiteten Neuausgabe« auf den Markt geworfene Werk kommt aus jenen geistfernen Zeiten, als Männer noch genau wussten, wo Frauen hingehörten. Dafür sprechen auch seine antiquierten Rezepte wie die »Feuerzangenbowle« und das »Schwedische Hummerfrikassee«, welches das Erwärmen von »1 Dose Hummerfleisch« zusammen mit »1/8 l heiße Fleischbrühe (Instant)« vorsieht, der »Kekskuchen ›Kalte Schnauze‹« und das »Fleisch in Zwiebelsauce«, zu dem die Autorin verrät: »Der Trick dabei: Sie müssen nicht aufwendig rühren und abschmecken, die Sauce entstammt einer einfachen Tütensuppe.« Müssen SIE und ER noch erwähnen, dass dieses Buch früher im Set mit einem Dosenöffner verkauft wurde?

Doch es geht noch schlimmer, denn: »Es geht auch einfach!« Dieses »Es geht auch einfach!« prangt auf dem Titelbild von *Das ultimative Männer Kochbuch*. Lässt sich ein schöneres Motto für eine kulinarische Hölle vorstellen? Den Horizont dieses Machwerks demonstriert ein sage und schreibe dreiseitiges Rezept für »Birnen-Schoko-Pfannkuchen«, das gleichwohl mit der Aufforderung beginnt, sich »8 fertige Pfannkuchen« zu besorgen.

Auf dem Cover von *Das ultimative Männer Kochbuch* prangt im Design einer Warnplakette eine in Flammen stehende Chilischote, unter der nicht »Achtung scharf!« steht, sondern »Vorsicht heiß!«. Diese Text-Bild-Schere ist symptomatisch für den durchgängig nicht mehr englischen und noch nicht deutschen Text. Ein Blick ins Impressum verrät allerdings, dass die Gestalt des Textes weder Mann noch Frau anzulasten ist. Verantwortlich für die Übersetzung zeichnet »Scriptorium«, für die Realisation der deutschen Ausgabe »trans texas publishing«. Vielleicht ist das die Lösung für die Küche der Geschlechter.

Man muss diese Seichtgebiete der Kochbuchliteratur durchwatet haben, um die Lebensleistung eines Mannes zu ermessen, der dem Schreiben übers Kochen Geschwurbel und Larifari ausgetrieben und auf Präzision gesetzt hat. Jürgen Dollase ist als Gastrokritiker ein Sprachereignis. Ausgerüstet mit seinem unbestechlich sezierenden Blick und seiner präzis analysierenden Sprache, verkörpert Jürgen Dollase eine Ein-Mann-Aufklärung in einem Feld, das von Mystifikation und Verschleierung lebt. Jürgen Dollase polarisiert, manche reizt sein über die Jahre erarbeiteter No-ideas-but-in-things-Stil bis zur Weißglut. Seine Elogen und Verrisse in der *Fankfurter Allgemeinen Zeitung* treiben Hobbyköche wie SIE und IHN an ihre Verstehens- und manchmal auch an ihre Verstandesgrenzen, bringen Profis auf Gedanken an Rezepte nicht *für*, sondern *mit* Gastrokritikern (hat Loriot da nicht mit »Jäger im Reisrand« schön vorgelegt?) und lassen selbst diejenigen nicht kalt, die sich für Essen und Trinken vermeintlich gar nicht interessieren.

SIE und ER treffen Jürgen Dollase, seine Frau Bärbel und Hund Sophie auf einem Bauernhof in der Nähe von Mönchengladbach, den die Dollases zurzeit liebevoll restaurieren. Man muss sich Jürgen Dollase tatsächlich als ein Trio vorstellen. Gemeinschaft macht schlau, scheint das Lebensmotto des 1948 in Oberhausen geborenen Jürgen Dollase zu sein. SIE und ER kennen jedenfalls keinen Mann in Dollases Alter, der im Gespräch so oft seine Frau und gelegentlich auch seinen Welsh Terrier in die Beschreibung seiner Weltwahrnehmung einfließen lässt.

Mitunter hat Dollase dafür auch ein wenig Spott ertragen müssen. SIE und ER erinnern sich an einen Auftritt mit Jürgen Dollase, Lea Linster und Dieter Müller auf der LitCologne, während der Dieter Müller, einer der Urheber des deutschen Küchenwunders Anfang der siebziger Jahre, aus seiner gerade erschienenen Autobiographie *Wie Deutschland genießen lernte* las. Offenbar hatte Müller nicht daran gedacht, wer noch mit ihm auf der Bühne sitzen würde, und erkannte erst mitten im Satz, dass er im Begrff stand, *coram publico* eine Szene vorzutragen, in der er sich über den neben ihm sitzenden Gastrokritiker lustig machte. Dem 3-Sterne-Koch war eine Bemerkung Dollases sauer aufgestoßen, die er im Buch zitiert: »Herr Müller, ich muss wirklich sagen, Ihre Gänseleber ist ausgezeichnet. Mein Hund mag sie auch ausgesprochen gern.«

Man kann sich sofort vorstellen, dass François Vatel, der Hofkoch Louis XIV., dieses Kompliment als gut getarnte Sottise verstanden und sich ob eines solch infamen Lobs entleibt hätte. Das tat Vatel übrigens tatsächlich, angeblich wegen einer ausbleibenden Lieferung Fische während eines mehrtägigen Festbanketts. Jürgen Dollase meinte sein Lob für Müllers Gänseleber aber ganz unironisch, davon sind SIE und ER überzeugt: Dollase hat wirklich einen Heidenrespekt vor der Geschmacksempfindung seines Hundes.

Jürgen Dollase
und Sophie

Jürgen Dollase hat sich dreimal in seinem Leben radikal neu erfunden. Zum einen als Musiker. Dann als Maler. Und schließlich als Gastrokritiker. Was hat diese Transformationen eigentlich jeweils ausgelöst?

»Tut mir leid, aber es waren alles Zufälle«, erzählt Dollase am gemütlichen Küchentisch, an dem SIE und ER gerade einen köstlichen geschmorten Tafelspitz mit glasierten Karotten vertilgt haben. »Nach dem Abitur und dem Militär kam ich eigentlich eher von der Klassik und dem Jazz zur Popmusik – das hatte auch mit dem Einfluss von Drogen zu tun. Ein Italiener, Corrado Faccioni, hat damals erkannt, dass ich Talent habe, er hat mich bestürmt, ich solle E-Bass und E-Piano spielen, er hat mich mit den richtigen Leuten zusammengebracht, und irgendwann hatte ich dann meine erste Band.«

Diese Krautrock-Band nannte sich Anfang der siebziger Jahre zunächst »Blitzkrieg«, dann »Wallenstein«, hatte mit Songs wie »Charline« einige Chart-Erfolge und tourte bis zu ihrer Auflösung 1982. Danach konzentrierte sich Jürgen Dollase ganz auf die Malerei. In seinem Küchenhaus hängt hinter einem Flügel ein sehr beeindruckendes großformatiges Bild, das alle Assoziationsfelder des Bildtitels »Fleisch« von der Metzgerei über Küche und Klinik bis zum Bordell durchdekliniert und SIE und IHN an die phantasmagorischen Bildkompositionen Neo Rauchs denken« lässt.

»Musiker und Köche sind sich eigentlich viel näher als etwa Maler und Köche«, führt Jürgen Dollase aus. »Obwohl doch immer alle sagen, ein Teller sähe aus wie gemalt. Das ist eine ziemliche Verkürzung. Köche müssen wie Musiker in einer bestimmten Zeit performen und haben auch kaum die Möglichkeit, irgendetwas zu korrigieren. Maler können dagegen genau wie Literaten unendlich lange an irgendwelchen Sachen herumfeilen. Das machen Köche und Musiker zwar gelegentlich auch, aber die eigentliche Performance ist doch eher eine Ad-hoc-Sache. Die besten Köche der Welt haben eine Mannschaft, in der jeder für sich schon eigentlich ein Spitzenkoch ist, und diese Mannschaft ist nur dazu da, eine extrem hohe Qualität bis ins letzte Detail in Minutenschnelle zu realisieren. Dazu braucht man ein solches Orchester, das ist genau wie in der Musik.«

»Fleisch« von
Jürgen Dollase

Auf ähnlich beiläufige Weise geriet Dollase vom Malen übers Kochen ans Schreiben. Dem auch in kulinarischen Dingen kundigen *FAZ*-Feuilletonredakteur Patrick Bahners fiel eines Tages ein Leserbrief in die Hände, der durch seine Wortgewalt und stupende Sachkenntnis so ungewöhnlich war, dass er eher in die Kategorie Bewerbungsschreiben fiel. »Dass ich vom Malen zum Schreiben kam, war im Grunde wieder Zufall«, so Dollase. »Ich war damals ein wirklich fanatischer Hobbykoch, der sich tagsüber beim Malen unentwegt überlegte, was er abends kochen soll – meine Frau freute sich schon immer darauf. Aber ich habe nie daran gedacht, darüber zu schreiben oder sonst was. Über einen etwas längeren Leserbrief kam ich dann an die *FAZ* und bin dann gleich mit einem großen Text über Alain Ducasse in Paris eingestiegen. Was die drei Felder für mich verbindet, ist, dass ich nach der Musik und dem Malen nun auch im dritten Bereich, der Kulinarik, über ein sehr gut entwickeltes Handwerk verfüge. Ich sehe da sonst keine großen Zusammenhänge, außer dem einen: Mir gefällt die Kombination von Handwerk und einem Maximum an theoretischem Überbau. Das Handwerk ist die Grundlage der Auseinandersetzung mit der Materie, aber auch für die Auseinandersetzung mit der Gesellschaft, die im kulinarischen Bereich eher praktischer orientiert ist. Auf der einen Seite gilt es also, mit den Produzenten zu kommunizieren, herumzulaufen, auf der Suche nach Qualität einen Überblick zu gewinnen. Und auf der anderen Seite hat sich gezeigt, dass das Kulinarische an Philosophie und Psychologie grenzt, die Wechselwirkung zwischen der Materie, dem Koch und dem Esser sind so vertrackt und komplex, dass es höchst interessant bleibt.«

Für einen Musiker seiner Generation ist die Bekanntschaft mit Drogen eher typisch als etwas Besonderes. Untypisch ist, wie Jürgen Dollase im Rückblick über seine Drogenerfahrungen spricht. »Ich war in diesem Punkt immer Hedonist. Ich war kein Opfer, wie das heute immer alle von sich behaupten, vor allem wenn sie etwas prominenter sind. Da heißt es dann, man sei da nur aus Zufall reingeschliddert, und überhaupt wäre man nie in der Szene gewesen, immer nur am Rand. So war es bei mir ganz und gar nicht. Ich war schon mittendrin. Es ging mir um Haluzinogene, nicht um härtere Sachen, um die habe ich immer einen Bogen gemacht. Es war die Faszination für neue Welten – die Popmusik hatte eine Menge damit zu tun.«

Den Übergang von einem von Klassik und Jazz begeisterten Musiker zum Pop markierte für Jürgen Dollase das Erlebnis des Gitarrenvirtuosen Jimmy Hendrix, den er um 1968 für sich entdeckte. »Da kam auf einmal mit Hendrix die Erkenntnis: Was machen die denn da für eine Musik?

Das ist der absolute Wahnsinn! Auch in der Jazzszene in den sechziger Jahren war schon ein bisschen Gras unterwegs. Die Übergänge waren fließend. Und die Erfahrung mit LSD war natürlich schon ziemlich interessant. Ich hatte das Glück, nie in Schwierigkeiten zu geraten, ich habe nie den Hauch von psychotischen Effekten erlebt, wie leider einige meiner Bandkollegen während dieser Jahre, und insofern wurde ich auch nie zu einem Dauerkonsumenten. Ich fand das äußerst anregend, aber eher von der philosophischen Seite her, denn meine ersten Kontakte zu Drogen führten mich schnell in eine Kommune, wo alles sehr fernöstlich geprägt war. In dieser Kommune drehte sich alles um Indien, Asien und Meditation, das war sozusagen der Überbau, mit Disko und Abrocken hatte das nichts zu tun. Es war eine sehr intensive Zeit. Ich habe da faszinierende Sachen erlebt, aber irgendwann kam auch der Zeitpunkt, wo man denkt, es ist schon irgendwie grenzwertig, dass man in keinen Supermarkt mehr gehen kann, ohne dass einem die vielen Lichter Probleme bereiten. Es tat einfach gut, nach diesen für meine Begriffe auch extremen Erlebnissen, die mich weit weg von mir geführt haben, wieder zurückzukehren in ein wacheres Bewusstsein und dann das Gefühl zu haben: Mein Gott, du kannst aber schnell denken, ist ja irre, wie du einfach zackzackzack irgendwas schnell geregelt bekommst. Das war eine der besten Erfahrungen, die ich je gemacht habe: Dass schnelles, kohärentes Denken eine wunderbare Gabe ist. Diese Rückkehr vom Rausch in die Nüchternheit fand ich wirklich erhebend.«

Für Essen hatte der Krautrocker Jürgen Dollase zunächst allerdings in des Wortes schönstem Doppelsinn gar nichts übrig. Mit der Muttermilch hat der im Ruhrgebiet Aufgewachsene lediglich eine starke Abneigung gegen Fisch ein-gesogen. »Ich habe eigentlich immer ein gutes Verhältnis zu meiner Mutter gehabt, aber Fisch war nicht gut von meiner Mutter ... Das sind die berühmten frühkindlichen Erlebnis-se. Ich weiß allerdings nicht, ob es zu dieser Zeit im Ruhr-gebiet, wo ich herkomme, überhaupt wirklich frischen Fisch gegeben hat. Meine Großmutter hat in meinen ersten Jahren gern ganz schnörkellose Sachen gekocht. Frikadellen, aber pur und frisch, Kartoffeln, Rotkohl, viel gute Butter, wie man damals sagte. Und ich hatte ein Faible dafür entwickelt, dass man eine Menge Butter braucht, wenn etwas richtig gut wer-den soll, das wusste ich schon aus meiner Kindheit. Später, als etwas bekannterer Musiker, wurde ich von Plattenfirmen auch international zum Essen eingeladen. Ich bin wirklich in Panik verfallen, was zum Teufel ich in diesen guten Res-taurants essen könnte, und war schon froh, wenn ich irgend-etwas wie Kalbsgeschnetzeltes auf der Karte fand.«

Mitte dreißig hatte Jürgen Dollase dann ein kulinarisches Damaskus-Erlebnis, das aus dem ignoranten Saulus einen gastrosophischen Paulus machte. Seine über Jahre und Jahr-zehnte sorgsam befestigte und fleißig überwachte Ekelzone schrumpfte innerhalb kurzer Zeit schneller zusammen als das Staatsgebiet Österreichs 1918. »Essen war für mich früher etwas, das eher Verdruss bereitete als Vergnügen. Probleme machten mir insbesondere Geflügel und Fisch, im Grunde fast alles ... Was ging, waren Frikadellen, Kalbfleisch, Wie-ner Schnitzel, irgendwas in der Richtung. Hinzu kam, dass ich als Musiker früher in einer Szene gelebt hatte, wo man abends nach dem Konzert schon froh war, wenn man ir-gendwas fand, was noch offen hatte. Geld für Essen hatten wir sowieso nicht. So wurden wir in den siebziger Jahren auch zu Konsumenten der ersten Hamburger-Restaurants in Deutschland. Das war aber gar nicht das Problem. Ich dachte damals wirklich, dass ich meine Essstörung nie mehr loswerden würde.

Immerhin war ich schon um die fünfunddreißig, als ich dank meiner Frau darüber hinwegkam. Aber nicht mit Hilfe eines Therapeuten, sondern einfach mittels eines gewissen sozialen Drucks. Zum einen hatte ich den individuellen Leidensdruck, denn ich fühlte mich schrecklich in der Rolle eines Menschen, der in Paris an wunderschönen Restaurants vorbeigeht, aber nicht in der Lage ist, sie zu betreten. Dabei spürte ich, wie gern meine Frau das gewollt hätte. Ich empfand mich mehr und mehr als Außenseiter und fragte mich: Warum kann ich da nicht hin und das genießen? Obwohl ich doch sah, wie toll die Leute das alles fanden. Und mir selbst gefiel das ganze Drumherum ja auch gut. Ich fand mich einfach peinlich. Ich konnte bei diesen ganzen Sachen schlicht nicht mit. Ich schaffte es einfach nicht – ich konnte mir dieses ganze Zeugs nicht in den Mund stecken!

Irgendwann musste dann zu diesem individuellen noch der soziale Druck hinzukommen. Einmal waren meine Frau und ich spontan der Einladung eines Malers, dem wir ein Bild abgekauft hatten, ins Elsass gefolgt. Der Maler kannte mich noch so von fern als Musiker, weil wir einmal in Colmar in den Messehallen gespielt hatten, und da sagte er, wunderbar, kommt mich besuchen! Und an dem Abend kamen dann dessen ganze Freunde an und wollten diese Kuriosität von einem ehemaligen Musiker bestaunen. Der Haken war nur: Es gab Garnelen! Und das waren für mich damals nichts anderes als Regenwürmer. Ich habe sie mir dann tapfer in den Mund gelöffelt, das war für mich eigentlich gar nicht so sehr das Problem. Aber beim Herunterschlucken musste ich würgen ... Hinterher sagte mir meine Frau, diese knoblauchgesättigte Garnelensuppe sei eigentlich grauenhaft gewesen. Aber für mich war diese Suppe der entscheidende Schritt über den Rubikon.«

Es ging für Jürgen Dollase dabei nicht nur um die Überwindung von Ekel. Es war, so beschreibt er seine lebensverändernde Erfahrung, als hätte er eine rote Linie überquert. »Und hinterher dachte ich mir: Mein Gott, was gibt es denn da alles? Das habe ich ja bislang gar nicht wahrgenommen! Das ging blitzschnell. Ich überlegte mir: Da existieren eine ganze Reihe von Dingen, die sind ja wunderbar, und dabei hast du bisher noch nie etwas davon essen wollen. Und jetzt hast du eines davon probiert, und es schmeckt selbst in einer schlechten Fassung noch köstlich!«

Zunächst war Dollase im neu entdeckten Kosmos des Kulinarischen recht orientierungslos und stand vor einem Berg von Dingen, die er noch nie gegessen hatte, aber unbedingt probieren wollte. Recht schnell machten Jürgen und Bärbel Dollase am Anfang ihres Ausgangs aus ihrer selbst verschuldeten kulinarischen Unmündigkeit die Entdeckung, dass es wenig sinnvoll war, unentwegt über den eigenen Geschmack nachzudenken, sondern dass sie glaubhafte Vorbilder brauchten. »Als ich diese Linie vom Fastfood-Konsument und Schnitzelesser zur besseren Küche zu überschreiten begann, habe ich mir überlegt: Worauf will ich mich denn nun verlassen? Ich kann mich auf nichts verlassen, was in mir drin ist, denn ich weiß ja nichts. Ich hatte von der ganzen Geschichte keine Ahnung. Deshalb habe ich erst mal geglaubt, was in guten Restaurantführern steht, also im *Michelin* oder im *Gault & Millau* und so weiter.

Meine Frau und ich hatten beide mit dem Rauchen aufgehört und fütterten nun eifrig eine Spardose mit Fünfmarkstücken. Wir haben uns vorgenommen: Das ist jetzt unser Etat, davon gehen wir in gute Restaurants, und zwar, um uns über die klassische Küche zu orientieren und um etwas zu lernen. Das war natürlich ein leichtes Spiel. Viele Menschen, die noch nie in ihrem Leben in Sternerestaurants waren, wissen ja einfach nicht, dass dort im Prinzip alles gut schmeckt. Man muss keine Angst haben, dass dort irgendwelches schräges Zeugs auf den Tisch kommt. Vielleicht im kreativen Bereich, aber nicht in einem normalen Sternerestaurant. Da waren auch schon sehr früh Restaurants dabei, bei denen wir uns hinterher gesagt haben: Eine Jakobsmuschel mit ein paar Gemüsejuliennes und einer Soße? Also, da brauchen wir nicht noch mal hinzugehen, da lernen wir nicht sehr viel.«

Also fingen Bärbel und Jürgen Dollase an, immer bessere Restaurants zu frequentierten – zwei Sterne sollten sie schon haben oder 18 Punkte im *Gault & Millau*. Damit einher ging dann schnell die Ausbildung einer Qualitätsrangfolge innerhalb der besuchten Restaurants im Vergleich und die Erkenntnis, dass es immer wieder noch etwas Neues zu entdecken gab. »Das hat sich bis heute erhalten: Die Orientierung an sehr rigiden Qualitätsstandards und das Interesse an neuen Sachen. Wenn irgendwo ein Restaurant aufmacht, das etwas Neues bietet, würde ich es heute, auch wenn ich nicht aus beruflichem Interesse da hinmüsste, sofort besuchen.«

Ekelt sich Jürgen Dollase inzwischen denn wirklich vor gar nichts mehr?

»Meine kulinarische Evolution fand unter einem gewissen sozialen Zwang statt, ich habe immer wieder kleinere

Hemmschwellen überwunden: die erste Auster, die erste Jakobsmuschel, der erste Seeigel und so weiter. Heute habe ich damit keine Probleme mehr. Das ist ja alles reine Kopfsache. Bei René Redzepi im ›Noma‹ in Kopenhagen gab es einen Gang, da wurden lebende Garnelen serviert, die man dann auch lebend essen sollte. Man sollte also die zappeligen Dinger nicht nehmen, den Schwanz abreißen und ihn sich dann in den Mund stecken. Nein, so die Aufforderung, die Garnele bitte ganz essen! Und warum? Weil der Kopf über ein enormes Aroma verfügt und wunderbar frisch schmeckt. Das klingt jetzt vielleicht erst mal bizarr, hat aber eine uralte Tradition. Ich erinnere mich, dass man sich in einem deutschen Feinschmeckermagazin über Redzepis Garnelen mokierte, während gleichzeitig das Buch eines bretonischen Kochs erschien, das mit einer Schilderung begann, wie herrlich das früher gewesen sei, am Strand spazieren zu gehen und sich die Garnelen einfach so in den Mund zu stecken. Eine ganz traditionelle Geschichte gilt heute plötzlich als pervers. Das zeigt auf, mit was wir es im ›Noma‹ zu tun haben: mit der Verknüpfung von kognitiver Wahrnehmung und assoziativem Hintergrund, und Redzepi trifft mit einem solchen Gang genau diesen Punkt. Er weiß ganz genau, dass neuneinhalb von zehn seiner Gäste große Probleme damit haben, so etwas zu essen. Aber das gehört zum Programm. Und was ist, wenn sie die Garnelen dann gegessen haben, was die meisten Leute ja tatsächlich tun? Ich glaube, so ein Gericht löst einen ziemlich schweren Tumult im Kopf aus, man muss sich überwinden, und hinterher ist man ein ganzes Stück weiter.

Meine Frau hat eher als ich mal ein schlechtes Gewissen, bestimmte Dinge zu essen. Wir haben gewisse Knackpunkte, zum Beispiel zu junge Tiere. Ich schreibe da auch meistens nicht drüber. Also Spanferkel, Milchlämmer und so was. Die Spanferkelkategorie ›U5‹, also Tiere mit einem Gewicht von unter fünf Kilo, finde ich eine Art von Perversion. Natürlich hat auch so was seinen kulinarischen Grund. Ein Teil des klassischen Gourmetpublikums sind für mich gar keine Gourmets, sondern einfach Luxusesser, die in die besten und teuersten Restaurants gehen, weil sie sich das leisten können. Sie wollen dort aber nicht auf Sachen treffen, die natürlich sind und Geschmack haben, deshalb gibt es in diesen Restaurants so oft Fleischstücke wie aus der Fabrik. Man sieht diesen Fleischstücken gar nicht an, woher sie stammen und was sie sind. Landet aber dann doch mal etwas auf dem Teller, wo das anders ist, zum Beispiel eine Taube, an der noch Kopf und Füße dran sind, oder eine Schnepfe mit aufgespaltenem Schädel, geht das Gezeter los, und es wird schwierig. Dabei schmeckt Schnepfenhirn ganz ausgezeichnet. Es ist ja auch alles andere als eine Perversion, wenn man wirklich alle Teile von einem Tier isst.«

Wie viele, die im kulinarischen Bereich tätig sind, hat Jürgen Dollase ein sehr pragmatisches Verhältnis, was das Essen von Fleisch, die Kultur des Tötens von Tieren und die damit verbundenen Praktiken angeht.

»Viele sagen, wenn ein Tier bestens lebt, und dann kommt der Tag, da es, ohne dass es kilometerweit durch die Gegend gekarrt wird, schnell und präzis geschlachtet wird, hat es im Vergleich zu vielen Menschen ein recht gutes Leben gehabt. Das können wir irgendwie vertreten. Man kann auch sagen, ich finde ein Tier wunderbar, aber ich kann es auch hinterher essen. Ich sehe da keinen Gegensatz. Andererseits ist richtig, dass dafür, wie in vielen Restaurants Hamburger gemacht werden, ganz sicher kein Tier sterben muss. Bei den meisten dieser kulinarischen Moden, die durch Deutschland schwappen, fehlt mir der zweite Blick auf die Sache. Also nicht nur zu diskutieren, ob Menschen, die eine vegetarische oder vegane Ernährungsweise propagieren, recht haben oder unrecht haben, sondern auch mal die Frage zu stellen: Warum denken die so? Warum haben wir auf einmal eine Situation, dass viele Leute nicht mehr Fleisch essen wollen? Diese Frage ist meiner Meinung nach nicht geklärt.«

Das Denken im antiken Griechenland kreiste um Begriffe wie *arete*, ἀρετῆ und *akme*, ἀκμῆ, also um die Vorstellung eines optimalen Reifegrads im Leben des Menschen oder im Daseinszyklus eines Tiers oder landwirtschaftlichen Produkts. Jeder Besuch in einem deutschen Supermarkt zeigt aber, dass die wenigsten Kunden auf Reife wirklich Wert legen. Jürgen Dollase erklärt dies mit mangelnden Kenntnissen der Physiologie der Produkte.

»Gerade beim Fleisch zum Beispiel. Man kann hier in Deutschland zu Feinkostadressen gehen und Filet vom Steirischen Almochsen verlangen, und wenn man fragt, wie alt das ist, bekommt man gesagt: ›Zehn oder zwölf Tage, das können Sie sofort essen!‹«

Profis können über solche Aussagen nur den Kopf schütteln. »Das ist lächerlich«, so Dollase. »Bei Rindfleisch reden wir von Reifezeiten, die auch schon mal ein bisschen jenseits des Legalen liegen und an die sechs Wochen heranreichen können. Oder nehmen wir Schweinefleisch. Schweinefleisch, heißt es, sei frisch am besten. Aber fragen Sie mal Spezialisten ... Natürlich sollte man auch Schweinefleisch dringend reifen. Hygieniker bekommen wahrscheinlich schon beim Gedanken daran einen Schlaganfall. So ist es leider mit allem: Unsere Kenntnisse über die Produkte sind reine Oberfläche! Im Moment bestehen sie eigentlich nur noch aus der Kenntnis der Produktnamen. In Deutschland ist eine Kultur des Wählerischen entstanden, die ich für das Gegenteil von feinschmeckerisch halte. Wählerisch ist für mich, wenn man in dem gleichen Produkt unglaublich viele Varietäten liebt wie bei Kartoffelchips. Oder nehmen Sie nur mal die vielgelobte Wurstvielfalt in Deutschland ... Das ist für mich eine Vielfalt, die aus dem Wählerischen entstanden ist. Es gibt kaum konturenreiche Wurstwaren, aber es gibt Fleischwurst mit und ohne Clownsgesicht, Fleischwurst in Mickymausform oder Fleischwurst mit allen möglichen Kräutern oder sonst was. Das ist die Kultur des Wählerischen. Die sollte man nicht verwechseln mit dem, was wirklich feinschmeckerisch ist. Das Feinschmeckerische würde ich immer im Kern einer Sache vermuten. Ich würde immer fragen: Wo ist denn das richtig gute Produkt? Und wo haben wir es mit bloßen Abweichungen zu tun? Dieser Kern einer Sache mag sich durch verschiedene Entwicklungen auch mal verschieben. Man kann Rindfleisch eben je nachdem mal länger oder mal kürzer reifen lassen, man kann Dry-aged Beef bevorzugen oder foliengereiftes Fleisch.«

Um einige Produkte, Spargel oder Matjes zum Beispiel, wird ein regelrechter Reifekult getrieben. Andere hingegen, Möhren, Lauch, Tomaten, Zwiebeln etwa, kennen derartiges Marketing-Tamtam und solche Popularisierungskampagnen nicht. Dabei weiß jeder, der einen eigenen Kräuter- oder Gemüsegarten besitzt, ganz genau um den Unterschied zwischen tagesfrisch geerntetem Gemüse und gelagerter und transportierter Ware. Für Menschen, die sich aus dem Supermarkt ernähren, mag das irreal klingen. Aber es ist ja auch eine Form von Realitätsverweigerung, solche kulinarischen Tatsachen auszublenden und sich in einer Frische-Illusion zu wiegen, die der Wirklichkeit des Angebots im Handel nicht entspricht.

»Schneiden Sie mal morgens irgendetwas ab und verfolgen Sie, wie es dem abends geht. Selbst ein Salat fängt dann schon an wegzuschlaffen. Die sensorische Qualität und die Möglichkeit zur Weiterverarbeitung leiden da bei vielen Frischeprodukten ganz erheblich. Beim Fisch gibt es die Binsenweisheit, dass jede 24 Stunden außerhalb des Wassers für den Fisch einen neuen Tod bedeuten. Auf gut Deutsch heißt das: Nach 24 Stunden ist der Fisch, wenn man es ganz eng nimmt, eigentlich nicht mehr zu gebrauchen. Das stimmt allerdings nicht ganz, denn bei einigen größeren Fischen, so ab zwei, drei, vier Kilo aufwärts, etwa beim Steinbutt, bei größeren Seezungen oder beim Wolfsbarsch, empfiehlt es sich, eine bestimmte Zersetzung des Eiweiß abzuwarten, sonst sind diese Fische kaum zu verarbeiten. Im Prinzip sollten wir das alles wissen und uns danach verhalten. Wenn man dann aber durch einen Supermarkt geht und allein im Gemüsebereich sieht, was da alles nicht hingehört, kann das schnell in Richtung 90 Prozent des Sortiments gehen. Spargel zum Beispiel. Alles, was an Spargeln außerhalb der Saison in einem Supermarkt landet, ist uralt. Und selbst in der Saison ist dort richtig feldfrischer Spargel kaum zu bekommen. Das spielt aber eine große Rolle, denn je mehr Wasser der Spargel hat, desto simpler reagiert er auf die Garung und bleibt aromatisch sehr viel vollständiger.«

Improvisiert Dollase heute in seiner Küche wie früher als Musiker? Oder komponiert er Gerichte auf Papier, wie manche Musiker Noten am Schreibtisch notieren und später am Instrument nur noch überprüfen, was ihnen eingefallen ist?

»Viele sehr, sehr gute Köche können das und machen das auch. Sie setzen sich hin und schreiben einfach auf, was gemacht werden soll, ohne es zu probieren. Wie bei der Improvisation in klassischeren Formen des Jazz ist das eigentlich eine Komposition aus Versatzstücken, die schon sehr häufig gespielt worden sind. So ist das beim Kochen natürlich auch. Man kennt einfach die vielen Elemente und bringt sie dann neu zusammen. Der nächste Schritt besteht darin, sich vorzustellen, zu antizipieren, was nun dabei herauskommt. Das theoretisch zu machen ist etwas schwieriger, aber die Ausschussquote ist gering.«

Jürgen Dollase versucht in seinem Schreiben als Gastrokritiker etwas zu verallgemeinern, was sehr viele Menschen als das Individuellste ihrer Persönlichkeit überhaupt begreifen: ihren Geschmack. Und Dollase hat dafür eine eigene Methodik der Geschmacksanalyse entwickelt und eine Sprache gefunden, in der Begriffe wie Textur, Akkord, Verlauf, Aromenschichten eine wichtige Rolle spielen. Wie ist er zu dieser Sprache und dieser Methodik gelangt?

»Das ist peu à peu entstanden. Aber aufgefallen ist es meiner Frau. In einem Restaurant habe ich ihr eines Tages erklärt: Nimm doch mal das und das auf den Löffel, und dann wirst du das und das erleben. Am Anfang wirst du gar kein Aroma wahrnehmen, und dann schmeckt es so und so, und dann spürst du die und die Textur, und dann passiert das und das. Im Prinzip wie beim Wein. Es ist einfach eine Frage der Hinwendung auf das, was man sich in den Mund steckt. Der Witz ist: Das ist für alle Menschen möglich! Um Essen auf diese Art zu genießen, brauchen Sie nicht vorher in hundert verschiedenen Gourmetrestaurants gewesen zu sein. Das hat nichts damit zu tun, rauszufinden, welche Foie gras nun die beste ist. Diese Art zu essen erfordert keinerlei Training oder Ausbildung im engeren Sinne. Sie müssen dafür keinen Kursus besuchen. Es ist oft wie das Umlegen eines Schalters im Gehirn. Umschalten auf das, was meiner Meinung nach den Menschen eigentlich ausmacht, nämlich sich mit dem zu befassen, was man wahrnehmen kann. Wir urteilen zu schnell, wir nehmen zu wenig wahr. Das gilt auch für andere Kunstbereiche. Für die Musik und die Malerei gilt das, glaube ich, ganz genauso.

Was nun die Sprache angeht: Wenn man für die *Frankfurter Allgemeine Zeitung* arbeitet, hat man zu Beginn natürlich ein bisschen die Projektion, wir müssen jetzt ordentlich schwurbeln, wir sind schließlich bei der *FAZ*. Mit ›wir‹ meine ich meine Frau und mich. Irgendwann sind wir dazu übergegangen, uns zu fragen: Was wollen wir denn eigentlich? Und warum schreiben wir nicht exakt das, was wir sagen wollen, und sonst gar nichts? Legen uns dabei keine großen Hemmnisse in den Weg, sondern versuchen für dieses Gebiet des Kulinarischen, für das es kaum Wörter gibt, eine eigene Sprache zu finden, notfalls eigene Begriffe. Wir wollen uns auf alle Fälle verständlich machen.«

Gastrokritik, wie sie Jürgen Dollase betreibt, löst mitunter erstaunlich heftige Reaktionen aus. Und dies durchaus nicht nur bei schlecht bewerteten Köchen und Restaurantbetreibern, die sich natürlich aus nachvollziehbarem Grund über die Ungerechtigkeiten einer öffentlichen Prüfungssituation echauffieren, der sich Zahnärzte, Rechtsanwälte oder Verwaltungsbeamte ihr Berufsleben lang kaum ausgesetzt sehen. »Die Empfindungen, die Menschen beim Essen haben, ähneln ihren religiösen Empfindungen«, erläutert Jürgen Dollase. »Wer will einer italienischen Mama, die jeden Tag in die

Kirche geht und voll alter Frömmigkeit eine Kerze entzündet, denn sagen, sie sei nicht fromm? Und genau so ist es auch beim Essen: Wer will einem Bauarbeiter, der nach einem Tag harter körperlicher Arbeit in eine Imbissstube geht und seine Pommes rot-weiß bestellt, denn sagen: Das ist Müll, was isst du denn da für einen Quatsch?

Wir müssen den Dialog über Essen offener und undogmatischer aufziehen. Wir müssen von dem ausgehen, was wir tatsächlich erleben. Und da fehlen uns in der Sprache traditionell Begriffe. Wir müssen – man mag es kaum glauben – heute in Deutschland kulinarisch bei null anfangen. Ein ganz einfaches Beispiel: Wenn Sie sich irgendeine simple Kombination von Elementen in den Mund stecken und man Sie danach fragt, was exakt Sie gerade bemerken, dann werden Sie kaum in der Lage sein, darüber zu sprechen. Wir haben vielleicht für einige sensorisch auffälligere Dinge wie Temperaturen oder wenn etwas kross ist ein Wort dafür. Für den aromatischen Bereich haben wir nur die Identifikation des Aromas. Aber verfügen wir über andere Klassifizierungen des Aromas? Uns stehen für das Zusammenwirken unserer Geschmacksempfindungen keine Begriffe zur Verfügung. Das ist keineswegs auf das Deutsche beschränkt. Ich sehe darin eine fast anthropologische Entwicklung. Wir sind heute an einem Punkt angelangt, wo wir merken, dass wir als Menschen in diesem Sektor gigantische Wahrnehmungsmöglichkeiten haben und dass die Konstatierung dieser Wahrnehmungsmöglichkeit mit der Sprache noch nicht synchronisiert ist. Wir nehmen zwar etwas wahr, aber wir haben keine Wörter dafür.«

Und genau das möchte Jürgen Dollase durch seine Arbeit ändern.

Er teilt die heutige avancierte Kochkunst in zwei Lager ein. Auf der einen Seite steht die bürgerliche Gourmetküche, die Vertreter der klassischen und konventionellen kulinarischen Exzellenz; und auf der anderen Seite das Lager der rastlos Kreativen und Innovatoren in der Sterneküche. Dass er innerlich mehr zur Letzteren neigt, will er sich von IHR und IHM allerdings nicht unterstellen lassen.

»Dieses Lager ist keineswegs von mir favorisiert! Ich glaube aber, dass das Interesse an den kreativen Entwicklungen in einem ästhetischen Fach dem Kritiker in die Wiege gelegt sein muss. Sonst wäre er keiner. Ein Kritiker muss fasziniert sein, wenn irgendwo etwas Neues auftaucht. Und das Neue hat es nun mal an sich, dass es meist angefeindet wird. Von daher ist das Engagement des Kritikers für die neue Sache proportional vielleicht etwas höher. Aber die Unterteilung zwischen einer bürgerlichen Gourmetküche – ein Begriff, den die Spitzenköche dieses Lagers natürlich nicht mögen, weil es zu sehr nach gutbürgerlicher Küche klingt – und einer kreativen Gourmetküche ist eigentlich eine Selbstschutzmaßnahme für das System. Denn zwischen diesen Lagern herrscht ein mal mehr, mal weniger offen ausgetragener Krieg.

Wir wären schon einen Schritt weiter, wenn man ganz klar sagen würde, dass die bürgerliche Gourmetküche so wie die gutbürgerliche Küche funktioniert, also macht, was die Leute kennen und mögen, nichts Neues. Vor allem verschont sie ihre Gäste mit bösen Überraschungen wie Ameisen oder Raupen. Und auf der anderen Seite steht die kreative Gourmetküche, die genau das nicht will, sondern den Raum des Möglichen erweitern möchte. Wie übrigens auch sehr gute Köche aus beiden Lagern wie Eckart Witzigmann oder Ferran Adrià lege ich solche Fragen nie auf die Goldwaage. Es käme mir nicht in den Sinn, gleich ein Programm daraus zu machen. Ferran Adrià hat ja gesagt: ›Was möglich ist, kommt bei mir auch vor.‹ Das ist ein bisschen wie bei Groucho Marx: ›Those are my principles. And if you don't like them ... well, I have others.‹

Die Aggression geht eher von der Seite der Traditionalisten aus, die versucht hat, dieses spielerische Element – hinter dem ja, wenn man so will, Schillers Idee steht, dass der Mensch nur da ganz Mensch ist, wo er spielt – nicht gelten zu lassen und einen Kulturkampf daraus zu machen. Wir sind ja nicht nur beim Essen sehr spießig. Es berührt auch die Frage, wie stark man sich in einem Land individualisieren darf. Dank Internet und Privatfernsehen hat man für alle möglichen Vorlieben einen Kanal gefunden, wo sich Leute, die sich dafür interessieren, voll austoben dürfen. Das hat natürlich dazu geführt, dass gemeinsame Werte in den Hintergrund gerückt und teilweise verschwunden sind. Zu diesen gemeinsamen Werten, die verschwunden sind, gehören viele kulinarische.

Wenn man Schweinsbraten mit Semmelklößen für ein deutsches Nationalgericht hält, dann sollten auch die besten deutschen Köche dieses Gericht in einer sensationellen Form auf ihren Speisekarten anbieten – dann wäre man da, wo Frankreich, Italien und Spanien schon immer waren. Dazu ist es in Deutschland im kulinarischen Bereich nicht gekommen. Jeder kann machen, was er will, es wird nicht sanktioniert. Es gibt keine Bundeskanzlerin, die sagt: Könnt ihr nicht mal etwas Besseres essen? Im Gegenteil – Angela Merkel geht wie viele Politiker mit schlechtem Beispiel voran. Populismus ist auf jedem Feld immer ein Feind von guten Entwicklungen.«

Jürgen Dollases persönliche Entwicklung ist gegenläufig zu der überwiegenden Mehrzahl unserer Geschmacksgeschichten. Bei den meisten Menschen ab dreißig beginnt die Breite der Palette dessen, was sie mit Genuss zu sich nehmen, eher zu schrumpfen, als sich zu vergrößern. Für Dollase ist sein eigenes Erweckungserlebnis als Gourmet Anlass zu einer im Grunde sehr optimistischen Küchenphilosophie: Es ist nie zu spät, das Gelbe vom Ei zu entdecken, so seine Botschaft.

»Am Anfang ihres Lebens sind Menschen omnivor, essen mit Ausnahme einiger durch Bitternoten oder extreme Schärfe geprägter Lebensmittel buchstäblich alles. Dann kommen bestimmte Fimmelphasen, für die sich der Name Pubertät eingebürgert hat, und der erwachsene Mensch ist dann potenziell wieder omnivor, so ihn medizinische, philosophische oder spirituelle Erwägungen nicht zu anderen Ernährungsstilen umschwenken lassen. Es gibt viele Beispiele dafür, dass im kulinarischen Bereich normale Alterszuschreibungen erst mal nicht gelten. Natürlich haben wir im frühkindlichen Bereich ziemlich gut untersuchte Zeiten, was die lieben Kleinen während bestimmter Phasen essen und was nicht. Aber in der Profiküche halten diese frühen Festlegungen nicht. Ich kenne sogar eine Reihe von Spitzenköchen, die im Alter von fünfzig Jahren zu drei Michelinsternen kommen und heute einen komplett anderen Stil kochen als das, was sie vor zwanzig oder dreißig Jahren gemacht haben.«

Würde Dollase seine Wandlungen nicht doch als Reifeprozesse bezeichnen, haken SIE und ER nach.

»Man sagt, der reife, sozial gut entwickelte Mensch hat ein gutes Verhältnis zu sehr vielfältigem Essen; während der nicht so entwickelte bei frühen Prägungen hängen geblieben ist – warum auch immer. Wir können das gern mit solchen Begriffen verbinden, weil sie natürlich einen gewissen gesellschaftlichen Druck, eine gesellschaftliche Wertigkeit zum Ausdruck bringen. Wir müssen aber – auch das ist ein Akt der Emanzipation – den kulinarischen Bereich mal von dem rein individuellen befreien und sagen: Moment mal, das sind alles Verhaltensweisen, die gesellschaftlich rückkoppelbar sind. Alles, was wir im kulinarischen Bereich tun oder nicht tun, hat gewaltige Auswirkungen. Man sollte mal darüber diskutieren, in welchen Feldern die Folgen unseres Verhaltens für den Alltag und für die Kultur gleichzeitig am größten sind. Ist das bei der Musik so? Ist das in der Malerei so? In der Literatur? Was hat wirklich bis in unseren Tagesablauf hinein eine klare Funktion? Beim Essen ist es nun mal so, dass jeder von uns mehrmals am Tag mit Nahrung zusammentrifft und dabei eine Liste von Fakten zusammenträgt, nennen wir es mal so. Und diese Fakten haben eine Menge zu tun mit allem Möglichen in dieser Gesellschaft.«

So verstanden, wird Essen zu einer hochpolitischen Angelegenheit. Wenn wir nicht in Restaurants gehen, stirbt die Restaurantszene. Wenn wir bestimmte gute, aber etwas kostspieligere Produkte nicht mehr kaufen, werden sie nicht mehr angeboten. Warum repräsentiert der deutsche Metzger im Vergleich etwa zu seinem französischen Kollegen bestenfalls eine Schwundform seines Berufs? Warum sind die Lebensmittelpreise in Deutschland die niedrigsten in der ganzen Europäischen Union? Jürgen Dollase hat darauf überraschende Antworten.

»Um die Sache mit den Lebensmittelpreisen zu erklären, muss man den kulinarischen Bereich einen Moment verlassen und zurück in die fünfziger Jahre gehen. Daher stammt das

Haushälterische, das nach den ganzen Wirrungen, die wir im 20. Jahrhundert in der Geschichte Deutschlands erlebt haben, für unsere Mentalität eine große Rolle spielt. Manche sprechen vom Mief der fünfziger Jahre, so weit möchte ich gar nicht gehen. Aber die Rekonstruierung der deutschen Gesellschaft in den fünfziger Jahren lief über gut funktionierende Verhaltensweisen, da wurden ganz klare Pflöcke gesetzt. Und dazu gehörte immer auch das Haushälterische. Die Hausfrau, die gut mit ihren Ressourcen umgehen kann, und der hart arbeitende Mann, der abends heimkommt und etwas essen will, und das muss auch etwas Richtiges sein. Essen wird hier aber immer unter haushälterischen Aspekten gesehen, weil man einer ganzen Reihe von anderen Konsumverlockungen erlegen ist, wie zum Beispiel Haus, Auto, Urlaub und so weiter. Bis auf den heutigen Tag muss man daher die Frage stellen: Wenn wir mehr Investitionen im kulinarischen Bereich haben wollen, wo sparen wir dieses Geld dann ein?

Wer sagt, die Leute sollen besser essen, sollte immer auch gleich sagen, wo sie weniger Geld ausgeben sollen. Ich kann mich noch an ältere Deutsche vor ein, zwei Generationen erinnern, die über ihre Besuche in Frankreich erzählten: Wenn man da herumgeht, sieht man doch auf den ersten Blick, dass die Franzosen ihr ganzes Geld verfressen, schauen Sie sich doch nur mal um, wie verlottert das alles aussieht und welche Gardinen da im Fenster hängen. Man muss wissen, was die ewigen Werte sind. In Deutschland hat sich leider eine leichte Verdrehung ergeben. Die ewigen Werte für uns Deutsche sind das, was sich nicht wegtragen lässt. Ich hingegen bin der Meinung, es wäre ein gesellschaftlicher Fortschritt, wenn man sich darauf einigen könnte, dass die ewigen Werte aus dem bestehen, was in unseren Köpfen landet.«

Jürgen Dollase hat ein Feindbild: den Redundanzesser, ein Begriff, den er in Anlehnung an Adornos »Ressentimenthörer« geprägt hat. Der Redundanzesser ist derjenige, der immer das Gleiche essen will. Was harmlos klingt, hat ungeahnte Folgen. Dabei hasst es Dollase, anderen Leuten in die Suppe zu spucken.

»Mein Gott, wenn die Leute etwas furchtbar gern essen, dann sollen sie es sich eben reinhauen. Ich bin der Letzte, der ihnen das verbieten möchte. Das Problem ist nur, welche Konsequenzen das hat. Wie verändert sich der Geschmack von Menschen, die immer nur das Gleiche essen? Wie stehen sie zu anderen Produkten? Damit schaffen wir uns nicht nur individuell Probleme, denn Redundanzesser nehmen vielleicht fünf Prozent dessen wahr, was sie kulinarisch erleben könnten. Normalerweise reagieren Mensch sehr viel sensibler, wenn man ihnen erklärt: Hör mal, so wie du das machst, verpasst du 95 Prozent dessen, um das es geht. Beim Essen sagen aber dann alle: Na ja, mit den fünf Prozent, die ich wahrnehme, bin ich aber zufrieden.

Die Beliebtheit der immer gleichen Geschmacksbilder ist in Deutschland im internationalen Vergleich wie festzementiert und kaum aufzubrechen. Aber das hat natürlich Auswirkungen. Nichtkonsum ist nämlich auch eine Art von Konsum. Der Konsum von schlechten bedeutet den Nichtkonsum von guten Sachen. Wir alle, jeder Einzelne von uns, verändern das Bild vom Essen in unserer Gesellschaft und natürlich auch das Angebot. Wenn jeder nur das isst, was er am liebsten isst, wird alles andere absterben. Wenn alle Leute nur noch bei McDonald's essen, geraten andere Anbieter in Schwierigkeiten. Und das finde ich nun überhaupt nicht lustig – mal abgesehen davon, dass es auch unter ökologischen und gesamtgesellschaftlichen Aspekten keine gute Perspektive ist.«

Der schönste Satz in Jürgen Dollases aktuellem Buch *Himmel und Erde*, in dem der Gastrokritiker Einblick in die eigene Küche gibt, ist für SIE und IHN: »Das Kochen leidet oft darunter, dass zu viel Bauch und zu wenig Kopf im Spiel ist.«

»Eigentlich ist das noch unpräzise«, ergänzt Dollase. »Im Grunde läuft alles beim Essen über den Kopf. Auch die schnelle Entscheidung ›Das mag ich‹ oder ›Das mag ich nicht‹ geht über die Vorlieben, die wir im Kopf gespeichert haben, egal ob es nun Haute Cuisine oder Imbissbudenkost ist. Die Entscheidung fällt blitzschnell. Essen ist reine Kopfsache, es ist nie Bauchsache. Das ist aber vielen Leuten nicht bewusst. Wenn einer etwas nicht mag, zum Beispiel Schwabbeliges gruselig zu essen findet oder wie ich ganz früher Garnelen für Regenwürmer hält, wird er das nur über den Kopf geregelt kriegen.«

Im Hollywood-Klassiker »Ratatouille« wird ein verbiesterter Gastrokritiker von seinem kulinarischen Wahn geheilt, indem man ihm ein Beseeligungsgericht aus seiner Kindheit auftischt und ihn dadurch wieder in die Erfahrungswelt eines unschuldigen, unreifen Wesens zurückkatapultiert. Der Kritiker schreibt seine Verrisse auf einer Totenkopf-Schreibmaschine und wohnt in einem sargähnlichen Loft in Paris. »Ich habe über die Darstellung des Kritikers sehr lachen müssen und finde den Film insgesamt äußerst amüsant«, so Jürgen Dollase über »Ratatouille«. »Aber es ist natürlich ein Klischee, wenn man behauptet, dass alte Geschmacksvorlieben immer und unveränderbar fortexistieren. Die alte Kochkunst war für mich eine Pyramide mit einer klaren Spitze. Alle wussten, wo oben ist: Die Köche wussten es, und die Gäste wussten es auch. Wenn man ein besonderes Essen haben wollte, wusste man, in welches Restaurant man dafür gehen musste, die Köche dort wussten, was sie ihren Gästen vorsetzen sollten, wie man das macht, welche tollen Produkte und wie viele Mitarbeiter man dazu braucht. Das ist das alte System, von dem ›Ratatouille‹ mit dem Kritiker und den Wonnen seiner Kindheit erzählt. Seit wir es aber mit einer Moderne in der Kochkunst zu tun haben, was ich ab Mitte der neunziger Jahre datieren würde, was ja inzwischen auch schon wieder zwanzig Jahre her ist, hat sich das Bild von der Kochkunst gewandelt: Es ist zwar immer noch eine Pyramide, aber diese Pyramide steht umgekehrt auf der Spitze der alten Pyramide. Und diese moderne Pyramide ist nach oben offen, sie hat keinen Deckel. Sie geht auseinander wie das Universum nach dem Urknall, und seither öffnet sich das kulinarische System in alle Richtungen. Vielleicht haben wir irgendwann vor zwanzig Jahren, ohne es mitzukriegen, weil wir nicht darauf geachtet haben, diesen kulinarischen Urknall erlebt.«

Kapitel 7

»Jesus wurde auch nie erwachsen!«
Martin Walser über
Altern und Spielen

Wir sind viele. Wir sind überall. Und: Wir sind unbeliebt. Dass unser melodiöser Dialekt in den Ohren anderer Deutschen wenig Wohlklang verströmt, sondern sich eher nach rostigen Gießkannen, verröchelnden Enten oder einem fehlgestimmten Flügelhorn anhört: Wir wissen es längst! Wer je in einem Café Schwaben eine Trinkschokolade bestellen hörte – »'n Kack!-kau bidde!« –, ahnt nun, dass es Sprachereignisse gibt wie eine Klitschko-Rechte, und wird sich mit diesem skatophilen Konsonantengewitter im Gehörgang kaum mehr darüber wundern, warum Schwäbisch in sämtlichen Umfragen nach der Beliebtheit deutscher Mundarten so abgeschlagen rangiert wie der VfB Stuttgart in der letzten Saison in der Bundesliga. Gäbe es eine Zweite Liga für Dialekte, Schwäbisch wäre längst abgestiegen.

Aber ist es nicht ein Menetekel, dass jüngst schon »Schwaben raus!«- und »Schwaben töten!«-Sprühereien an den Mauern von Berlin-Mitte auftauchten? Dass man in Prenzlauer Berg Flugblätter verteilte, in denen Schwaben als »spießig, überwachungswütig in der Nachbarschaft und ohne Sinn für Berliner Kultur« beschimpft wurden? Dass Aufkleber an Berliner Verkehrsschildern drohend fragten: »Schwaben – was wollt ihr eigentlich hier???« Auch vor Geschmacklosigkeiten wie »Kauft nicht bei Schwaben« schreckte man nicht zurück.

Geradezu geistreich wirkten dagegen Slogans, die die Gemeinten gar nicht beim Namen nennen mussten wie »Wir sind ein Volk. Und ihr seid ein anderes« oder »Ostberlin wünscht dir eine gute Heimfahrt«. Paradoxer Höhepunkt des Hasses auf die 300 000 Schwaben in der Hauptstadt war sicher ein Graffito in Leipzig, auf dem zu lesen stand: »Schwaben zurück nach Berlin!«

Die Ablehnung von Schwaben hat eine lange Tradition. Erst dachten SIE und ER an einen Druckfehler, als sie bei Theodor Fontane lasen, wie Effi Briest ihren gefühlskalten Ehemann Innstetten von einem Wohnungswechsel zu überzeugen versucht, indem sie erklärt, dass in der Hauptstadt wegen der lächerlichsten Lappalien umgezogen würde: »Ich habe«, sagt Effi Briest, »wenn wir Freunde und Verwandte zum Besuch hatten, oft gehört, daß in Berlin Familien ausziehen wegen Klavierspiel oder wegen Schwaben oder wegen einer unfreundlichen Portiersfrau; wenn das um solcher Kleinigkeiten willen geschieht ...« Kein Zweifel: Fontane nennt in seinem 1895 erschienenen Jahrhundertroman tatsächlich Schwaben und nicht Schaben als Umzugsgrund. *There goes the neighborhood ...*

Hundertzwanzig Jahre später ist alles nur noch schlimmer. Nicht nur in Berlin und Leipzig, in ganz Deutschland war die Akzeptanz von Schwäbisch und Schwaben nie geringer als heute. Machen wir also das, was wir Schwaben seit den Tagen der Romantik und jener seelenzerfieselnden, masochistischen Spielart des Protestantismus namens Pietismus besonders gut können: Gehen wir in uns. Horchen wir in uns hinein, zermartern wir uns das Hirn, erforschen wir unsere Gemütslage.

Nicht nur die vulgäre Hauptstadt, so ergibt eine erste Bilanz, auch der Rest der Republik hält uns Schwaben für reich, aber unsexy. Schlimmer noch: So richtig mögen uns eigentlich nur wir selbst. Das ist nun wiederum ausgerechnet sehr deutsch an uns Schwaben.

Der Pietismus hat in Schwaben eine Hardcore-Variante hervorgebracht, die den schönen Spottnamen »Pietcong« trägt. Der Pietcong ist deshalb faszinierend, weil er eine Art psychisches Perpetuum mobile entwickelt hat. Je mieser Pietcongler behandelt werden, desto besser sind sie drauf. Wer Pietconglern eine echte Freude machen möchte, ermöglicht ihnen, auf die Frage »Wie geht's?« die Antwort zu geben: »I han leide dürfe!«

Schwabe sein heißt, aus der Defensive leben. Und das ist nicht erst seit heute so. Woher nimmt man die Kraft, die psychischen Ressourcen dafür? Na gut, wir haben das Auto erfunden, aber erstens ist auch das schon gute hundert Jahre her, und zweitens mehren sich die Anzeichen, dass das eine Quatschidee war. Wo liegen also die wahren Trostreserven der Schwaben?

In ihrer Literatur und in ihrer Küche! Darauf sind wir Schwaben besonders stolz. Im Grunde ist das so seit den Tagen des 1837 geborenen Stuttgarter Kunsthistorikers Eduard Paulus, der fast zeitgleich mit Theodor Fontane in den neunziger Jahren des 19. Jahrhunderts dichtete: »Der Schelling und der Hegel, / der Schiller und der Hauff, / das ist bei uns die Regel, / das fällt hier gar nicht auf.« Paulus meinte diesen Vers zwar selbstironisch, aber Ironie wurde damals genauso wenig verstanden wie heute. Statt mit Schelling und Schiller kursieren diese Verszeilen seit über hundert Jahren in vielen Varianten mit Friedrich Hölderlin, Gustav Schwab, Ludwig Uhland, Eduard Mörike oder wer einem sonst gerade noch aus dem schwäbischen Dichterpantheon in den Sinn kommen will; Hauff und Hegel tauchten in den Versen hingegen immer auf, aber das liegt weniger an ihrer Popularität als am Reimzwang.

Welche heutigen Autorennamen fielen einem ein, neben Hauff und Hegel in Paulus' Gedicht zu stehen? Ohne Zweifel liest keiner den Schwaben heute so schön die Leviten wie Martin Walser. Seinem ersten Roman, *Ehen in Philippsburg*, der großen Ehebruchsgeschichte der Bundesrepublik Deutschland, schickte Walser den Satz voran: »Der Roman enthält nicht ein einziges Porträt irgendeines bestimmten Zeitgenossen, aber es ist die Hoffnung des Verfassers, er sei Zeitgenosse genug, dass seine von der Wirklichkeit ermöglichten Erfindungen den oder jenen wie eigene Erfahrungen anmuten.« Da ist schon der ganze Walser enthalten – der Walser, der sagt, ich rede hier mindestens so sehr von dir wie von mir.

88 Jahre alt ist Martin Walser inzwischen, sein für Januar 2016 angekündigter neuer Roman soll den Titel tragen *Der sterbende Mann*. »Bis 45 gilt man als jung«, schreibt Martin Walser am 10.12.1979 in sein Tagebuch, da ist er 53. »Zwischen 45 und 50 sei man auf dem Höhepunkt, nach 50 gilt man als alt, dann hagelt es 1000 Bestätigungen, man soll junge Autoren fördern. Was hält man von der jungen Literatur, wird man gefragt. (...) Man ist offenbar verpflichtet, synchron zu empfinden mit dem biologischen Verlauf. Das wäre das Glück: sich jung zu fühlen, wenn man jung ist,

und sich alt zu fühlen, wenn man alt ist. Ich habe mich alt gefühlt, auf jeden Fall nicht jung, als ich jung war, und jetzt, da ich alt bin, fühle ich mich nicht alt. Ich war nie synchron. Deshalb nie eins mit mir. Nie sozusagen glücklich. Immer im Streit mit der Forderung der Stunde. Dieser Streit heißt Symphonie bzw. Roman.«

Als SIE und ER Martin Walser in Nussdorf besuchen, gibt es den legendären gedeckten Apfelkuchen von Käthe Walser, mit der er seit 65 Jahren verheiratet ist. Früher hat Käthe Walser seine Manuskripte auf der Schreibmaschine abgetippt, heute benutzt sie dafür einen Computer. Auch sonst hat sie einiges aushalten müssen. Der betagte Appenzeller Bruno freut sich wie närrisch über den Besuch, was daran liegen mag, dass SIE und ER beide Leckerli in den Taschen haben.

Hund ohne Herr:
Bruno am Bodensee

Seit 1968 wohnt Walser mit seiner Frau und früher mit seinen vier Töchtern Franziska, Johanna, Alissa und Theresia in einem großen Haus am See im südlichsten Ortsteil Überlingens am Bodensee. Bis in die Siebziger vermieteten die Walsers während der Saison an Feriengäste, heute nutzen sie das idyllische Seegrundstück allein. Ob ihn die fremden Leute im Haus nicht gestört hatten, wollen wir wissen. Walser schüttelt den Kopf mit den kurzgeschorenen weißen Haaren, der im Alter immer imposanter wirkt: ein Haupt, das von den berühmten Augenbrauen dominiert wird, ein Augenbrauen-Haupt.

»Das hieß doch, dass ich ein Hörspiel weniger schreiben musste. Ich war im Gegenteil froh darüber.« Eine große Familie allein mit Schreiben durchzubringen war auch für einen schon in jungen Jahren erfolgreichen Schriftsteller wie Martin Walser schwer. Darauf ist er bis heute stolz. Dabei war Walser eigentlich schon mit Ende zwanzig ein gemachter Mann. Die Freundschaft mit dem ersten Fernsehdirektor des Süddeutschen Rundfunks Helmut Jedele trägt ihm Mitte der fünfziger Jahre die Einladung ein, das neu aufzubauende Fernsehprogramm mitzugestalten. Aber Walser ahnt, wenn er dieser Versuchung nachgibt, es sich einmal im Kokon der Öffentlich-Rechtlichen behaglich macht und dem Karrieredenken auf den Leim geht, kann er sich das Schreiben abschminken.

»Der Jedele sagte: ›Walser, ich mache das nur, wenn wir das zusammen machen – Sie und ich.‹ Mir war schon klar, dass er mich brauchen kann, aber ich wollte da keine Sekunde dabei sein. Also habe ich gesagt, in Ordnung, wir machen das, aber ich will niemals eine Anstellung. Ich hatte als Berater 500 Mark. Jedele wollte mir immer mehr geben, weil ich immer das noch und das noch gemacht habe. Aber ich habe gewusst, wenn ich mehr nehme, dann mache ich noch mehr dafür. In der Zeit habe ich dann *Ehen in Philippsburg* geschrieben und vorher schon die Geschichten aus *Ein Flugzeug überm Haus*. Ich wollte von Anfang an nur schreiben. Ich bin zum Radio gegangen zum Geldverdienen. Es war für mich keine Sekunde überhaupt ein Gedanke, dass ich da bleiben wollte. Später, als ich öfters Gastprofessuren in Amerika hatte, gab es Stationen, wo sie mich auch behalten hätten. Das war nie eine seriöse Versuchung.«

Statt auf die Verlockung von Sicherheit, regelmäßigem Gehalt und Rentenanspruch hereinzufallen, entscheidet sich der junge Walser in den fünfziger Jahren trotz Familie gegen die Festanstellung und fürs Risiko des Lebens eines freien Schriftstellers. Wenn man auf eines im Werk von Walser wetten darf: Die Existenzangst seiner Protagonisten ist echt.

»Ohne den See hätte ich das sicher nicht ausgehalten«, sagt Walser und weist aus den großen Fenstern seines Arbeitszimmers im zweiten Stock aufs Schiefergrün des Wassers. Von einem Verwurzeltsein hier am Bodensee will der 1927 im keine vierzig Kilometer entfernten Wasserburg Geborene dennoch nichts wissen. Eingesessen? Er? Hier? Walser lacht, winkt ab und verweist auf seine emsige Reisetätigkeit. Er sei doch dauernd unterwegs, selbst heute noch über hundert Tage im Jahr, früher mehr. »Was aber stimmt: Der See hat immer geholfen.«

Vielleicht liegt es daran, dass SIE und ER beide gerade mit ihrem fünfzigsten Geburtstag konfrontiert sind. Niemand, denken sie, der nicht ein Mal im Herbst am Ufer des Bodensees stand, wird Hölderlins Gedicht »Hälfte des Lebens« je ganz verstehen:

Mit gelben Birnen hänget
Und voll mit wilden Rosen
Das Land in den See,
Ihr holden Schwäne,
Und trunken von Küssen
Tunkt ihr das Haupt
Ins heilignüchterne Wasser.

Weh mir, wo nehm' ich, wenn
Es Winter ist, die Blumen, und wo
Den Sonnenschein,
Und Schatten der Erde?
Die Mauern stehn
Sprachlos und kalt, im Winde
Klirren die Fahnen.

Liest Walser dieses Gedicht heute anders denn als junger Mann? Solche Flausen treibt er IHR und IHM ganz schnell aus.

»Entschuldigen Sie: An diesem Gedicht ist nichts so unwichtig wie der Titel. Da kommt es auf etwas anderes an: auf was da in den See hängt, bitte schön! Aber natürlich kann ich jetzt Hölderlin manchmal brauchen, wenn ich da so mein Rechtfertigungszeug mache, so Karl Barth und Gott das unbekannte Wesen, dann kann ich natürlich Hölderlin zitieren: ›Jemehr ist eins unsichtbar, schiket es sich in Fremdes.‹«

Wenn Walser über den Bodensee spricht oder schreibt, kommt etwas Doppelbödiges ins Spiel, das keineswegs mit Ironie verwechselt werden darf. »Der See. Von allen Eiszeitgeschenken ist er das bedeutendste. Das Zärtlichkeit stiftende schlechthin. Auch wenn er sich von allen eingeführten Windstärken hin- und herjagen und aufregen läßt und wild tut wie ein Laienschauspieler, der einen Wildling spielt, auch wenn er dann darauf besteht, daß in ihm auch ertrunken werden kann; seine eigentliche Stärke ist, daß er alles mitmachen kann, was der Himmel gerade will«, schreibt Walser etwa 2003 in einem Aufsatz für die *Süddeutsche*. In IHM und IHR keimt ein Verdacht auf: Meint Martin Walser mit seinem

Lob der Fähigkeit zum Gestaltwandel wirklich den See, oder zielt er nicht vielmehr auf sich selbst? »Und im Aufnehmen, Widerspiegeln und Vermehren von allen Angeboten der Zeit und der Welt ist er groß. Das ist überhaupt seine Größe. Alles aufzunehmen und sich zu eigen zu machen und dann so darzustellen, daß, wer nicht wirklich vertraut ist mit ihm, glaubt, die jeweilige Produktion, das sei nun wirklich er selber, der See. Temperaturen, Farben, Strömen und Ruhen, Wildheit und Schwere – er hat alles irgendwoher, kann aber daraus einen unerschöpflichen Reichtum an Zuständen und Stimmungen machen. Und damit wird widerrufen, daß er ein Laienschauspieler ist. Er ist eine unendliche Naturbegabung, denn alles, was er spielt, wirkt, als sei er das, was er jeweils spielt, ganz und gar.«

Was ist Martin Walser für die bundesrepublikanische Öffentlichkeit nicht alles gewesen, wie viele Wandlungen hat sein Bild durchlaufen, wie viele Etiketten hat er sich über die Jahrzehnte anpappen lassen müssen: ein Linker und ein Rechter ist er gewesen, ein Antisemit und Chauvinist, Avantgardist und Reaktionär, ein Kommunist und ein Nationalist, ein Patriot und ein Vaterlandsverräter, ein utopischer Visionär und ein Ewiggestriger.

Martin Walser ist ein Schwimmer. Von Mitte Mai bis Oktober steigt der Hausherr jeden Tag, den er hier in Nussdorf ist, direkt von seinem Grundstück aus in den See. Wie weit, wollen SIE und ER wissen?

»Die meisten Strecken in diesem Jahr waren so um die dreißig Minuten herum. Es wird jedes Jahr kürzer – das ist ja peinlich. Heute habe ich in meinen Tagebüchern gelesen, dass ich in den Achtzigern von der Stange Ost bis zur zweiten Stange West, das ist da hinten, geschwommen bin. Dauert 55

Minuten. Aber es wird jedes Jahr kürzer. In diesem Jahr war das Längste 47 Minuten. Ich kraule zwar, weil ich nur das kann, aber ich komm' nicht gut voran.«

Seine Sportlichkeit ist vielleicht der meistübersehene Charakterzug Martin Walsers, der im Zweiten Weltkrieg bei den Gebirgsjägern kämpft, später Tennis spielt und leidenschaftlich Ski fährt. Im Verhältnis zu seinem Verleger bei Suhrkamp, Siegfried Unseld, der über Jahrzehnte einen Steinwurf von Walsers Haus entfernt in die Buchinger-Klinik regelmäßig zum wochenlangen Abspecken fährt, blitzt immer wieder etwas Kompetitives auf, bis hin zum Ausspannen der jeweiligen Geliebten.

Martin Walser ist ein Knuffer. Seine Rede ist durchsetzt mit Einverständnis einfordernden rhetorischen Fragen, Appellen und Aufforderungen zum Beipflichten, über den Zuhörer geht ein Gewitter von »Verschtosch?«, »Woischt!, »Siehsch?« nieder, was in Verbindung mit dem für norddeutsche Ohren gewöhnungsbedürftigen alemannischen Du, das der Sprachartist Walser virtuos und keineswegs zufällig einsetzt, und seiner Neigung zum Zwicken und Puffen seines Gegenübers durchaus dazu angetan ist, unvorbereitete Gesprächspartner in die Defensive zu drängen.

Martin Walser ist ein Junkie. Nicht wegen des »Dopings« für seine Lesungen, den über die Jahre hin wechselnden Vorlieben für Getränke, mit denen er sich für Auftritte in der Öffentlichkeit in Stimmung bringt, wozu ihm mal alkoholfreies Weizenbier, mal weißer Burgunder oder roter Bordeaux taugen. Wirklich süchtig nach und angewiesen auf ist Walser aber nur auf seinen privaten Zaubertrank: Jeden Morgen zum Frühstück trinkt er einen Kräutertee mit frisch geernteter Melisse, Salbei, Brennnessel, Rosmarin, Verveine und Minze. Alles stammt direkt hier aus Walsers Garten, an dessen Ufer jetzt träg Wellen schwappen, während Amseln emsig zwischen den Wurzeln der Eichen und Birken zu Nelken und Kornblumen hüpfen.

Hat Martin Walser in seinem Leben so etwas wie einen Reifeprozess erfahren?, wollen SIE und ER von ihm wissen.

»›Reif‹ ist ja ein Wort mit Fünffachsinn und -bedeutung«, erklärt Walser. »Beim Schreiben ist es mir nie vorgekommen, dass etwas zu spät gewesen wäre. Zu früh, ja, das gab es. An dem Projekt, das später *Ein springender Brunnen* wurde, habe ich zwanzig Jahre oder noch länger in meinen Tagebüchern geschrieben, es gehätschelt, notiert und notiert, aber nicht angefangen zu schreiben. Ich wusste, es ist kein antifaschistischer Roman. Und warum nicht? Du kannst nicht im Jahr 1997 einen antifaschistischen Roman schreiben, wenn kein Faschismus mehr da ist. Diese paar Hanseln, die da rumlaufen, die sind für mich keine Romananlässe. Es waren zwei Romane erschienen, *Die Blechtrommel* von Grass war noch ein antifaschistischer Roman, auch *Winterspelt* von Alfred Andersch. Das war in den sechziger Jahren gewesen, in dieser Zeit konnte man noch so direkt dagegen schreiben. Und ich wusste, ich muss über die dreißiger Jahre schreiben. Ich habe noch so ein Langzeitprojekt. Das trägt bei mir den Arbeitstitel ›Bayreuth Novelle‹. Der wird wohl nicht bleiben, denn es wird wahrscheinlich ein dicker Roman. Das ernähre ich seit mindestens 25 Jahren. Kann schon sein, dass es jetzt zu spät dafür ist. Obwohl – ich bin nicht gut im Aufgeben. Ich denke immer noch, irgendwann machst du das. Das Nächste wird es nicht sein. Das Übernächste auch nicht. Aber dann vielleicht die ›Bayreuth Novelle‹.

Aber ich bin ein Feind der Reife. Es gibt nichts Verderblicheres als Reifwerden! Jesus ist auch nie erwachsen geworden. Mozart auch nicht. Im *Dreizehnten Kapitel* kommt eine Stelle vor, da schreibt der Basil dieser Maja, dass er alle Frauen nackt sieht. Das käme vielleicht aus seiner frühen Jugend, als nichts so verboten war, als sich eine Frau nackt vorzustellen. Dann schreibt er, Iris, seine Frau, zähle diese Entblößungssucht zu seinen Unerwachsenheiten, andererseits sage sie, seine Unerwachsenheit sei das Einzige, was immer gegen den Kalender bestehe. Da ist es mir sehr seriös zumute, wenn ich eine Sprachschwelle baue gegen das Reifwerden, gegen das Erwachsenwerden. Aber mir ist es ja nur um das Wort Unerwachsenheit gegangen. Wenn ich das abends vorlese, weiß ich, die Leute haben das noch nie gehört: Unerwachsenheit. Und dann bilde ich mir ein, die hätten das verstanden.«

So verstanden, wäre Reife ein Umarmen des Todes, ein Einverständnis mit dem Sterben. Lehnt Walser es deshalb ab?

»Ich weiß vom Sterben nichts. Nein, nein, nein. Das ist für mich eine Fremdsprache, die ich wirklich nicht kann. Es ist doch ganz einfach. Das hat mich auch immer bei meinen eigenen Kindern fasziniert. Was die alles können, bevor sie in die Schule kommen! Und dann wird ihnen alles abgewöhnt. Es ist nicht anders möglich, das ist mir schon klar. Ein Kind kann im Alter von drei Jahren Schuberts Jägerlied singen mit allen komplizierten Sprüngen, Tonalitäts- und Rhythmenwechseln, einwandfrei. Aber dann wird das Kind älter und kann nichts mehr davon. Man weiß, das Kind ist zu einer bestimmten Zeit genial, seine Erlebnisfähigkeit grenzenlos. Und je älter es wird, desto mehr hört das auf. Bis ...«,

Martin Walser zeigt auf sich, »... also bitte schön: Wer möchte da noch reif werden?«

Reife im gesellschaftlichen Sinn ist Sozialisation, und das heißt für Walser Domestikation: zugerichtet, abgerichtet, in Dienst gestellt werden. Genau dagegen lässt er seine mittelständischen Helden immer wieder rebellieren.

Eine Woche nach unserem Gespräch ruft Walser an und sagt am Telefon, erst jetzt sei ihm eingefallen, dass er Anfang der achtziger Jahre einmal darüber geschrieben habe, in dem Roman *Das Schwanenhaus*. Gottlieb Zürn, der erfolglose Immobilienmakler am Bodensee, führt darin sein Scheitern auf einen ausgebliebenen Reifungsprozess zurück: »Es hatte wieder aufgehört zu regnen. Sogar die Sonne war durchgebrochen. Die Wolkenränder an der Durchbruchstelle gleißten. Gottlieb starrte in den blendenden Glanz, der aus dem Wolkenloch strömte. Das war eine Vorstellung aus seiner Kindheit«, schreibt Walser in *Das Schwanenhaus*. »Dieser aus einem Wolkenloch brechende Glanz kommt von Gott. Hinter dem Glanz wohnt Gott. Der Glanz, von dem er, weil die Augen schmerzen, jetzt wieder wegschauen muß, ist Gott. Er konnte sich sagen, er verfalle, wenn er in diesen aus den Wolken brechenden Glanz Gott sehe, lediglich einer Vorstellung, die in seiner Kindheit in ihm fixiert worden sei, aber dadurch ließ sich das Gefühl, der Glanz aus den Wolken sei Gott, nicht vertreiben. Dieses Gefühl ließ sich nur widerlegen. Aber das Widerlegen nützte nichts. Die Macht der Vorstellung aus der Kindheit ist nicht durch Widerlegung zu brechen. Du hättest dich entwickeln müssen, denkt Gottlieb Zürn. Es ist nicht so, daß du jetzt zurückfällst, du bist nicht weitergekommen. Du bist geblieben, was du warst. Primitiv.«

Entwicklungsverweigerung: Ist das nun ein Ausdruck von

Reife oder im Gegenteil von Unreife? Hat derjenige, der sich nicht früh krümmt, weil er kein Häkchen werden will, einen entscheidenden Reifetest bestanden oder leichtfertig einen Karrierevorteil verscherzt? SIE und ER denken darüber anders als die Tigermütter unserer Tage – gerade weil sich SIE und ER noch an die Heuchelei über vermeintliche Karriereoptionen für all diejenigen erinnern, die Anfang der Achtziger mit der Aussicht auf eine Banklehre oder den mittleren Beamtendienst das Gymnasium verließen. Auf die literarische Beschreibung solcher Figuren ist Martin Walser spezialisiert. Die meisten seiner Romanhelden haben etwas Jungenhaftes. Walsers Gespür für Entwicklungsunterschiede war schon als Kind sehr ausgeprägt.

»Ich weiß noch sehr genau, wie man als Kind die Älteren angeschaut hat, die schon Männer waren oder so taten, als seien sie schon Männer. Du warst zwölf oder dreizehn, und die waren schon siebzehn. Ich will jetzt nicht behaupten, dass die schon Frauen hatten, aber dass sie in einer anderen Welt existierten, als ich als Dreizehnjähriger, war klar. Und es schien mir, als könnte ich niemals in diese Welt kommen. Das war etwas absolut anderes. Natürlich habe ich in der Wirtschaft auch mitgekriegt, wie die dann angegeben und auch ihre Sprüche gedroschen haben. Das habe ich alles gierig aufgenommen. Aber es war für mich vollkommen unvorstellbar, je so zu sein, wie Frommels Hermann, Karbauers Otto, Friedels Eddie jetzt waren. Sie waren eben eine andere Sorte Mensch. Sie waren nur drei, vier Jahre älter als ich, aber ich übertreibe nur ein bisschen, wenn ich sage, jeder Einzelne von denen war wirklich ein Gott. Also ein Götterbild. So wirkten sie auf mich, wie sie da ununterbrochen vor mir in ihrem Ältersein paradierten.«

SIE und ER sind manchmal sehr indiskret. Hatten Sie denn mit dreizehn überhaupt Interesse für Frauen?, wollen wir von Martin Walser wissen.

»Für Frauen nicht. Ich habe Mädchen verführt. Nicht so, wie Sie jetzt denken. Da gibt es alle möglichen Praktiken, wie man das machen kann. Aber diese Mädchen, mit denen wir bei irgendwelchen Spielen dann zusammen waren, und diese Spielereien waren vollkommen harmlos, obwohl sie in der gleichen Körpergegend stattfanden wie das, über das in der Wirtschaft gesprochen wurde. Es hatte nichts damit zu tun. Das war ein zärtliches Abtasten ... Mich haben mal zwei Mädchen, von denen ich eine sehr verehrt habe, in einen Stadel, einen Torkel eingeladen. Die wollten mich treffen. Nachmittags, in einem Torkel. Da bin ich natürlich hin. Und dann waren die da. Die eine hat gar nichts getan und nichts gesagt. Aber die andere, die war die Handlungsdolmetscherin, die hat gesagt: Die Irmgard will dir etwas schenken. Es gab damals eine Creme, die hieß Leo Creme, ein Vorläufer von Nivea oder so was. Und dann hat sie mir ein Döschen Leo Creme geschenkt. Ich bin dann völlig betäubt vor Glück meiner Wege gegangen. Das war ungeheuer und vollkommen schön. Und es hat nichts damit zu tun, was man mit dem hässlichen Wort Geschlechtsreife verbindet – wenn es auch vielleicht um dasselbe ging. Der Vorhof zum Sexuellen, wie man das heute nennt, ist einfach etwas anderes als das, was dann später stattfindet.«

SIE und ER haken nach: Hat Martin Walser sich, nachdem er das Sexuelle erfahren hat, jemals in einen Zustand der Unschuld zurückgesehnt? Die Antwort erfolgt blitzschnell: »Ich war immer unschuldig. Auch in dem, was Sie da jetzt so nennen. Ich habe meine Unschuld nie eingebüßt.«

Wohl dem, der das als Erwachsener von sich behaupten kann.

Doch bildet der Dreiklang von Selbstbeobachtung, Selbstzweifel und Selbstzerfleischung nicht die Leitmelodie für viele Charaktere aus Walsers Figurenpersonal? Ob Gottlieb Zürn, Helmut Halm oder Messmer aus Walsers drei buchlangen Sammlungen sinniger Sentenzen, die er keinesfalls Aphorismen genannt wissen will, sie alle haben ein eher gespanntes Verhältnis zum Funktionierenmüssen in der Erwachsenenwelt. Was das bedeutet, hat Walser während seiner Kindheit am Beispiel seiner Mutter vor Augen gehabt, die in Wasserburg während der NS-Zeit einen Gasthof am Laufen halten musste. Als SIE und ER Martin Walser fragen, ob er sein Abiturzeugnis 1946 als Reifezeugnis empfunden habe, erschüttert ein Lachen wie ein Erdbeben seinen massigen Leib.

»Ha, das ist schön – Reifezeugnis! Dass die sich nicht schämen, das auch noch so zu nennen!« Walser schüttelt den Kopf. »Als ich Schüler war, am Schluss nach dem Krieg, mussten wir alle noch ein Jahr zurück in die Schule und haben Abitur gemacht. Zusammen mit einem Freund habe ich eine Abiturzeitung herausgegeben. Im Sommer hatte ich Heinrich Heine gelesen und habe dann unter dem Pseudonym Nitram Reslaw, das leicht zu entschlüsseln war, so in diesem Rhythmus der Heine-Trochäen 120 Strophen geschrieben über die Sitzung, in der das Lehrerkollegium über die Reifezeugnisse berät. Und ich habe sie alle einschlafen lassen und im Traum dann irgendwo in Griechenland furchtbar behandelt. Das habe ich auf der Abiturfeier vorgelesen.

Der damalige Rektor der Schule ist da aufgestanden und hat durch den mittleren Gang den Saal verlassen, und am nächsten Tag hat er die Lehrerkonferenz einberufen, um mir das Reifezeugnis wieder abzuerkennen. Weil ich bewiesen hätte, dass ich unreif sei. Ein Mittelalterfachmann, Professor Wenzlaw Eggebert, den es durch irgendwelche Umstände in unsere Gegend verschlagen hat und der unser Deutschlehrer in der Schule in Lindau war, hat mich dann vor dem Direktor gerettet. Andererseits wäre es vielleicht der wahre Segen gewesen, wenn man mir damals mein Reifezeugnis entzogen hätte. Dann hätte ich das nicht gemacht und das nicht. Mein Gott ... Der erste Satz im ersten Messmer-Buch lautet: ›Phantasie ist Erfahrung.‹ Basta. Wenn man das sagen kann, aus Erfahrung, Phantasie ist Erfahrung, und eben nicht Erfahrung ist Phantasie, dann ist das schon viel. Also wenn dieses ›Reif‹ schon sein muss, dann schon lieber als Verbum, da ist es mir lieber denn als Adjektiv oder gar als Hauptwort. Es gibt Verben, da ist das Hauptwort geschenkt, nichts wert, jedenfalls für mich nicht. Also zum Beispiel sterben und Unsterblichkeit. Aber es ist ganz einfach: Man muss es schlicht lassen. Und dann lernt man im Laufe seines Lektürelebens. Da gibt es einen Satz von Johann Gottlieb Fichte, der ist einer der Hauptsätze meines Bewusstseinshaushalts: ›Erfahrung ist das mit dem Gefühl der Notwendigkeit verbundene Denken.‹ Du machst nur deine Erfahrung, ich mach nur meine. Und es ist nichts so persönlich wie deine Erfahrung, und das ist das Gefühl der Notwendigkeit. So muss es sein. Das kann nur dir passieren. Allmählich komme ich dahinter, warum ich diesem Konzept von Reife so ablehnend gegenüberstehe. Ihr Motto für das Buch ist ›Reif sein ist alles‹ aus Shakespeares *Lear? ›Ripeness is all‹* klingt überhaupt nicht shakespeareisch. Man weiß, es ist von ihm, aber ... Nein. Leider werden die ja alle ungeheuer *ready*. Ich wäre auch lieber fürs Unbereitsein als fürs Bereitsein. Das Unreifsein ist alles. Ich bin ja gegen Entwicklung.«

Ein Satz, der aus dem Mund eines 88-Jährigen denn doch überrascht. Während Walser seine Skepsis mit seinen Erfahrungen aus dem bundesrepublikanischen Kulturbetrieb begründet, hört man geradezu, wie alte Wunden aufbrechen.

»Dieser Betrieb, den ihr genauso gut kennt wie ich, der hat mich in den sechziger Jahren zum Kommunisten gestempelt, weil ich gegen den Vietnamkrieg war. Ich war aber nur dagegen, dass wir die USA dabei unterstützen. Ich habe immer gesagt: Die Amerikaner sollen ihren Krieg haben, aber uns lasst da raus. Wenn die Amerikaner Hanoi bombardieren, dann, bitte schön, Herr Bundespräsident, schicken Sie kein Glückwunschtelegramm. Dann war ich allmählich für alle der Kommunist – gut. Ab den siebziger Jahren, den Vaterlandsleichnam auf dem Rücken, gegen die Teilung, war ich der Nationalist, da wurde ich rechts. Und wie's weitergegangen ist, wissen Sie selber. Ich habe mich kein bisschen geändert. Ich bin kein bisschen reifer geworden. Natürlich schreibe ich heute andere Sätze. Wie heißt der erste Satz meines neuen Messmer-Buchs? ›Ich leide an Verfolgungswahn, das ist das einzige, was mich von meinen Verfolgern unterscheidet.‹«

Ein genauer Satz. Das Bedürfnis, solche Sätze zu schreiben, hat nie aufgehört. »Mir fällt ein, was mir fehlt. Weil mir alles Mögliche fehlt, fällt mir dann alles Mögliche ein.«

Aber was fehlt einem Menschen jenseits der fünfundachtzig?, fragen SIE und ER. Walser explodiert:

»Aber Mensch, immer mehr! Das Fehlen ist doch ein Gefühl. Mit Mitte zwanzig, da merkt man doch fast noch nicht, dass man lebt. In dem Alter kommst du doch überhaupt nicht dazu, zu merken, dass du lebst vor lauter Leben. Und allmählich merkst du immer genauer, immer peinlicher, was dir fehlt. Das Fehlende, der Mangel, wird auch immer schwerer erträglich. Das kann man auch banalisieren, das habe ich auch immer zugegeben. Das kommt durch meine Kindheit, meine Mutter und mein Zuhause. Wir hatten ja sehr schwierige wirtschaftliche Lagen. Ich werde nie in meinem Leben genug Geld haben. Vielleicht spiele ich deshalb, das kann sein. Es hat immer die Angst vor dem Gerichtsvollzieher gegeben. Und deswegen weiß ich, es wird immer zu wenig sein. Ich denke immer, jetzt reicht es vielleicht noch ein Jahr oder so. In verschiedenen Lebensaltern gibt man dem verschiedene kalkulative Ausdrücke, wie es nicht reichen kann, wo es fehlen wird, wie schlimm es werden wird. Gut. Aber du kannst nicht eine einzige Zeile schreiben, um Geld zu verdienen. Du kannst Fernsehen machen, Radio machen, Beratungen machen, dies und das machen. Aber du kannst nicht einen Satz schreiben, um damit Geld zu verdienen. Das hat nichts damit zu tun, einen Roman zu schreiben. Du freust dich natürlich, wenn er nachher verkauft wird. Aber wenn du den schreibst, ist es unmöglich daran zu denken, das wird jetzt verkauft oder nicht verkauft.

Ich habe nur ein einziges Mal etwas nur für Geld geschrieben. Da wollte ich ein Drehbuch schreiben über Bayer Leverkusen. Einen Dokumentarfilm. Sechs Wochen war ich dort. Das war die größte Pleite meines Lebens. Aber egal. Man schreibt eben doch ganz andere Sätze. Ich würde das nun gern Reife nennen, das stimmt aber auch nicht. Wenn ich heute abends aus meinen Büchern vorlese, was ich sehr gern tue – es funktioniert auch viel herzlicher als bei meinen Angestellten-Abhängigkeits-Orgien –, dann merke ich, welche

Sätze ich am liebsten vorlese: In die knie ich mich wirklich hinein, ich outriere hoffentlich nicht, aber die Leute müssen merken, dass ich bebe. Das sind existenzielle Sätze.

Und da taucht dann die Versuchung auf – vielleicht ist das die Schlussreife –, dass man eben nur noch solche Messmer-Sätze schreiben will und keinen Roman mehr. Obwohl das eine ganz böse Versuchung ist. Denn an sich bleibt diese einfache Einladung, einen Roman zu schreiben, wie du das immer gemacht hast. Diese abstrakte, allgemeine Einladung verfügt über dich. Und trotzdem gibt es dann diese elitäre Versuchung von Sätzen wie: ›Ich bin die Asche einer Glut, die ich nie war.‹«

Wer Walsers Verhältnis zum Geld versteht, hat viel von Martin Walser verstanden. Martin Walser ist ein Spieler, ja ein Zocker. Oder er war es vielmehr.

»Ich habe nie aufgehört zu spielen. Auch mit dem Geld«, räumt er ein. »Insofern ist Spielen ein ganz gutes Stichwort. Schon als Buben in Wasserburg, wenn wir Kirschen hüten durften und auf Decken unter Bäumen lagen, haben wir den ganzen Tag Karten gespielt. Wenn wir auf der Decke lagen im Gras, dann haben wir Welt und Zeit und Gott vergessen und gespielt und gespielt und gespielt. Wir waren selig im Gras als Spielende, haben nicht gewusst, dass wir je eine Reifeprüfung machen müssen. Da hat man natürlich noch nicht mal um Geld oder um irgendwas gespielt.

Sie wissen ja, ich bin in einer Wirtschaft aufgewachsen. Die wichtigste Menschenart, die in unsere Wirtschaft kam, waren die Schafkopfer. Die kannte man alle. Vorne war der runde Tisch, da saßen die, die nicht Karten spielten: Die mussten immer reden, reden, reden. Aber an den rechteckigen Tischen an den Fenstern entlang saßen überall jeweils vier Kartenspieler. Die kamen auch unter der Woche, am Samstag aber haben sie bis nachts um drei oder was weiß ich wie lang gespielt. Und wir Kinder haben dann auch Karten gespielt.

In Tübingen kannte man damals kein Schafkopf, Skat kannte ich noch nicht, auch Binokel nur vom Hörensagen. Aber als ich dann im Sommer von Tübingen nach Stuttgart durfte, um beim Süddeutschen Rundfunk Geld zu verdienen, und da auch gleich in der Unterhaltungsabteilung zwei feste Formate bekam, habe ich sofort erfahren, dass es in der Eberhardstraße ein Spiralo-Roulette gibt. Also nichts wie hin! Ein Spiralo-Roulette hatte ich noch nie zuvor gesehen. Da lief die Kugel von oben rein mechanisch herunter, wahrscheinlich wusste der Croupier ganz genau, wie er sie einwerfen musste, damit sie auf einer bestimmten Zahl unten landet. Bei diesem Schwindelroulette habe ich mein erstes Geld verloren – das hat mich nicht daran gehindert, da wieder hinzugehen.

Später war ich Berater von Helmut Jedele, dem Direktor des SDR-Fernsehens. Alle vier Wochen mussten wir zur ARD-Programmkonferenz in eine andere Stadt, also da, wo eben Sender waren, Köln, Baden-Baden, Hamburg, Berlin, München und so weiter. Überall gab es eine Spielbank in der Nähe. Und der Jedele war genauso spielverrückt wie ich. Wir sind dann abends in die Spielbank nach Wiesbaden oder Bad Wiessee gefahren und haben gespielt. Nur hat der Jedele immer gewonnen, und ich nicht. Wir waren darüber nicht böse, aber ... Es war ganz klar, der Jedele hat immer mit der Bank gespielt, ich immer gegen die Bank. Und der hat immer gewonnen, ich im großen Ganzen immer verloren.

Wir wohnten damals in Friedrichshafen an der Durchfahrtsstraße. Wenn ich nach links aus dem Haus ging, kam ich nach Lindau, wenn ich nach rechts aus dem Haus ging, nach Konstanz. Ich hatte Jahreskarten für beide Spielbanken. Ich habe damals wirklich gedacht, ich könnte so die Familie ernähren. Sehr reif ist das nicht. Dann bin ich jeden Abend oder jeden zweiten Abend nach Lindau in die Spielbank. Wenn du im Winter ab zehn Uhr bis ein Uhr da bist, sind da noch drei, vier, höchstens fünf verzweifelte und verbitterte Männer oder Frauen, wo jeder den anderen umbringen könnte. So verspielt man also sein Geld und fährt wieder heim. Und da habe ich etwas gemerkt. Ich war dann im Kopf so belegt mit Zahlen, dass ich, wenn ich am nächsten Morgen geschrieben habe: ›Die ganze Nacht war er ...‹, ich bei ›Nacht‹ an ›acht‹ gedacht und mir gesagt habe: Du hättest Finale 8/11 spielen sollen anstatt Finale 5/8, du Rindvieh! Mich hat jeder Satz irgendwie an die Spielbank erinnert.«

Irgendwann hat Walser dann doch mal siebenhundert Mark gewonnen. Und sofort eine Waschmaschine bestellt. Zwar war der Gewinn schon wenige Tage später wieder zerronnen, aber das spielte für ihn keine Rolle.

»Meine Frau gibt heute noch zu, dass wir die Waschmaschine dem Roulette verdanken. So einen unerwarteten Zugewinn gab es später nur noch in Amerika. Das war allerdings wunderbar. Als ich da den Gastprofessor gespielt habe, merkte ich, dass die Germanisten gern Skat spielten. Nicht überall, aber zum Beispiel in Berkeley, in New Hampshire und in Hannover. Ich habe dann ganz schnell Skat gelernt, und in Germanistenkreisen hat es sich wohl herumgesprochen, dass man mit mir Skat spielen kann, wenn ich komme. Nur bin ich nicht fähig, wirklich souverän zu spielen – ich glaube, das ist typisch für mich, das gebe ich zu. Ich bin ein bisschen hektisch. Ich habe das Spiel im Skat auch dann genommen, wenn ich keine Aussicht hatte, es zu gewinnen. Das war mir völlig egal, Hauptsache, ich habe gespielt.

Aber ich habe diese Erfahrung schon verwertet: Die Professorenporträts aus dem Roman *Brandung* sind aus der Skaterfahrung gewonnen. Und das waren wunderbare Leute. Da gab es zum Beispiel einen Barockspezialisten. Als ich da hinkam, hörte ich – wie man eben so etwas erzählt bekommt –, dass der ein Reaktionär sei. Aber er war eben auch ein wunderbarer Skatspieler. Das war in der Zeit, als Reinhard Lettau auch gerade an dieser Universität gewesen war, und der hat mit Plakaten gegen diesen Professor protestiert. Mir hat man dann vorher erzählt: Das ist der und der, gegen den der Lettau ... Ich habe mit diesem Professor wunderbar Skat gespielt, das war mir völlig egal, was der politisch denkt. Das ist eben das wirkliche Spiel, das befreit Menschen zueinander. Man vergisst zum Glück sehr vieles, wenn man spielt. Ich glaube, kein Mensch denkt an morgen, wenn er wirklich spielt. Das Spiel ist die Erlösung.«

Roulette spielt Martin Walser heute nicht mehr. Durfte er nicht mehr spielen? Wollte er nicht mehr spielen? Konnte er nicht mehr spielen? Walser lässt die Frage offen.

War er je in Gefahr, Haus und Hof zu verspielen?

»Nein. Die größte Gefahr waren da die fünfziger Jahre. Als ich 1957 in Baden-Baden den Hesse-Preis bekam, kriegte ich einen Scheck mit zehntausend Mark, aber kein Bargeld. Wir haben in einem tollen Hotel gewohnt, und da habe ich zu Käthe gesagt: Du, ich geh von dieser Feier da nicht direkt ins Bett. Es war klar, ich musste noch in die Spielbank. Und ich habe noch siebenhundert Mark verloren, die mir nicht so schwerfielen, weil ich ja einen Scheck über zehntausend Mark hatte. Den habe ich dann allerdings meiner Mutter überreicht, um ihr zu demonstrieren, dass man als Schriftsteller auch etwas verdienen kann. Das war der am leichtesten zu ertragende Spielverlust, den ich je hatte.

Und ich wollte ja mit dem Roulette Geld verdienen zum Schreiben. Das war der Sinn. Ich wollte unabhängig sein. Ich wollte nicht dauernd Geld mit irgendwas verdienen. Und ich dachte mir, das könnte ich doch durch das Roulette schaffen. Ich habe da natürlich auch tolle Schicksale mitgekriegt. Eine Frau hat ihr ganzes Vermögen verspielt. Doch bei mir gab es eine ganz gesunde Schwelle. Ich habe immer verloren, aber ich habe immer versucht, das wieder zu verdienen. So viel hatte ich ja gar nicht. Ich glaube nicht, dass die Familie einen seriösen Mangel erlitten hat durch das, was ich verloren habe. Das ist, glaube ich, meine unüberwindliche Unerwachsenheit, das ist das Spiel. Ich bin da nie reif geworden.«

Jahrelang tröstete Martin Walser sich mit der Süddeutschen Klassenlotterie. »Richtig gewonnen habe ich nie, aber es war doch immer so, dass ich weitermachen konnte. Irgendwann musste ich auch das aufgeben. Ich habe vier Töchter. Von denen hat eine – und ich werde jetzt nicht ihren Namen verraten, sonst ist sie sauer – auch Lust am Spiel entwickelt, das habe ich gemerkt. Mit der bin ich mal in die Spielbank in Konstanz gegangen und forderte sie auf: Setz! Sie setzt, plein, und gewinnt! Mit der konnte ich dann und wann noch in die Spielbank gehen – ich glaube, ich habe sie nicht verdorben. Ohne mich ist sie dann nicht mehr gegangen. Das ist so typisch. Ich wäre bei den anderen drei nicht auf die Idee gekommen! Was ist das? Das ist die Angewiesenheit auf das Nichtmachbare, auf etwas, das du nicht in der Hand hast, das du nicht bestimmen kannst, wie es läuft. Übrigens, in diesem Zusammenhang muss ich ja sagen: Ich könnte heute keine Woche ohne Lotto überleben.«

SIE und ER glauben, sich verhört zu haben. Martin Walser spielt Lotto?

»Unbedingt. Ich werde jetzt mal schnell indiskret und erzähle, was gestern Abend passiert ist. Gestern Abend bin ich von einer Reise zurückgekommen. Wieder acht Tage lesen, lesen, lesen. Es war Samstag. Unser Abendfernsehkonsum ist meistens abends um 21 Uhr 45 das ›heute-journal‹ oder etwas später die ›Tagesthemen‹, und danach ist Schluss. Da ist meine Frau auch noch dabei. Aber am Samstag senden die das Lotto manchmal so unverschämt spät, dass es nur noch unhöflich ist. Dann steht da in der Programmvorschau: ›Lotto‹ 23 Uhr 15. Und ›Tagesthemen‹ 23:20. Also muss ich aufbleiben.

So gegen elf ist meine Frau immer müder geworden, steht auf und sagt: Also du, das kannst du doch auch morgen Vormittag erfahren. Was dann kam, war heiß. Wir haben uns gestritten, weil ich so auf Samstagabend hin warte ... Das kann ich nicht ertragen. Auch wenn ich mittwochs unterwegs bin in irgendeinem Hotel. Denn am Mittwoch spiele ich ja auch. Ich kann nicht die ganze Woche ohne. In den Hotels, in denen ich herumziehe, stehen überall andere Fernsehapparate, und bis man dann die richtige Bildschirmtextseite findet, Seite 581 am Samstag, Seite 582 am Mittwoch ...

Das Tollste ist natürlich schon das Roulette mit allen Möglichkeiten zu setzen. Dagegen ist mein Lotto wirklich gerechterweise eine Kümmerform, eine Schlusspartie des Spielens. Meine Lieblingszahl im Roulette war 23, die ist natürlich in mein Lottospiel eingegangen. 23 Plein, Carré, Cheval, alles drum rum. Und wenn die Zahl dann kommt, kriegst du tausend. Die Umkehrung, 32, lass ich auch noch gelten. Ich habe meine zwei Scheine am Mittwoch, zwei am Samstag, die habe ich irgendwann vor Jahren ohne Überlegung rasch ausgefüllt. Mir sind ungerade Zahlen lieber als gerade. Einen meiner Romanhelden habe ich mit dieser Eigenart beschrieben, und das ist bei mir auch so. Gestern seh ich die erste Zahl, 24, da denke ich, jetzt geht das schon wieder los ... Aber dann die zweite Zahl: 5! Ah, denke ich, ist vielleicht doch noch was drin. Aber dann die dritte Zahl: 34.

Mein Freund Hans Peter, der Physiker und Mathematiker ist, hat mir ja schon fünfzigmal bewiesen, dass das Quatsch ist. Aber es muss doch etwas sein, dass etwas passiert am Mittwoch und am Samstag, das du wirklich nicht in der Hand hast. Sie wissen, dass ich es schon manchmal in diesem Kulturleben nicht ganz leicht hatte. Es gab Schwierigkeiten ... Und wenn man dann an einem solchen Tag auch noch nichts im Lotto hat, ist das eine ungeheure Verstärkung des Unglücks, des ganz normalen alltäglichen Unglücks. Da denkst du wirklich manchmal, das gibt's doch nicht! Da ist diese Dramaturgie: Es geht dir so und so schlecht, und dann auch noch keine drei Richtigen! Obwohl drei Richtige acht Euro wären, wir wollen da nicht übertreiben.«

Aber was würde sich denn für Walser in seinem Alter ändern, wenn er sechs Richtige hätte, wollen SIE und ER von ihm wissen. Was für einen Erwartungshorizont verbindet ein 88-Jähriger mit einem Lottogewinn? Will er sich dann ein Haus am See kaufen?

Walser schlägt mit der Faust auf den Tisch, lacht und erklärt: »Dann beginnt das Leben! Darauf warte ich.«

»Menschsein heißt Altern«

Der Impuls, dieses Buch zu schreiben, liegt lange zurück. Es war im Juni 1983. SIE und ER waren noch keine zwanzig Jahre alt. Gerade war der berühmte *Spiegel*-Titel mit dem AIDS-Cover erschienen, andere Medien zogen nach. In einer Fernsehtalkshow zum Thema war ein Aidskranker zu Gast. Der Moderator stellte ihm die Frage: »Wie fühlt es sich an, mit dem Gefühl zu leben, dass Sie sterben müssen?« SIE und ER glaubten, sich verhört zu haben. Mensch, frag uns!, riefen wir wie aus einem Mund angesichts dieses uns bis heute unvergesslichen Beispiels für die absurde Verdrängung unserer Endlichkeit. Seither hat sich wenig verändert. Tag für Tag überbieten sich unsere Medien in der Leugnung des Todes. Der Kapitalismus verlangt Wachstumskurven, die ins Unendliche steigen: Wer morgen ins Gras beißt, ist für ihn abgeschrieben; interessant bleibt allein, wer auch morgen noch kraftvoll zubeißen kann.

»*Valar morghulies*«, sagt Jaqen H'ghar, der Mann ohne Gesicht, in der auf George R. R. Martins Romanzyklus *Das Lied von Eis und Feuer* basierenden TV-Serie »Game of Thrones«: Jeder Mensch muss sterben. Die Frage ist nur wann. Die aktuelle Weltrekordhalterin in der Disziplin Langlebigkeit ist Französin: Jeanne Calment wurde 122 Jahre und 164 Tage alt. Der älteste Mann der Welt ist zurzeit der Japaner Jiroemon

Kimura, der es auf 116 Jahre und 54 Tage brachte. Beide starben, während SIE und ER an diesem Buch schrieben, und es ist gut möglich, dass während Sie *Solons Vermächtnis* lesen, Calments und Kimuras Rekorde bereits übertroffen wurden. Statistisch gesehen verlängert sich die Lebenserwartung heute geborener Menschen jedes Jahr um rund 90 Tage, also um zwei bis drei Jahre pro Jahrzehnt. Wenn das so weitergeht, werden einige um das Jahr 2100 geborene Babys vielleicht die 150-Jahre-Grenze knacken – und dabei sind zu erhoffende Durchbrüche in der Medizin noch nicht einmal einkalkuliert. Allerdings auch keine neuen Seuchen, Pandemien und globalen Kriege.

Woran liegt der stupende Anstieg unserer Lebenserwartung, die sich in den letzten zweihundert Jahren de facto verdoppelt hat? Er ist den Erkenntnissen über die Bedeutung der Hygiene zuzuschreiben, den Triumphen des Impfwesens, den Erfolgen im Kampf gegen die Volkskrankheiten Herzinfarkt, Schlaganfall und Krebs, dem gesellschaftlichen Bewusstseinswandel, was Rauchen und körperliche Fitness anlangt, den medizinischen Innovationen der letzten Jahrzehnte sowie den Milliarden, die für Forschung ausgegeben wurden.

Es ist nie zu spät, eine glückliche Kindheit zu haben. So verlockend die »Harold und Maude«-Poesie dieses Satzes in unseren Ohren auch klingen mag, wir wissen, er ist unwahr – auch ohne daran erinnert zu werden, dass ihn jede psychoanalytische Praxis als Lüge enttarnt. Solange die Zeitmaschine nicht erfunden ist, gilt vielmehr die Maxime: Niemand steigt je in denselben Fluss.

In einigen Bereichen, denken SIE und ER, haben wir aus dem erfreulichen Umstand unserer längeren Lebenserwartung die falschen Konsequenzen gezogen. Wir verlieren zwar noch immer unsere Milchzähne zwischen dem sechsten und dem zwölften Lebensjahr, wie Solon das in seinem Gedicht beschrieben hat, doch niemand wird sich heute in das enge Korsett von Solons Vorstellungen vom richtigen Zeitpunkt der Familiengründung und des Kinderkriegens pressen lassen. Eher scheint uns der Brite Julian Barnes ein für die heutige Zeit tragfähiges Konzept von *rites de passage* entwickelt zu haben, wenn er in *Lebensstufen*, seinem wunderbar poetisch zwischen Fiktion und Essay schwebenden Buch über den Tod seiner Ehefrau schreibt: »In jungen Jahren teilt sich die Welt, grob gesprochen, in Menschen, die schon Sex hatten, und solche, die noch keinen hatten. Später dann in Menschen, die Liebe erlebt haben, und solche, die das noch nicht haben. Noch später – jedenfalls dann, wenn wir Glück haben (oder auch nicht) – teilt sich die Welt in Menschen, die Leid erfahren haben, und solche, die das nicht haben. Diese Einteilungen sind absolut; es sind Wendekreise, die wir überschreiten.«

Und doch scheint IHR und IHM, dass viele Menschen die Orientierung verloren haben, wann was in ihrem Leben passieren sollte. Man kann das mit Freiheit verwechseln. Es ist aber vielleicht nur Chaos. Die Fortschritte in der Reproduktionsmedizin ermöglichen es 65-Jährigen, Vierlinge zur Welt zu bringen. »Jeder soll so leben, wie er möchte«, verteidigt die Mutter ihr Handeln. Aber möchten ihre fünfzehnjährigen Kinder eine achtzigjährige Mutter?

Teilweise ist das Verharren in bestimmten Lebensphasen, das Aufschieben von Veränderungen und das Zögern vor dem nächsten Schritt durch äußere Faktoren bedingt und alles andere als freiwillig. Wer vermag sich durch Arbeit in deutschen Großstädten noch den Traum vom eigenen Haus zu erfüllen? Unsere Betriebsrentensysteme führen zu Beamtenmikado: Wer sich bewegt, verliert. Der vielbeschworenen Generation Praktikum wird ein jahrelanges Leben in der Warteschleife aufgezwungen, während man sich von einem befristeten prekären Beschäftigungsverhältnis zum nächsten hangelt. Längst hat die Evolution im Arbeitsmarkt Stromlinien-Bewerber hervorgebracht, deren Biographien mit Auslandsaufenthalten und Führungserfahrungen, sozialen Kompetenzen und Kreativpotenzialen glänzen, dabei aber über eine innere Leere und ein Verwurzeltsein im Floskelhaften hinwegtäuschen, die sich erst in der Praxis offenbaren.

Die Rente mit 65 oder 67 bedeutet heute in vielen Fällen nichts anderes, als dass Arbeitgebern ein Hintertürchen eröffnet wird, alten und teuren Arbeitnehmern fristlos zu kündigen. Die von Bismarck eingeführte Altersgrenze von 65 zur Pensionierung von Beamten im preußischen Staatsdienst erlebten im 19. Jahrhundert die allerwenigsten. Für jeden ticken die Uhren anders. Manch einer brennt mit Ende 50 darauf, dass endlich ein neuer Lebensabschnitt beginnt: der Ruhestand. Andere möchten lieber einfach immer weiterarbeiten, gern auch länger als 67 oder 70. In einer freien Gesellschaft müssten Arbeitnehmer ihren Rentenbeginn selbst bestimmen können, und warum sollte dieses Rentenalter in vielen Fällen nicht erst nach dem 70., dem 75. oder auch dem 80. Geburtstag liegen? Die Kölner wussten es schon immer: Jeder Jeck ist anders. Wird Zeit, dass es auch die gesellschaftlichen Uhrmacher merken.

Immer mehr Menschen akzeptieren die Spuren des Alterns nicht. Haare werden transplantiert, Lippen und Schamlippen aufgespritzt, Falten geglättet, Lider geliftet; Tränensäcke wegoperiert, Bauch- und Hüftspeck abgesaugt, und der ganze Mensch getreu der »Ein Schnittchen hier, ein Schnittchen da«-Devise von Ruth-Maria Kubitschek aus »Kir Royal« generalüberholt und gestrafft. Alles nur, um jünger auszusehen. Doch Jugend ist mehr als glatte Haut. Lebenslust, Dynamik und Vitalität lassen sich so nicht zurückholen.

Simone de Beauvoir schreibt in ihren 1963 veröffentlichten Memoiren *Der Lauf der Dinge* – da war sie gerade mal 55! –: »Ich hasse mein Spiegelbild: über den Augen die Mütze, unterhalb der Augen die Säcke, das Gesicht zu voll und um den Mund der traurige Zug, der Falten macht. Die Menschen, die mir begegnen, sehen vielleicht nur eine Fünfzigjährige, die weder gut noch schlecht erhalten ist. Sie hat eben das Alter, das sie hat. Ich aber sehe meinen früheren Kopf, den eine Seuche befallen hat, von der ich nicht mehr genesen werde ... Der Tod ist nicht mehr ein brutales Abenteuer in weiter Ferne, er verfolgt mich in den Schlaf hinein. Beim Erwachen spüre ich seinen Schatten zwischen der Welt und mir: Das Sterben hat schon begonnen. Das hatte ich nicht vorausgesehen – dass er so früh beginnt und dass es so weh tut.«

Die Altersklage zählt zu den ältesten Topoi der Literatur. 2004 wurde in Köln ein Sensationsfund gemacht: Ein Privatsammler hatte der Papyrussammlung der Universität ein kleines Konvolut von Handschriften verkauft, darunter auch einen winzigen Fetzen mit dem Fragment eines im dritten vorchristlichen Jahrhundert niedergeschriebenen Textes. Nachdem der als Mumienkartonage verarbeitete Papyrus konserviert und das Altgriechisch entziffert worden war, ließ sich zum ersten Mal seit der Antike ein vor rund 2700 Jahren verfasstes Gedicht rekonstruieren. Es stammt von der griechischen Dichterin Sappho, die darin auf den Spuren von

Mimnermos eine Klage übers Altern anstimmt – dabei allerdings einen interessanten neuen Akzent setzt:

Achtet die schönen Gaben aus dem Veilchenschoß der Musen,
Mädchen, die Lieder der helltönenden Leier.
Mir hat das Alter den einst zarten Leib gebeugt.
Weiß ist nun mein schwarzes Haar,
Und schwer mein Herz. Meine Knie knirschen,
Wo ich früher flink wie ein Rehlein tanzte.
Darüber klage ich oft. Aber es hilft kein Jammern:
Menschsein heißt altern.
Zwar erzählt man von Tithonos,
Den die liebestrunkene Eos auf ihren Rosenarmen
Bis ans Ende der Welt trug, als er schön und jung war.
Doch holte den Gatten der Unsterblichen
Der Gilb des Alters mit der Zeit doch ein.

ὔμμες πεδὰ Μοίσαν ἰ]ρκ[ό]λπων κάλα δῶρα, παῖδ [ε]ς,
σπουδάσδετε καὶ τὰ]ν φιλάοιδον λιγύραν χε [λύνναν]·
ἔμοι δ᾽ ἄπαλον πρίν] ποτ᾽ [ἔ]ρντα [χρό]α γῆρα [ς] ἤδη
ἐπέλλαβε, λεῦκαι δ᾽ ἐγ]ένοντο τρίχες ἐκ μελαίναν·
βάρυς δέ μ᾽ ὀ [θ]ῦμος πεπόηται, γό [να] δ᾽ [ο]ὐ φέ [ροισι]
τὰ δή ποτα λαίψηρ᾽ ἔον ὄρχησθ᾽ ἴσα νεβρίοισι.
    τὰ ⟨μὲν⟩ στεναχίσδω θαμέως· ἀλλὰ τί κεν ποείην;
ἀγήραον ἄνθρωπον ἔοντ᾽ οὐ δύνατον γέν[εσθαι].
καὶ γάρ π[ο]τα Τίθωνον ἔφαντο βροδόπαχυν [Αὔων]
ἔρωι φ. αθεισαν βάμεν᾽ εἰς ἔσχατα γᾶς φ[έροισα[ν],
ἔοντα [κ]άλον καὶ νέον, ἀλλ᾽ αὖτον ὔμως ἔμ[αρψε]
χρόνωι πόλιον γῆρας, ἔχ[ο]ντ᾽ ἀθανάταν ἄ[κοιτιν].

(Textergänzungen: Prof. Martin Litchfield West)

Menschsein heißt Altern: In diesem Punkt sind sich Sappho und Solon ganz einig. Sappho spielt in ihrem Gedicht auf einen Mythos an, den jedes Kind in der Welt der griechischen Antike kannte. Eos, die Göttin der Morgenröte, war rasend verliebt in den schönen und jungen Tithonos aus Troja. So lange bedrängte sie Göttervater Zeus, bis dieser sich erweichen ließ und Tithonos das ewige Leben schenkte. Doch ewiges Leben ist nicht gleichbedeutend mit ewiger Jugend, und so verhutzelte Tithonos an der Seite der ewig jungen Eos, bis er zuletzt nur noch aus dem Gejammer und Gekeife seiner Stimme bestand und, wie Ovid die Geschichte erzählt, zu einer Zikade zusammenschrumpfte.

Schon die Antike kannte ihre Dorian Grays. Und sie sind bis auf den heutigen Tag nicht ausgestorben. Oscar Wilde lässt seinen skrupellosen Dandy sagen: »Jugend! Jugend! Es gibt nichts in der Welt außer der Jugend!« Die Geisterbahn der Ewig-Jungen ist gut besetzt und wird immer voller. Neulich Abend sahen SIE und ER eine Folge der WDR-Sendung »Quarks & Caspar«. Es war eine gut gemachte und streckenweise auch lustige Sendung, nur warum läuft eine Kindersendung abends um Viertel vor zehn?, fragten wir uns. Aber »Quarks & Caspar« soll eine Wissenschaftssendung für Erwachsene sein, serviert von einem Moderator mit Waddehadde-dudde-da-Rhetorik, der Winkewinke in die Kamera macht und sich aus seinem Laborkittel genüsslich Schokolinsen und Gummibärchen in den Mund stopft. Apropos Gummibärchen: Thomas Gottschalk schreibt mit 65 eine Autobiographie, die er mit dem Satz bewirbt, er wolle gegen die Schrecken des Alterns »anstinken«, und 75 sei kein Grund für Klapprigkeit und fehlende Ästhetik. Recht hat er. Aber was ist mit denen, die mit 75 einfach klapprig *sind*, weil es der Genpool weniger gut mit ihnen gemeint hat, weil sie den Härten des Arbeitslebens stärker ausgesetzt waren oder auch nur, weil sie aus individueller Unvernunft mit ihren Ressourcen weniger haushälterisch umgegangen sind?

»70 ist das neue 60« sagt eine Figur im *Am Rande der Gesellschaft*-Comicstrip von Hauck & Bauer in der *Frankfurter Allgemeinen Sonntagszeitung* und erhält prompt die Antwort: »Oh Gott, das ist ja fürchterlich. 60 ist das neue 40!«

Während seit Solon bis noch ins 19. Jahrhundert sehr klare und ausdifferenzierte Vorstellungen von Lebensstufen existierten – die auf den Innenseiten dieses Buches abgebildeten »Lebenstreppen« belegen es –, ist im Bewusstsein der Gegenwart nur noch Platz für den binären Slogan: »Wer nicht jung ist, ist alt.« Das ist eine falsche Dichotomie, die auf Kosten des Erwachsenseins geht und zu stupidem Jugendkult führt. Man wechselt glücklicherweise nicht von einem Tag auf den anderen aus dem Lager der Jungen ins Lager der Alten. Goethe definiert denn auch aus eigener Anschauung: »Alter: stufenweises Zurücktreten aus der Erscheinung«.

Wenige Jahre vor seinem Tod im Alter von 87 Jahren brachte es der Philosoph Odo Marquard auf den Punkt, indem er an das retardierende Moment aller Beschäftigung mit Natur, Kunst, Literatur oder Musik angesichts immer schnellerer Innovationszyklen in der herkunftsvergessenen Welt der Wirtschaft erinnerte: »Jugend ist keine Tugend, und das Gerede von der ewigen Jugend blanker Unsinn«, so Marquard. »Die traditionsneutrale Technik, Medizin und Wirtschaft sind das eine; die Künste, Traditionen, der aufs Bewahren und Erinnern fixierte historische Sinn, aber auch die Verklärungen der uns umgebenden Natur sind die andere Seite. Mit anderen Worten: Es gibt eine Reihe von Kompensationen des hohen Tempos in der Konsum- und Wirtschaftswelt. Selbst die Jugendkultur, in der eine ungeheure Geschwindigkeit vorherrscht, kennt den Urlaub vom Feiern – das Flanieren, Chillen, wie man wohl neudeutsch sagt.«

Für SIE und IHN liegt etwas ungeheuer Tröstliches darin, Odo Marquard vom Chillen sprechen zu hören. Während einer Schiffsreise von Sydney nach Manila hörten SIE und ER einmal am Nebentisch eine betagte Dame sagen: »Darum reise vor dem Sterben, denn sonst reisen deine Erben.« Ernst Jünger, der zwischen seinem 70. und 100. Lebensjahr regelmäßig lange Reisen in ferne Länder unternahm, muss das ähnlich gesehen haben. In seinem grandiosen Tagebuch *Siebzig verweht* schreibt er: »Freilich dachte ich mit sechzehn, daß man vor dem zwanzigsten Jahr reisen müsse, sonst sei der Zauber dahin. Heut scheint mir eher, daß der Genuß mit der Erfahrung wächst.«

Im *Rosenkavalier*, der geistfunkelndsten und klügsten Oper über das Erlebnis der Zeit, lässt Hugo von Hofmannsthal die Marschallin über ihr Altern nachsinnen:

Aber wie kann das wirklich sein,
daß ich die kleine Resi war
und daß ich auch einmal die alte Frau sein werd!
Die alte Frau, die alte Marschallin!
»Siegst es, da geht's, die alte Fürstin Resi!«
Wie kann denn das geschehen?
Wie macht denn das der liebe Gott?
Wo ich doch immer die gleiche bin.
Und wenn er's schon so machen muß,
warum lasst er mich denn zuschau'n dabei,
mit gar so klarem Sinn? Warum versteckt er's nicht vor mir?

Das alles ist geheim, so viel geheim.

Und man ist dazu da, daß man's erträgt.

Und, in dem »Wie« da liegt der ganze Unterschied.

Über dieses »Wie« sollte eine breitere gesellschaftliche Diskussion einsetzen.

Vor fast zweieinhalbtausend Jahren spekulierte Platon in der *Politeia* über die Umstände, wie aus einer Demokratie eine Diktatur werden kann. »Der schöne und jugendlich kecke Anfang, aus dem, wie ich glaube, die Tyrannis erwächst«, liegt für Platon ausgerechnet in der Permissivität einer den Freiheitsbegriff auf alle zwischenmenschliche Verhältnisse, ja sogar auf die Tierwelt ausdehnenden Gesellschaft. »Der Vater gewöhnt sich daran, dem Knaben gleich zu werden, und fürchtet sich vor seinen Söhnen. Der Sohn aber stellt sich dem Vater gleich und empfindet weder Achtung noch Furcht vor seinen Eltern; denn er will eben frei sein. (...) Der Lehrer fürchtet unter diesen Verhältnissen seine Schüler und schmeichelt ihnen; die Schüler aber haben keinen Respekt vor ihren Lehrern und ebensowenig vor ihren Erziehern; überhaupt stellen sich die Jungen den Älteren gleich und suchen es ihnen in Worten und Taten gleichzutun. Die Alten aber lassen sich zu den Jungen herab und treiben lauter Scherze und Späße mit ihnen und gebärden sich wie Jünglinge, um ja nicht den Anschein zu erwecken, als seien sie griesgrämig oder herrisch.«

Beschreibt Platon in der *Politeia* unsere Gegenwart? Ist das nicht zumindest eine recht treffende Schilderung der Zustände des medialen Abbildes unserer Welt in Pseudo-Dokus wie »Dschungel Camp«, »Die Geissens« oder »Germany's Next Top Model«? Bei ihrer Platon-Lektüre sind SIE und ER nicht wenig erschrocken.

Ödipus befreit die Stadt Theben von der Sphinx (die sich die Griechen weiblich, die Ägypter aber männlich vorstellten), weil er das berühmteste Rätsel der Menschheitsgeschichte zu lösen imstande ist. »Welches Wesen ist am Morgen vierfüßig, am Mittag zweifüßig, am Abend dreifüßig?«, will die Sphinx von allen Vorübergehenden wissen und verschlingt diejenigen, die ihr die Antwort schuldig bleiben. »Der Mensch«, antwortet Ödipus. »Am Morgen seines Lebens kriecht er auf zwei Füßen und zwei Händen, als Erwachsener geht er am Mittag seines Lebens auf zwei Füßen, als Greis bedarf er der Stütze und nimmt einen Stock als dritten Fuß zu Hilfe.«

Nicht selten, nach dem Gang durch eine Fußgängerzone, dem Besuch eines Multiplex-Kinos oder einem Tag in einem sogenannten Vergnügungspark haben SIE und ER den Eindruck, dass immer weniger Menschen heute noch das Rätsel der Sphinx über die Abfolge unserer Lebensstufen lösen könnten. Wahrscheinlich werden wir alt, trösten wir uns dann.

Quellen

Julian Barnes, *Lebensstufen*. Deutsch von Gertraude Krueger, Kiepenheuer & Witsch, Köln 2014

Simone de Beauvoir, *Der Lauf der Dinge*. Deutsch von Paul Baudisch, Rowohlt, Reinbek 1970

Demokrit, in: Gemelli Marciano, M. Laura (Hrsg.): *Die Vorsokratiker*, Bd. 3: *Anaxagoras, Melissos, Diogenes von Apollonia, die antiken Atomisten: Leukipp und Demokrit*. Griechisch-Lateinisch-Deutsch. Sammlung Tusculum, Artemis & Winkler, Düsseldorf 2010

Jürgen Dollase, *Himmel und Erde. In der Küche eines Restaurantkritikers*, AT Verlag, Aarau 2014

Homer, *Odyssee*. Deutsch von Kurt Steinmann, Manesse, München 2007

Odo Marquard, *Endlichkeitsphilosophisches: Über das Altern*. Hrsg. von Franz Josef Wetz, Reclam, Stuttgart 2013

Karl Marx – Friedrich Engels, »Die heilige Familie oder Kritik der kritischen Kritik«, in: *Werke*, Bd. 2, S. 3–223, Dietz Verlag, Ostberlin 1972

Mimnermos, in: Martin Litchfield West (Hrsg.): *Iambi et elegi Graeci ante Alexandrum cantati*, Vol. 2: *Callinus. Mimnermus. Semonides. Solon. Tyrtaeus. Minora adespota*, Clarendon Press, Oxford 1972, revised edition 1992

Sappho, in: »A New Sappho Poem«, Times Literary Supplement, London, 21. Juni 2005

Wolfgang Schadewaldt, »Lebenszeit und Greisenalter im frühen Griechentum«, in: *Die Antike. Zeitschrift für Kunst und Kultur des klassischen Altertums*, Bd. 9 (1933), S. 282–302

Solon, in: Martin Litchfield West (Hrsg.): *Iambi et elegi Graeci ante Alexandrum cantata*, Vol. 2: *Callinus. Mimnermus. Semonides. Solon. Tyrtaeus. Minora adespota*, Clarendon Press, Oxford 1972, revised edition 1992

Henry David Thoreau, »Wild Apples«, in: *The Atlantic Monthly*, November 1862

Martin Walser, *Ehen in Philippsburg*, Suhrkamp, Frankfurt am Main 1957

Martin Walser, *Das Schwanenhaus*, Suhrkamp, Frankfurt am Main 1980

Martin Walser, *Brandung*, Suhrkamp, Frankfurt am Main 1983

Dank

Neben den vielen Menschen, mit denen wir für unser Buch über ihr Verständnis von Reife sprechen durften, möchten wir uns bei Kurt Steinmann bedanken, der unsere Übertragungen aus dem Altgriechischen im ersten Kapitel kritisch begutachtet hat, bei Julian Barnes, der uns in seinem Garten in London darauf aufmerksam machte, dass für jeden Briten die Quintessenz von Reife in einem »summer pudding« liegt, bei Frank Hertweck für einen wertvollen Hinweis auf Platons *Politeia*, bei Michael Krüger für die Entdeckung des Apfelkundlers August Friedrich Adrian Diel, bei Jochen Richrath von »Obs und Jemös« für sein profundes Wissen über die Saisonalität von Rosenkohl und die Betriebskosten von Bentleys, bei Jan Weiler für einen Hinweis auf Sigmund Freud und bei Benny und Stubbs dafür, dass sie uns immer wieder mit der Nase auf das Naheliegende gestoßen haben.

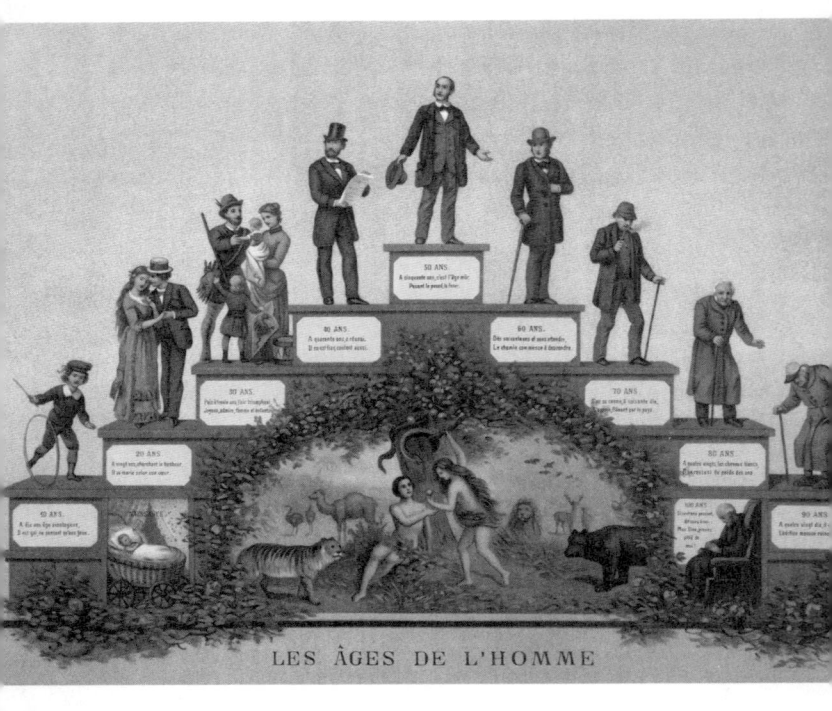

LES ÂGES DE L'HOMME